Unkorrigierte Leseprobe

Umfang der Buchausgabe ca. 1024 Seiten
Leinen, ca. 68,-- DM
Erstverkaufstag: 10. September 1993
Wir bitten Sie, Rezensionen nicht vor dem
13. September 1993 zu veröffentlichen.
Wir danken für Ihr Verständnis.

Nigel Hamilton

JOHN F. KENNEDY

Wilde Jugend

Leben und Tod
eines amerikanischen
Präsidenten

Deutsch von
Walter Brumm

S. Fischer

Die amerikanische Originalausgabe erschien 1992
unter dem Titel »JFK, Reckless Youth«
im Verlag Random House, Inc., New York
© 1992 by Nigel Hamilton

Für die deutsche Ausgabe:
© 1993 S. Fischer Verlag GmbH, Frankfurt am Main
Umschlaggestaltung: Buchholz/Hinsch/Walch
Satz: Fotosatz Otto Gutfreund GmbH, Darmstadt
Druck und Verarbeitung: F. Spiegel Buch GmbH, Ulm
Printed in Germany 1993
ISBN 3-10-029702-4

Gedruckt auf chlor- und säurefreiem Papier

Für Outi

Inhalt

JOHN F. KENNEDY

PROLOG

Die Geburt einer Legende

Am 25. November 1963 wurden um neun Uhr dreißig die Türen zur großen Rotunde des Capitols in Washington geschlossen. Mehr als eine Viertelmillion Menschen hatten dem ermordeten Präsidenten John F. Kennedy die letzte Ehre erwiesen. Um elf Uhr sollte der Sarg, bedeckt mit dem Sternenbanner, hinausgetragen und zuerst zum Weißen Haus, dann zur St. Matthew's-Kathedrale und von dort zum Nationalfriedhof Arlington gefahren werden, dem enteigneten Landgut des konföderierten Generals Robert E. Lee, wo eine besondere unterirdische Gruft vorbereitet war.

Über die Begräbnisstätte hatte es viel Streit gegeben. »Wir werden alle um Daddy in Boston beerdigt«, hatte Eunice, die Schwester des toten Präsidenten, geltend gemacht. Ihr Bruder Robert, Justizminister der Vereinigten Staaten, hatte ebenso zugestimmt wie die »irische Mafia« – das dünnlippige Kontingent von Schmarotzern, Leibwächtern, Zuhältern und Hofnarren, das über die Jahre hinweg vom Vater des Toten ausgehalten worden war. Sogar der neue Präsident, Lyndon B. Johnson, hatte angenommen, daß die Beerdigung in Brookline stattfinden würde, dem Bostoner Vorort, wo Kennedy geboren war.

Der Verteidigungsminister hatte Arlington bevorzugt: eine nationale statt einer gemeindlichen Ruhestätte für den ersten im Amt ermordeten Präsidenten seit William McKinley (1901). Robert McNamaras Vorschlag wurde vom Stab des Weißen Hauses, dem Außenministerium und der Familie des toten Präsidenten nicht ernst genommen, aber er fand den Beifall der Witwe des Präsidenten, Jackie. Da es ihr zu Lebzeiten ihres Mannes nicht gelungen war, sein zügelloses Sexualleben zu bändigen, war sie entschlossen, wenigstens sein Andenken im Tode zu formen. So wurde auf Jackie Kennedys Drängen Arlington gewählt, ausgestattet mit einer eilig hergestellten Ewigen Flamme nach dem Vorbild jener am Grab des Unbekannten Soldaten unter dem Arc de Triomphe.

Wer geglaubt hatte, die frühere First Lady, seit ihrer traumatischen
Erfahrung in Dallas am vorausgegangenen Freitag zutiefst verstört,
würde den Feierlichkeiten anläßlich der Beerdigung ihres Mannes nicht
gewachsen sein, täuschte sich sehr. Einmal hatte sie in Tränen über ihre
Unfähigkeit, etwas am Verhalten ihres Mannes oder an dessen Unterstüt-
zung durch seine Familie zu ändern, ganz gleich, was er tat, geschluchzt:
»Gegen die Kennedys kann man nichts machen!« Jetzt aber, angesichts
des Todes, konnte sie es, und sie setzte alles daran, die Bestattung ihres
Mannes zum denkwürdigsten Schauspiel in der neueren amerikanischen
Geschichte zu machen.

Unterdessen zwang Exbotschafter Joseph P. Kennedy, Architekt des
Aufstiegs ihres Mannes zu politischer Bedeutung, der 1961 einen Schlag-
anfall erlitten hatte, seine Krankenpflegerin, ihn anzukleiden und zum
Flughafen von Hyannis zu bringen. Aber er durfte nicht an der Beerdigung teilnehmen und wurde wieder nach Hause gefahren. »Wir haben es
ihm gesagt, aber wir glauben nicht, daß er's verstanden hat«, erläuterte
Rose Kennedy, die nur mit dem Gedanken daran, was sie zur Beerdigung
tragen würde und daß sie ihren Töchtern zusätzliche schwarze Strümpfe
mitbringen müsse, nach Washington geflogen war.

Die beiden Mrs. Kennedys sprachen kaum miteinander. Jackie hatte
Rose Kennedy, die sie als »einen Niemand« betrachtete, nie gemocht,
und wie bei allen früheren Gelegenheiten ärgerte sie sich auch jetzt über
Rose Kennedys Anwesenheit im Weißen Haus. Die Anwesen in Palm
Beach und Hyannis Port, wo Jackie und ihr Mann einen Teil ihrer Zeit
verbracht hatten, waren seit den zwanziger und dreißiger Jahren im
Besitz der Kennedys. Sobald sie das Weiße Haus für den neuen Präsidenten und Mrs. Johnson räumte, würde Jackie, so unglaublich es scheinen
mochte, keine Bleibe haben (schließlich sollte Averell Harriman ihr sein
Haus leihen). Einstweilen jedoch blieb das Weiße Haus Jackies Heim,
und solange sie dort blieb, ließ sie das niemanden vergessen.

Das Begräbnis wurde auf Jackies Betreiben nicht nach dem Vorbild
von Franklin Roosevelts gestaltet – des Amtsvorgängers, der zuletzt ein
Staatsbegräbnis erhalten hatte –, sondern nach dem, das Abraham Lincoln 1865 zuteil geworden war. Bei der Neueinrichtung des Hauses war
Jackie von Kupferstichen beeindruckt gewesen, die Lincolns Ende darstellten. Auch er war im Amt ermordet worden; ein inspirierender
moralischer Führer, war auch er ein Opfer des Hasses und ein Märtyrer
für die Unterdrückten gewesen. Als sie mit dem »gestohlenen« Leichnam
(ein texanisches Gesetz verbot den Transport eines Ermordeten ohne
Autopsie außer Landes) aus Texas zurückgekehrt war, »hatte Jackie eine

Anweisung geschickt, daß sie den Präsidenten so aufgebahrt wünsche, wie es im Falle Lincolns geschehen sei«, notierte Arthur Schlesinger, ein Sonderberater des Präsidenten, in sein Tagebuch. Daher wurden loyale Helfer zur Kongreßbibliothek entsandt, um Bücher auszuleihen, die Berichte über Lincolns Begräbnis enthielten, während die Marineärzte im Bethesda-Krankenhaus sichtbare Zeichen der Geschlechts- und Addisonschen Krankheiten des Präsidenten verdeckten und den Leichnam für die öffentliche Aufbahrung ankleideten. Schwarzer Krepp, Katafalk, Geschützlafette und gedämpfte Trommeln, Tribut der Nation an Abraham Lincoln, wurden so zu den Bestandteilen des Abschiedes der Welt von John F. Kennedy, obwohl das Begräbnis durch den Überflug einer Formation von fünfzig F 105-Jagdmaschinen, eine für jeden Staat der Union, auf neueren Stand gebracht wurde. Und durch das Fernsehen.

Jackies schauspielerische Leistung als trauernde Präsidentenwitwe übertraf sicherlich jene der Witwe Lincolns. Sie wählte Männer ihres Vertrauens, welche die feierlichen Reden in der St. Matthew's-Kathedrale halten sollten. Unterdessen inszenierte sie ihre vom Fernsehen übertragene Rolle mit unglaublichem Aplomb. Sie hatte niemals auch nur das geringste Interesse an der Politik oder der Karriere ihres Mannes gehabt oder gezeigt, aber ungeachtet der Tatsache, daß ihr neuer griechischer Freund – und zukünftiger Ehemann – als ihr persönlicher Gast im Weißen Haus weilte, trug sie jetzt eine Trauer zur Schau, die Elektras würdig gewesen wäre.

Durch ihre Haltung teilte die junge Witwe den Feierlichkeiten eine klassische Qualität mit, die dem Begräbnis Caesars entsprochen hätte. Nach den Elogen des Senats, des Obersten Gerichtshofes und des Kongresses in der Rotunde (Senator Mansfields Rede wurde, anders als jene des Antonius, vom britischen Botschafter als »absolut entsetzlich« bezeichnet), führte Jackie ihre Tochter Caroline an der Hand zum Katafalk, wo der neue Präsident Lyndon Johnson gerade einen Kranz niedergelegt hatte. Vor den Kameras flüsterte sie Caroline zu: »Wir werden Daddy Lebewohl sagen, und wir werden ihm einen Abschiedskuß geben und sagen, wie sehr wir ihn lieben und wie sehr wir ihn immer vermissen werden.« Der offizielle literarische Lobredner der Familie schrieb später:

> Mutter und Tochter traten vorwärts, die Witwe anmutig, das Kind sorgsam bedacht, es genauso zu machen wie sie. Jacqueline Kennedy kniete nieder, Caroline kniete nieder. »Du weißt. Du küßt einfach«, flüsterte Mrs. Kennedy. Mit geschlossenen Augen beugte sie sich vor, um die Flagge mit den Lippen zu berühren. Carolines kleine behandschuhte Hand kroch darunter, um dem

Toten näher zu sein, und dieser einzige Augenblick brachte eine ganze Nation auf die Knie. Die in der Rotunde Anwesenden, das Fernsehpublikum im ganzen Lande, diejenigen, welche bis jetzt immun geblieben waren, diejenigen, welche alles andere ertragen hatten, waren in einem Sekundenbruchteil tief getroffen. Eine Saite in den Herzen der Menschen war zum Klingen gebracht worden... Caroline noch immer an der Hand haltend, erhob sie sich und schritt mit schlichter Majestät zur Tür. Die anderen stolperten ihr nach.

Obschon ursprünglich wenig geneigt, die Rolle der Politikergattin zu übernehmen, hatte Jackie sich 1961 zu einer bezaubernden und zunehmend königlichen First Lady gewandelt, was nach Mamie Eisenhowers Spießigkeit besonders stark empfunden wurde. In dieser ihrer letzten vom Fernsehen übertragenen Rolle als abtretende First Lady wußte sie instinktiv, daß es ihre Pflicht war, das Andenken ihres Mannes zu kanonisieren und seine »Herrschaft« zu einem ruhmvollen Abschluß zu bringen. Man hatte eine Nachbildung von Lincolns Katafalk aufgetrieben und in der Rotunde aufgestellt; das Weiße Haus war schwarz drapiert und ähnelte bald »Versailles nach dem Tode des Königs«, wie Jackies Schwager, Fürst Radziwill, bemerkte. Jackie blieb »hinter geschlossenen Türen in ihrem Wohnzimmer«, während ein weiterer Schwager, Sargent Shriver, sich »gefaßt und bleich« der Organisation der Bestattung widmete.

Nachdem der Künstler Bill Walton das Ostzimmer mit schwarzem Krepp verhängt hatte, tat er einen Blick in den Sarg. Er und Schlesinger rieten Jackie, den Sarg geschlossen zu lassen. Präparatoren des Bestattungsunternehmens Joe Gawler waren heimlich herbeigeholt worden, um den zertrümmerten Schädel des Präsidenten zu rekonstruieren, aber »es war keine gute Arbeit«, wie Arthur Schlesinger damals notierte. »Wahrscheinlich ging es nicht besser, da der Kopf zur Hälfte weggeschossen war. Es war zu wächsern, zu künstlich.«

So folgte Jackie ihrem Rat und ließ den Sarg verschließen, statt der Welt ein wächsernes Abbild zum Begaffen zu geben. Damit nicht genug, untersagte sie die in Amerika übliche Ausschmückung des Aufbahrungsraumes. Wie sie Bunny Mellon, der Wächterin über den Rosengarten des Weißen Hauses, erklärte, wollte sie nicht, daß die St. Matthew's-Kathedrale »wie Harlem oder Coney Island aussieht«. Sie wünschte, daß auch Arlington mit Geschmack gestaltet wurde. »Tun Sie eins für mich, Bunny«, sagte sie zu Mrs. Mellon, als sie auf die wahrscheinliche Flut von Kränzen, Schleifen und Blumengebinden von Freunden und Gönnern zu sprechen kamen. »Sorgen Sie dafür, daß sie weit, weit vom Grab niedergelegt werden.«

Der 25. November 1963, ein Montag, war Jackie Kennedys historischer Tag. Am Vorabend hatte sie einen Anruf von der Frau des Leitartiklers Joe Alsop erhalten, in dessen Haus ihr Mann am Abend seiner Amtseinführung seinen ersten Ehebruch als Präsident der Vereinigten Staaten begangen hatte. »Susan Mary Alsop rief mich an, um zu sagen, wie wundervoll ich gewesen sei«, bemerkte Jackie später. »Was hatte sie denn erwartet?« Als sie dem Sarg ihres Mannes zu Fuß vom Weißen Haus zur St. Matthew's-Kathedrale folgte, sah die Menschenmenge – später auf eine Million Zuschauer geschätzt – »niemanden als sie«, schrieb William Manchester, der von Jackie beauftragt worden war, die Chronik vom Tod und Begräbnis ihres Mannes zu schreiben. »Ihr Eindruck auf die Menschen war ungeheuer; in ihrer Haltung sahen sie eine Bestätigung der Tapferkeit, die sie in der Rotunde gezeigt hatte, ein Symbol der nationalen Katharsis.«

Manchester stand mit seinem Urteil nicht allein. Der Herausgeber des *National Geographic Magazine,* der den Trauerzug aus einem Obergeschoß beobachtete, schrieb später: »Jacqueline Kennedy ging mit einer Haltung und Anmut, die Worte nicht ausdrücken können – so königlich wie nur einer unter den Herrschern, Königinnen und Prinzen, die ihr folgten.« Ein Korrespondent einer Londoner Zeitung berichtete, daß Mrs. Kennedy »dem amerikanischen Volk von diesem Tag an das eine gegeben hat, was ihm immer fehlte – Majestät«.

Während die Tränen flossen, wurde die Prosa immer überladener. Manchesters Version wurde drei Jahre später von seinem eigenen Lektor als peinlich infantil betrachtet. Jack Kennedy war in Manchesters Prosa in das »Kind des [Königs] Artus« verklärt worden, während Jackies Porträt das einer Prinzessin war, »geboren von Elfen auf einer Märchenwiese und in solch magische Gewänder aus Gold gehüllt (ausgewählt vom Prinzen Jack), daß die Texanerinnen mit ihren großgepunkteten Kleidern und die Texaner mit ihren Schleifen wie zugereiste Hinterwäldler erschienen – welche der magische Jack vom Misthaufen geholt hatte«.

Jackie war fest entschlossen, den neuen Präsidenten und seinen Anhang von Texanern von der Bühne zu drängen. Johnson war am Vortag, als es um die Elogen in der Rotunde des Capitols ging, nicht konsultiert worden, und seine Präsidentenlimousine fuhr im Trauerzug von der St. Matthew's-Kathedrale zum Friedhof hinter den Wagen mit den persönlichen Anhängern des verstorbenen Präsidenten. Der neue Präsident der Vereinigten Staaten durfte am Grab nicht einmal in der Nähe der Witwe stehen. Die Frau mit den »eisernen Launen« (wie McGeorge

Bundy es einmal ausdrückte) hatte die gesamte Inszenierung bestimmt, von ihrem eigenen Make-up und dem Spitzenschleier bis zu den Sackpfeifern aus dem schottischen Hochland und Einzelheiten irischen Begräbniszeremoniells – sogar bis zu der berühmten Ehrenbezeigung, die ihr dreijähriger Sohn dem Sarg des Vaters vor der Kathedrale erwies.

Was Jackie erkannt hatte, war, daß die Welt nach Theater verlangte. Und daß sie ihre Kinder neben sich auftreten ließ, war ihr intuitiver Beitrag zu diesem Schlußakt der Amtszeit ihres Mannes. Wenn er in seinem kalkulierten Stil mit der lebensfrohen, frauensüchtigen, unendlich witzigen Persönlichkeit des Präsidenten auch wenig gemein hatte; wenn der Zeremonienmeister in Arlington auch schwitzte, daß die Trauernden zu früh oder die Düsenjäger am Himmel zu spät eintreffen könnten, oder daß die eigens installierte Ewige Flamme nicht zünden könnte – die Schauspieler bekümmerte es nicht. Gehoben durch die preiswürdige Darstellungskunst der Witwe – als ob sie mit ihrer außerordentlichen Gefaßtheit ganz allein die Nation zusammenhielte –, agierten sie weiter. »Ich hatte bis dahin niemals die Funktion eines Begräbnisses verstanden«, reflektierte Arthur Schlesinger später. »Nun wurde mir klar, daß das Zeremoniell den Leuten helfen soll, die Fassung zu bewahren.«

John F. Kennedy, dessen Sarg auf einer von sechs Grauschimmeln gezogenen Geschützlafette ruhte, war nicht mehr. Der Sekretär der First Lady bemerkte dazu später:

> Dies war ihr letzter großartiger Tribut in ihrer Rolle als Präsidentengattin, und geradeso wie er es gewünscht haben würde... nicht nur ein Tribut an John F. Kennedy, den Mann, sondern auch ein Tribut an die Vereinigten Staaten von Amerika, denn in den Augen der Welt nahmen wir uns nach der Ermordung unseres Präsidenten in Dallas ziemlich erbärmlich aus. Aber ich denke, so wie die Bestattung gehandhabt wurde und alle Beteiligten sich verhielten, wurde Amerika im Denken der Menschen überall auf der Welt plötzlich wieder aufgewertet.

Das war keine Übertreibung. Trotz unzureichender Zeit zur Aussendung förmlicher Einladungen nahmen Abgesandte aus zweiundachtzig Ländern am Begräbnis teil, darunter acht Staatsoberhäupter, zehn Ministerpräsidenten und eine große Zahl von Mitgliedern königlicher Familien. Hunderte von Millionen Menschen überall auf der Erde verfolgten die Bestattungsfeierlichkeiten in der Direktübertragung des Fernsehens; die Aufzeichnung wurde sogar vom sowjetischen Staatsfernsehen ausgestrahlt. Die Berichte der Fotografen und Journalisten überfluteten die

Titelseiten der Weltpresse, während der Strom der Nachrufe, Gedenk-
gottesdienste und Würdigungen noch lange unvermindert anhielt. Männer und Frauen von Massachusetts bis Moskau vergossen ungehemmt
Tränen. »Es war, als wären alle Hoffnungen der Jugend zunichte geworden – als hätte die Jugend einen Versuch gemacht, sich durchzusetzen,
und sei gewaltsam daran gehindert worden«, erinnerte sich Mrs. Mellon
später. »Ich hatte das Gefühl, dieses Land habe symbolisch etwas ge-
tötet.«

Aber was? Das Drama der schrecklichen Mordtat von Dallas war der
Nährboden von Mythen, deren Aufdeckung Historiker Jahrzehnte beschäftigen sollte. John F. Kennedy war nur zwei Jahre und zehn Monate
Präsident gewesen, nachdem er in den am heißesten umkämpften Präsidentschaftswahlen der amerikanischen Geschichte einen knappen Sieg
errungen hatte. Wie konnte er in so kurzer Zeit der international popu-
lärste US-Präsident der Geschichte werden? Was hatte er wirklich geleistet?

Vor allem aber, wer *war* John F. Kennedy wirklich – hinter dem
einnehmenden, kieferorthopädisch vollkommenen Lächeln? Was war
die Wahrheit hinter den Gerüchten, die über seine Schürzenjägerei im
Umlauf waren, seine Liebeleien mit Gangsterbräuten, Spioninnen und
Hollywoodstars, von Grace Kelly bis Marilyn Monroe? Was führte zur
Entstehung der weinerlichen, sehnsüchtigen Fiktionen, die seinen tragi-
schen Tod umrankten? Besaß er wirklich ein politisches Gewissen, oder
war er lediglich die Playboy-Galionsfigur einer aufbegehrenden neuen
Generation von Liberalen? Wie war sein wahres Verhältnis zu seinem
Vater, dieser grauen Eminenz, den Liberale von Eleanor Roosevelt bis
Harry Truman verachteten? Welche Rolle hatte sein Vater, obwohl ihm
ein Platz am Grab seines Sohnes verweigert wurde, in John F. Kennedys
apokalyptischen Leben gespielt, das in einem Vorort von Boston seinen
Anfang genommen und im Weißen Haus sein Ende gefunden hatte?

Kein Schriftsteller ist bisher imstande gewesen, die vielen Mythen und
schützenden Schleier zu durchdringen, die seine Familie seit jenem
schmerzlichen Tag im November 1963 ersonnen hat, als der lächelnde,
winkende Präsident der Vereinigten Staaten der Kugel eines Attentäters
zum Opfer fiel. Vielleicht kann erst jetzt, ein Vierteljahrhundert nach
seinem Tode, eine authentische Bilanz gezogen werden, die sowohl wis-
senschaftlich als auch neu ist.

Um dieses Unternehmen zu beginnen und die Familie und die Welt zu
verstehen, die John Fitzgerald Kennedy formten, müssen wir nach Boston zurückkehren und uns kurz mit den rauhen Wahlkampfveranstal-

tungen um die Jahrhundertwende beschäftigen, die von seinem Großvater, John F. Fitzgerald, beherrscht wurden, und dann weitergehen zu
Joseph P. Kennedy, dem gescheiterten Werftdirektor, Filmproduzenten,
Diplomaten und Politiker, aber brillanten Spekulanten und Börsenschwindler und dem seltsamen Vater, ohne den John Fitzgerald Kennedy
das Weiße Haus nie erreicht hätte.

TEIL I
BOSTONER ANFÄNGE

Bostoner Anfänge

Die Stadt Boston, 1630 von Puritanern als kleine Siedlung an der Küste Neuenglands gegründet, war in vielerlei Hinsicht der geschichtsträchtigste Ort der Vereinigten Staaten. Ihre Bürger marschierten in der Vorhut der amerikanischen Unabhängigkeitsbewegung, von der Boston Tea Party im Jahre 1773 bis zum Abzug britischer Truppen im März 1775. Nie wieder wurde feindlichen Streitkräften das Einlaufen in den Hafen gestattet, der zur Wiege der US-Kriegsmarine wurde, symbolisiert durch die Erhaltung des hölzernen Kriegsschiffes »Old Ironsides«, das im Krieg von 1812 jedes Seegefecht gegen die britische Marine gewonnen hatte. Die Stadt selbst wurde inzwischen die Hauptstadt von Massachusetts, einem der ursprünglich dreizehn Staaten der Union.

Mit dem Wachstum der Vereinigten Staaten im 19. Jahrhundert ging die relative Bedeutung Bostons jedoch zurück. Während des Sezessionskrieges war sein lebenswichtiger Seehandel gelähmt, und das Aufkommen von Eisenbahnen und Schwerindustrie begünstigte Städte im Westen und Süden mit besseren Verkehrsverbindungen zum Landesinneren: Pittsburgh, Chicago, New York und Philadelphia. Durch die Aufnahme großer Einwanderungswellen aus Europa wuchs Bostons Bevölkerung auch weiterhin, aber das unternehmungslustigere Element zog weiter nach Westen und ließ das eher provinzielle Boston als einen Ort zurück, wo die ärmeren Leute sich als Hausierer, Kleinhändler und Stauer in Bostons einstmals blühendem Hafen mühsam durchschlugen.

Mehr als die Hälfte dieser eingewanderten Bevölkerung war irischer Abstammung: Familien, deren Eltern oder Großeltern während der schweren Hungersnöte der 1840er Jahre ihre Heimat hatten verlassen müssen. Bekannt wegen ihres Hanges zu Geselligkeit und Sentimentalität sowie ihrer Bereitschaft, schwere Arbeit auf sich zu nehmen, gaben die Iren im großen und ganzen keine bedeutenden Unternehmer ab. Seinen Wohlstand verdankte Boston daher großenteils »altem« Reichtum – Gewinnen, die aus Investitionen früherer Siedler, Händler und deren Nachkommen erzielt wurden: den Saltonstalls, Lowells, Cabots, Adams' und anderen Familien, die zusammen als die »Bostoner Brahmanen« bekannt waren. Diese Abkömmlinge von Familien, die durch Handel, Textilindustrie und Reedereigeschäfte zu Reichtum gelangt waren

und in altmodischer Pracht auf dem Beacon Hill und in Back Bay lebten,
hatten seit der Unabhängigkeit nicht weniger als drei Präsidenten der
Vereinigten Staaten gestellt; außerdem hatten ihr religiöser Eifer und
ihre Leidenschaft für Pädagogik nicht nur die erste Volksschule und die
erste private Hochschule der Vereinigten Staaten hervorgebracht, sondern sollten im Laufe der Zeit zu annähernd fünfzig Universitätsgrün-
dungen im weiteren Umkreis von Boston führen.

So verbreitete Boston mit seiner Fülle von Colleges, Universitäten,
Banken, Versicherungen, Handelshäusern, vornehmen Familien und
herrschaftlichen Villen einerseits eine Atmosphäre selbstzufriedener
Vornehmheit, wie sie sich in der würdevollen klassizistischen Architektur eines Charles Bulfinch spiegelte. Andererseits gab es das rege Treiben
der überwiegend aus irischen Einwanderern bestehenden Bevölkerung,
deren wachsender politischer Einfluß auf die Demokratische Partei Bostons sich zum Würgegriff eines undurchschaubaren Systems örtlicher
Wahlkreis-»Bosse« entwickelte.

1887 wählte Boston seinen ersten irisch-katholischen Bürgermeister.
Mit seiner Amtsübernahme öffnete sich ein weites Feld von Vetternwirt-
schaft und Protektion, das alle Stellen vom Stadtdirektor bis zum Amts-
boten sowie die Vergabe von Liefer- und Dienstleistungsverträgen an
Privatunternehmen umfaßte. Als die irischen Katholiken in den 1890er
Jahren die Parteimaschine der Demokraten in Boston fest in die Hand
bekamen, sprach alles dafür, daß sie das Bürgermeisteramt allein durch
das Gewicht ihrer Zahl auf Jahrzehnte hinaus behalten würden.

Diese politische Gelegenheit in einer Zeit, als die Iren in ihrer Heimat
noch immer um Selbstregierung rangen, erregte den Ehrgeiz eines jungen
irisch-katholischen Bostoners: John F. Fitzgerald.

Fitzgeralds Vater war in den 1840er Jahren als bettelarmer Einwanderer nach Amerika gekommen. Vom bescheidenen Hausierer hatte er sich
allmählich emporgearbeitet, ein irisches Einwanderermädchen geheiratet und war Mitinhaber eines gutgehenden Lebensmittelgeschäfts in der
Hanover Street im Norden Bostons geworden. Die Fitzgeralds waren ein
potentes Ehepaar und brachten in zwanzig Jahren zwölf Kinder zur Welt.
Weil der Laden abends als private Schenke fungierte, wuchsen die Kinder
in der zwanglosen Atmosphäre irischer Zecherrunden auf: die Abende
waren ausgefüllt mit Klatschgeschichten, Prahlereien, Erinnerungen an
die Grüne Insel, aber auch mit irischen Seemannsliedern, traurigen Balla-
den, anti-englischen Rebellenliedern – und hartem politischem Feilschen.

John Francis Fitzgerald, geboren am 1. Februar 1863, war der vierte
Sohn der Fitzgeralds und wurde bald zum Star der Familie. Aus dem

Eliot-Gymnasium trat er in die berühmte Bostoner Lateinschule über, wo er zur Hauptstütze des Schulsports wurde, die Footballmannschaft führte, die Baseballmannschaft trainierte und Sportredakteur der Schulzeitung *Latin School Register* wurde. Nach ehrenvollem Abschluß in Griechisch, Latein, Französisch und Deutsch sowie in Mathematik, Physik, Englisch und Geschichte, schrieb er sich am Boston College ein, der Jesuitenuniversität der Stadt. *The Boston Daily Globe* berichtete später: »Der junge Mann bemühte sich um eine umfassende und aufgeklärte Ausbildung und hegte den Ehrgeiz, Arzt zu werden.«

Nachdem er das Studium unter den Besten seines Jahrgangs abgeschlossen hatte, ging Fitzgerald an die medizinische Fakultät der Harvard-Universität – ein Bravourstück für den Sohn von Einwanderern, denen in Irland nicht einmal der Schulbesuch erlaubt gewesen war. Seinem Medizinstudium war jedoch keine lange Dauer beschieden.

Ein politisches Debüt

Im Alter von sechzehn Jahren verlor John Fitzgerald die Mutter. Zwei Wochen vor dem Zwischenexamen am Ende seines ersten Jahres an der Harvard Medical School – man schrieb das Jahr 1885 – kam ein zweites Unglück über die Familie. »Ich war ungefähr neun Monate dort gewesen«, erinnerte sich Fitzgerald, »als mein Vater starb.« In seinem Testament hinterließ Thomas Fitzgerald »ein paar tausend«, aber mit neun verwaisten Geschwistern in der Familie, die versorgt werden mußten, »war für meine Ausbildung einfach nicht genug da«.

Ein anderer Krämer, der als politischer Boss der Demokraten den Wahlbezirk North End leitete, erbot sich großzügig, »Little Fitzys« weiteres Medizinstudium zu finanzieren. Aber Fitzgerald wollte nicht mehr. »Aus dem einen oder dem anderen Grund«, erzählte er, »war die Verantwortung für die Familie mir zugefallen. Ich wusch den anderen Jungen sogar jeden Tag die Gesichter und zog die Kleineren oft an.« Inzwischen zweiundzwanzig, wurde Fitzy der Ernährer der Familie. »Ich glaubte, mein Leben gehörte meinen Brüdern, und ich könnte mich außerhalb des Medizinstudiums nützlicher machen, also gab ich es auf und machte die Prüfung für eine Stelle beim Zollamt. Ich kam auf der Liste der Bewerber irgendwo nahe der Spitze heraus, wurde eingestellt und arbeitete dort etwa drei Jahre. Daheim kümmerte ich mich um das Haus. Weil wir keine Schwester hatten, stellten wir eine Haushälterin an.«

Was Fitzgerald nicht sagte, war, daß er die Politik der Medizin bei weitem vorzog. Er war der geborene Organisator: unermüdlich, energisch, gesellig. Mit einundzwanzig hatte er einen Ruderklub, Neptun Associates, gegründet. Als sein Klub in finanzielle Schwierigkeiten geriet, nachdem er Bostons Veranstaltungssaal für ein Tanzvergnügen gemietet hatte, »war er nicht besorgt«, wie The Boston Post später vermeldete. »Er bewog die Kaufleute, in seinem Programm zu inserieren, und die Politiker, seine Eintrittskarten zu kaufen, und dachte sich viele andere Werbeaktionen aus. Am Abend der Tanzveranstaltung, nachdem die Gäste eingetroffen waren, stellte er das Wasser im Gebäude ab und zwang sie so, Tonic zu trinken, was der Klubkasse sehr zustatten kam.«

»In jenen frühen Tagen«, erläuterte The Post, »organisierte Fitz katholische Gesellikgeitsveranstaltungen und Tanzvergnügen. Er war in der irischen Gesellschaft tonangebend. Die Jungen und Mädchen konsultierten ihn in Fragen des guten Benehmens und der richtigen Kleidung.«

Hinter der Maske des Veranstalters wirkte Fitzgerald aber bereits als politischer Sekretär Matthew Keaneys, des Bezirksbosses für den Wahlkreis North End. In Keaneys Hinterzimmer, das ihm als Büro diente, lernte der junge Zollangestellte Techniken und Sprache der Bostonirischen Parteipolitik. Nichts wurde schriftlich niedergelegt, nichts war sakrosankt. Leichenfeiern dienten als Wahlplattformen, Nominierungen für öffentliche Ämter wurden manipuliert, Wahlen durch Schiebung beeinflußt, indem »Wiederholer« Wählerstimmen multiplizierten und Doubles sogar die Stimmen verstorbener Wähler abgaben. Aber wenn ein Parteimitglied in einer örtlichen Wahl der Demokratischen Partei für den »falschen« Kandidaten stimmte, büßte es sofort die Privilegien ein, die der Wahlbezirksboss ihm gewährte: Vertretung vor Gericht, Unterstützung der Familie in schweren Zeiten, Hilfe bei Hochzeiten, Taufen, Begräbnissen sowie befristete und Dauerstellungen in der Stadtverwaltung. Kein Wunder, daß nur wenige Einwanderer es wagten, gegen den Stachel zu löken.

Im September 1889 heiratete John endlich seine Jugendfreundin Josie Hannon, fuhr aber fort, seine sieben zu Hause verbliebenen Brüder zu unterstützen. Seine Kasse füllte er mit verschiedenen Nebeneinkünften und Schmiergeldern auf, die mit seinen politischen Aktivitäten in Verbindung standen. 1891, mit achtundzwanzig Jahren, »stieg ich schließlich ins Feuer- und Lebensversicherungsgeschäft ein«, erinnerte er sich. Zur gleichen Zeit kandidierte er für die unterste Sprosse der politischen Karriere: einen Sitz im Bostoner Stadtrat.

Für dreihundert Dollar im Jahr im Bostoner Stadtrat zu sitzen, konnte Fitzgeralds Appetit auf die Politik nur anregen. 1892 setzte er sich in den Kopf, Senator des Staates Massachusetts zu werden. Sein Wahlkreisboss machte ihm wenig Hoffnung. »Keaney war von der alten Schule, sehr konservativ«, bemerkte Fitzgerald später. Nach Keaneys Meinung hatte Fitzgerald keine Chance, die Nominierung der Demokratischen Partei zu gewinnen, solange der für die Aufstellung von Kandidaten zuständige Parteiausschuß von den beiden anderen Wahlbezirksbossen der Stadt beherrscht wurde.

Matthew Keaney starb jedoch unerwartet im Februar 1892. Fitzgerald wurde nun selbst der neue Wahlbezirksboss für das North End. »Es gab eine Absprache zwischen den Wahlbezirken 7 und 8, die unseren Wahlbezirk 6 ausschloß«, erinnerte er sich später an seine Bemühungen um den Senatorensitz. »Bezirk 6 war übergangen worden und hatte zehn Jahre lang weder Nominierungen für den Sitz im Senat noch für einen im Repräsentantenhaus bekommen. Im Bezirk North End war man daher sehr dafür, daß jemand den Kampf aufnehmen sollte, und ich tat es.«

Little Fitzy erwartete nichts anderes als eine Niederlage, erfuhr aber im letzten Augenblick, daß er wegen eines Streites zwischen den beiden anderen Wahlbezirksbossen die Nominierung bekommen würde. Die Nominierung durch die Demokratische Parteiorganisation war bei einer irisch-katholischen, den Demokraten zugeneigten Wählermehrheit gleichbedeutend mit der Wahl, und am 8. November 1892 wurde der neunundzwanzigjährige »Wunderknabe« aus dem Bostoner North End zum Senator des Staates Massachusetts gewählt.

Am 4. Januar 1893 nahm John F. Fitzgerald seinen Platz unter der großen kupfergedeckten Kuppel von Bulfinchs Parlamentsgebäude auf dem Beacon Hill ein, und dort geschah es, daß er zum ersten Mal seinem Kollegen von der Demokratischen Partei begegnete, dem Senator für Boston-Ost, Patrick J. Kennedy.

Abgeordneter Fitzgerald

Fünf Jahre älter als Fitzgerald, war Pat Kennedy, der Boss des Wahlbezirks 2, ein großer, verschlossener Mann mit einem buschigen Schnurrbart, aber ohne Rednergabe und Bildung. Sein Vater, ebenfalls ein mittelloser irischer Einwanderer, war im selben Jahr, als sein Sohn Pat geboren wurde, in Boston an der Cholera gestorben. Pat hatte keine Brüder, nur

Schwestern, die ihrer Mutter in einem kleinen Kurzwarengeschäft im
Ostteil von Boston – damals als Noddle's Island bekannt – zur Hand
gingen.

Pat war mit vierzehn von der Schule abgegangen, um sein Brot als
Hafenarbeiter zu verdienen, aber nachdem er in mehreren Hafenschen-
ken bedient hatte, beschloß er im Alter von zweiundzwanzig Jahren,
selbst eine zu kaufen. Mit sechsundzwanzig besaß er schon zwei Trink-
stuben und geriet in den Bannkreis der Boston-irischen politischen
Arena. Fünfmal hintereinander wurde er ins Abgeordnetenhaus von
Massachusetts gewählt, und 1887 heiratete er Mary Hickey, eine wohl-
habende Frau, die ihm 1888 einen Sohn schenkte, der Joseph getauft
wurde. Ein zweiter Sohn, Francis, starb nach drei Monaten im Juni 1891.
Im November desselben Jahres bewarb er sich mit Erfolg um den Sitz
eines Senators, diente aber nur eine Amtszeit zusammen mit John Fitzgerald, bevor er sich Ende 1893 aus der Politik zurückzog, vorgeblich, um
sich auf seinen Spirituosenhandel und die Schankwirtschaften zu konzentrieren.

In Wirklichkeit zog Pat Kennedy – der im Sommer 1892 zu einem von
Bostons demokratischen Delegierten für den Parteikonvent in Chicago
ernannt worden war, um den Präsidentschaftskandidaten der Partei zu
küren – es bei weitem vor, die Demokratische Partei Bostons als Drahtzieher hinter den Kulissen zu manipulieren. Als Mitglied des sogenannten Strategieausschusses der Partei, der jede Woche im Hotel Quincy im
Süden Bostons zusammentrat, verteilte er die Einnahmen der Demokratischen Partei. Dieser geheime Parteirat wurde dem politischen Leben
John Fitzgeralds 1894 zum Verhängnis, denn kaum hatte Fitzgerald im
Herbst dieses Jahres eine zweite Amtszeit als Senator gewonnen, als
Little Fitzy verkündete, daß er als Kandidat für das Repräsentantenhaus
in Washington aufgestellt zu werden wünsche. Damit forderte er den
Kandidaten des Strategieausschusses heraus, den Amtsinhaber und Ab-
geordneten Joseph O'Neil.

Für Pat Kennedy war dies gleichbedeutend mit einer Kriegserklärung.
Es erging Anweisung, daß Stimmen, die bei der Parteiversammlung im
September für Fitzgerald abgegeben würden, nicht gezählt oder wegge-
worfen werden sollten. Fitzgerald erinnerte sich: »Im South End, wo die
Parteiorganisation auf O'Neil eingeschworen war, hatte ich nichts zu
melden. Ich sagte ihnen offen: ›Wie sind meine Chancen im Bezirk 7?
Bekomme ich die Stimmen, die für mich abgegeben werden?‹ Sie erklär-
ten mir mit brutaler Offenheit, daß sie verpflichtet seien, den Bezirk auf
Biegen oder Brechen für O'Neil einzubringen.«

Die Betonung lag auf Brechen. »Das ist ein Beispiel für die Art und Weise, wie damals in der Stadt Politik gemacht wurde«, erläuterte Fitzgerald später. »In der Erkenntnis, daß ich meine Zeit im South End nur verschwenden würde, nahm ich meine Freiwilligen und brachte sie nach Boston-Ost und Charlestown... Ich hatte eine Armee von jungen Burschen in den verschiedenen Stadtvierteln, die zu mir hielten. In meinen Jugendjahren war ich Präsident der Neptune Associates im North End gewesen, und ich hatte viel Umgang mit den sozialen Organisationen und Geselligkeitsvereinen in den verschiedenen Stadtvierteln, was mir einen großen Bekanntenkreis verschaffte. Dann brachten meine sportlichen Fähigkeiten und Aktivitäten mich mit Burschen und jungen Männern aus der ganzen Stadt in Verbindung, ebenso wie der Umstand, daß ich nach einem Jahr im Stadtrat den Platz im Senat erobert hatte.«

So veranstaltete Little Fitzy während des ganzen Sommers 1894 eine Reihe von Wahlkampfveranstaltungen, Reden und öffentlichen Versammlungen, mit denen er breite Wählerschichten erreichte und die Initiative ergriff, indem er unerschrocken Wahlkampfthemen an die Öffentlichkeit brachte. Als O'Neil schließlich aus Washington zurückkehrte, um Fitzgeralds Herausforderung zu begegnen, sah er sich in die Defensive gedrängt. Zum Verdruß des Strategieausschusses forderte Fitzgerald den Kongreßabgeordneten O'Neil öffentlich zu einer Podiumsdiskussion mit ihm heraus und mietete sogar eine Anzahl geeigneter Säle, wo die Debatte stattfinden konnte. Gleichsam als flankierende Maßnahme veröffentlichte er in den Bostoner Tageszeitungen einen offenen Brief, in dem er O'Neil einlud, mit ihm aufzutreten.

O'Neil lehnte die Einladung ab. Statt dessen verteidigte er umständlich seinen Ruf vor »neunhundert soliden Männern des Wahlbezirks« und verlas lobende Telegramme von Abgeordnetenkollegen. Er betonte seine enge Verbundenheit mit dem gegenwärtigen Präsidenten der Vereinigten Staaten, Grover Cleveland. Was den Vorwurf betraf, er habe es nicht geschafft, die Wiedereröffnung der seit fünfundzwanzig Jahren geschlossenen Marinewerft in Charlestown zu erreichen, so war er ganz offen: »Sie sagen, ich hätte die Wiedereröffnung der Marinewerft nicht erreicht. Nun, das hat [Senator] Henry Cabot Lodge seit vier Jahren ohne Erfolg versucht. Wenn mir die Wiedereröffnung der Marinewerft nicht gelungen ist, dann würde es auch einem anderen Mann an meiner Stelle schwerlich gelungen sein.«

Wo immer Fitzgerald sprach, war die Zahl der nicht wahlberechtigten Frauen im Publikum bemerkenswert. Im Wahlbezirk 12 »war der Saal gedrängt voll, viele Frauen hatten auf der Galerie Platz genommen, und

die Menge war sehr begeistert«, berichteten die Zeitungen. In Charles-
town, wo O'Neil sich am Abend zuvor an die »soliden« Männer der
Demokratischen Partei gewandt hatte, geriet die Menge außer sich.
»In der Nachbarschaft der Armory Hall war die Lexington Street von der
Menschenmenge verstopft. Eine große Zahl von Feuerwerkskörpern
und roten Lichtern wurde gezündet, und als die Kutschen vor dem
Eingang hielten, wurde der Senator auf die Schultern der Menge gehoben
und zur Rednerplattform getragen.«

Keine Vorwahl in der Geschichte Bostons hatte jemals so viele Erwartungen geweckt, denn dies war die erste, in der das »australische« System
geheimer Stimmabgabe mittels zentral gedruckter Stimmzettel übernommen wurde. Die in Kennedys Wahlkreis 2 abgehaltene Wahl »stellte
alle früheren in den Schatten«, meldete *The Globe*. »Es wurden mehr
Stimmen denn je abgegeben, und das Interesse war zur Fieberhitze gestei-
gert... Um vier Uhr wurden die Türen zur Armory Hall aufgestoßen,
und es folgte ein gewaltiger Ansturm zur Barriere. In weniger als 50
Sekunden war der Saal vollgestopft mit einer wogenden Masse Mensch-
heit... so groß waren der Andrang und die Unruhe, daß an eine ord-
nungsgemäße Abwicklung nicht zu denken war und Mr. Robinson (der
Wahlleiter) die Polizei anweisen mußte, den Saal zu räumen.«

In einem Wahllokal nach dem anderen meldeten die Wahlleiter »die
höchste Wahlbeteiligung, die je in einer Vorwahl verzeichnet wurde«.
Um sich jedoch die offizielle Nominierung auf dem Parteikonvent der
Demokraten zu sichern, der einige Tage später stattfinden sollte, mußte
der erfolgreiche Kandidat 82 der 163 Delegierten für sich gewinnen. Die
Spannung wuchs, als Mitternacht näherrückte. »Leute, die noch nie zu
einer Vorwahl gegangen waren«, nahmen den Weg auf sich, um ihre
Stimmen abzugeben, und das Ergebnis war knapp.

Die Delegierten, die O'Neil unterstützten, gewannen in sechs der
zwölf Wahlbezirke, ohne daß ein einziger Fitzgerald-Mann gewählt
wurde. In den großen Wahlbezirken der Innenstadt war jedoch das
Gegenteil der Fall. Zu seinem Verdruß wurde in seinem eigenen Wahlbezirk Boston-Ost, wo er unbestrittener Parteiboß war, nur Pat Kennedy
selbst als Delegierter zur Unterstützung O'Neils gewählt, während die
übrigen achtzehn Delegierten auf Fitzgerald eingeschworen waren. Die
Redaktionsräume des *Boston Globe* dienten als Nachrichtenzentrale,
und in den frühen Morgenstunden versammelten sich vor dem Gebäude
zwei Armeen von Anhängern, um die Wahlergebnisse zu verfolgen, wie
sie aus den Stimmbezirken eintrafen und an die Anschlagtafel geheftet
wurden. »Sie jubelten, sie rauchten, sie redeten, und in vielen Fällen

schmierten sie ihre ausgedörrten Zungen in den Schenken« der School Street, Washington Street und den benachbarten Straßen. Als die Zahlen für Kennedys Wahlbezirk Boston-Ost bekanntgegeben wurden, trauten O'Neils Anhänger ihren Augen nicht. MÄNNER DER ALTEN PARTEIMASCHINE GELÄHMT VON FITZGERALDS GROSSEM GEWINN, lautete die Schlagzeile des *Boston Globe,* und der dann folgende Artikel kommentierte, daß

die Niederlage ihres Favoriten ein schwerer Schlag für die älteren Männer der Partei in Boston-Ost war, und besonders für diejenigen, die seit vielen Jahren die politische Maschine beherrscht haben.
Sie konnten es nicht begreifen. Sie standen in stummer Bestürzung, als bekannt wurde, daß Fitzgerald in Boston-Ost alle Delegierten mit Ausnahme von Senator P. J. Kennedy für sich gewonnen hatte.
Es war ein regelrechtes Waterloo…

Am frühen Morgen näherte sich Fitzgeralds Gesamtzahl der entscheidenden Marke von zweiundachtzig, und als der Präsident des Parteiausschusses in Boston, James Donovan und Pat Kennedy – »zwei von O'Neils aktivsten Anhängern« – eintrafen, um mit eigenen Augen die Anschlagtafel am Gebäude des *Globe* zu sehen, wurden sie unbarmherzig verhöhnt. Um sechs Uhr früh war es klar, daß Fitzgerald gewonnen hatte. Im Endergebnis waren 87 Delegierte für Fitzgerald, 76 für O'Neil.

»Einziger Gesprächsgegenstand unter den Politikern war gestern die Niederlage des Kongreßabgeordneten O'Neil in der Vorwahl zur Wiederaufstellung", berichtete *The Boston Globe* hinterher. Das Haus des jungen Senators wurde von Sympathisanten belagert, die »aus allen Teilen der Stadt in die bescheidene Straße beim North Square kamen«, wo Fitzgerald wohnte.

Zweifellos hatte Fitzgerald einen neuen Stil jugendlich-schwungvollen, engagierten und volksnahen Wahlkampfes in das politische Leben Bostons gebracht. »Ich hatte eine Armee junger Männer«, verkündete er nach dem Bekanntwerden des Wahlergebnisses, »die sich, als ich meine Kandidatur bekannt gab, für meine Sache einsetzten, und ihnen verdanke ich den Sieg… Die Menschen haben sich für mich ausgesprochen, und ich rechne mit einem triumphalen Wahlerfolg. Es wird mein Bestreben sein, im Repräsentantenhaus ein würdiger Nachfolger Mr. O'Neils zu sein.«

John F. Fitzgerald wurde am 6. November 1894 mit einem knappen Vorsprung von zweitausend Stimmen vor seinem Rivalen von den Republikanern zum Kongreßabgeordneten ins Repräsentantenhaus der Vereinigten Staaten gewählt, und ein Jahr später nahm er – wie es damals der Brauch war – als der einzige Demokrat aus Massachusetts seinen Abgeordnetensitz in Washington ein.

Cause célèbre

Die Geschichte, wie Fitzgerald als Kongreßabgeordneter und später als Bürgermeister von Boston abschnitt, braucht uns hier nicht aufzuhalten. Wichtig aber ist es, Little Fitzys Energie und seinen – ironischerweise im erbitterten Kampf mit Patrick J. Kennedy geschärften – Wahlkampfstil hervorzuheben, denn diese sollte sein Enkel eines Tages erben.

Kennedy verzieh Fitzgerald seinen Sieg über O'Neil niemals, und obwohl Fitzgerald dreimal nacheinander in den Kongreß gewählt wurde, in den Jahren 1894, 1896 und 1898, brachte Kennedy ihn 1900 schließlich zur Strecke. »Als mein Vater seine dritte Amtszeit im Kongreß beendete und die erneute Nominierung und Wiederwahl erwartete«, erinnerte sich Fitzgeralds älteste Tochter Rose Jahre später, »gab es seismische Bewegungen, Verlagerungen, Anpassungen. Ich hatte zu der Zeit keine Ahnung, was es damit auf sich hatte... P. J. Kennedy und die anderen Ausschußmitglieder blockierten seine neuerliche Nominierung.«

Tatsächlich hatte in den Räumen des Demokratischen Parteikonvents Mitte Oktober 1900 eine erbitterte fünftägige Schlacht stattgefunden, aus der Kennedy als Sieger hervorgegangen war. Fünf lange Jahre blieb Fitzgerald ausgestoßen in der politischen Wüste, bis er 1905 abermals den Strategieausschuß herausforderte. Diesmal ging es um die Bostoner Bürgermeisterwahl. »Ein geschäftigeres, glänzenderes Boston« wurde eines seiner Schlagworte. Aber seine Cause célèbre war der Kampf gegen das System der Wahlbezirksbosse selbst. Unter der Überschrift DIREKTE APPELLE AN DAS VOLK berichtete *The Boston Globe* am 8. November über Fitzgeralds kämpferische Rede:

> »Dieser Kampf wird für alle Zeit darüber entscheiden, ob die Männer, die den Ehrgeiz haben, in Boston ein öffentliches Amt zu erringen, die Unterstützung der Parteibosse haben müssen. Als ich meine Kandidatur ankündigte, wurde mir von allen Seiten gesagt, daß ich damit keinen Erfolg haben würde, weil die Vorsitzenden der Wahlbezirksorganisationen und die Mitglieder der Wahlbezirke und städtischen Ausschüsse beinahe einhellig gegen mich seien... Ich glaube, daß die Mehrzahl der Menschen in Boston ehrenhafte Leute sind. Ich

glaube nicht, daß sie solch eine charakterlose Unterwerfung ihrer öffentlichen Amtsträger wünschen. Diesen Glauben habe ich in die Praxis umgesetzt und appelliere nun über die Köpfe der Bosse hinweg an die Bevölkerung von Boston, und ich weiß, daß ihr euch nicht als treulos erweisen werdet.«

Fitzgeralds Wahlhelfer hatten kleine Sternenbanner an alle Anwesenden verteilt. Der Grund dafür wurde deutlich, als seine Rede leidenschaftlicher wurde:

»Von welchem Nutzen ist das allgemeine Wahlrecht, wenn darum gehandelt und gefeilscht werden kann? Unter einem System dieser Art werden wir keine Rechte außer denen haben, welche die Bosse uns gewähren.

Wenn wir zulassen, daß die Herrschaft der Bosse die Oberhand gewinnt, verleugnen wir unser Recht auf eine Regierung des Volkes durch das Volk und für das Volk.

Meine Freunde, wir sind von einer Bostoner Stadtverwaltung bedroht, die nach meiner festen Überzeugung niemals geduldet werden darf. Ich bin stolz auf die Sache, für die wir kämpfen. Es ist die Sache des Volkes. Ich bin stolz auf die Freunde des Volkes. Ich bin stolz darauf, daß diese Feinde uns bekämpfen. Sie sind die Feinde des Volkes. Wir werden mit Lincoln sagen: Laßt uns darauf vertrauen, daß aus Recht Macht wird, und in diesem Vertrauen laßt uns bis zum Ende wagen, unsere Pflicht zu tun, wie wir sie verstehen.«

Umbrandet von Hochrufen und Sprechchören: »Nieder mit dem Zaren« (gemeint war Martin Lomasney, der Boß des Wahlbezirks 8) setzte sich Fitzgerald. Im Kampf gegen den Strategieausschuß hatte er den Spieß umgedreht, als der Unterlegene Sympathien gewonnen und – wie schon 1894 – die Initiative an sich gerissen. Dabei verließ er sich nicht auf das gesprochene Wort allein. Politische Wahlen in einer Demokratie waren, so urteilte er, nicht zuletzt Spektakel. Das Geschäft der Wahl zeigte Demokratie in Aktion und war würdig, gefeiert zu werden. Fackelumzüge, marschierende Blaskapellen, fahnengeschmückte Straßen und andere Methoden wurden angewandt, um öffentliches Interesse wachzurufen, denn die Öffentlichkeit würde über Fitzgeralds Schicksal entscheiden. »Niemand in Boston hatte je solch einen Wahlkampf gesehen«, schrieb sein Biograph J. H. Cutler.

Pat Kennedys Entscheidung, den kränklichen Leiter des Straßenbauamtes, Ned Donovan, zum Bürgermeisterkandidaten des Strategieausschusses zu machen, erwies sich als ein verhängnisvolles Fehlurteil. Es erlaubte Fitzgerald, nicht nur Donovans Referenzen vernichtend zu kritisieren, sondern darüber hinaus die Verschwörung von Kennedy, Lomasney und der Bostoner »Parteimaschine« hinter Donovan bloßzustellen. »Ihr erinnert euch der Fabel von dem Schaf und dem Wolf?« rief

Fitzgerald am 14. November 1905 vor einem riesigen Publikum aus.
»Wenn ihr genau hinschaut, werdet ihr unter der Wolle des Kandidaten
Edward Donovan das Fell und die Krallen von Mr. Lomasney finden,
dem Boß!«

Punkt für Punkt legte Fitzgerald die früheren Leistungen seines Rivalen offen und stellte seine berühmten »öffentlichen Fragen«, beginnend
mit: »Ich habe Sie beschuldigt . . .« und endend mit: »Warum antworten
Sie nicht auf diese Beschuldigung? Warum antworten Sie nicht, Mr. Donovan?« Er verurteilte, daß eine Handvoll Männer sich in Hinterzim-
mern zusammensetzte, um »einen Bürgermeisterkandidaten für fünfzig-
tausend Mitglieder der Demokratischen Partei zu wählen, ohne von
ihnen in irgendeiner Weise dazu legitimiert zu sein. Wir müssen uns die
Augen reiben und uns fragen, ob dies wirklich noch ein freies Land ist.
Laßt uns entschieden für unsere Rechte als Bürger eintreten, bevor es zu
spät ist. Laßt jeden Mann, der sich einen Demokraten nennt, am Donnerstag zu den Vorwahlen gehen, ob er früher dorthin gegangen ist oder
nicht, und seinen Teil zur Verhütung eines anrüchigen politischen Despo-
tismus in unserer schönen Stadt beitragen.«

Der Wahlkampf des Jahres 1905 um die Nominierung des Bürgermeisterkandidaten der Demokratischen Partei wurde zu einem Kampf, den
niemand in Boston jemals vergessen würde – am allerwenigsten Pat
Kennedy. Am 16. November um sechs Uhr früh begann in allen Wahlbezirken Bostons die Stimmabgabe. Es war eine der am heißesten umkämpften Entscheidungen der Stadt. Der Grad der Erregung war so, daß
in Wetten beängstigende Summen gesetzt wurden und Stimmenkauf an
der Tagesordnung war. »Konservative Schätzungen veranschlagen die
Geldmenge, die in Wetteinsätzen festgelegt worden ist, auf annähernd
100 000 Dollar«, berichtete *The Boston Globe;* das war weit mehr als
die Kandidaten für den Wahlkampf ausgegeben hatten.

»Im Wahlbezirk 2 versuchen die Führer der Parteiorganisation Patrick
J. Kennedy, der Ehrenwerte Joseph K. Conry und ihre Mitarbeiter, jede
Stimme, derer sie habhaft werden können, für Donovan zu mobilisie-
ren«, berichtete *The Boston Globe.* Kennedy prahlte vor einem Reporter, daß »Mr. Donovan mit einer großen Mehrheit aus dem Wahlbezirk
hervorgehen wird«, da er bereits annähernd zweitausend »Verpflichtungen« von »loyalen Wählern« erhalten habe.

Dann freilich stellte sich zu Kennedys Kummer heraus, daß Fitzgerald
in nicht weniger als einundzwanzig der fünfundzwanzig Wahlbezirke der
Stadt den Sieg davongetragen hatte. »John F. Fitzgerald errang einen
großartigen Sieg in den Vorwahlen der Demokratischen Partei«, berich-

tete *The Boston Globe* am folgenden Tag, »und besiegte Edward J. Donovan, den Kandidaten der Parteiorganisation für die Bürgermeister-
wahlen.«

Fitzgeralds Triumph – 28 228 Stimmen gegenüber 24 301 für Donovan – wurde in der Presse weithin als eine Rückkehr zur wahren
Demokratie begrüßt. »Mr. Fitzgerald wird frei von den Fesseln der Par-
teimaschinerie und unbehindert von Versprechungen sein Amt antreten,
was ihm freie Hand geben wird, für das Wohl der Stadt zu arbeiten«,
erklärte der *Boston Traveler*. Fitzgerald, der den Tag damit verbracht
hatte, die Samstagsausgabe von *The Republic* herauszubringen, einer
katholischen Wochenzeitung, die er gekauft hatte, war in Hochstim-
mung. Die Arme seiner Kinder um den Hals, versprach er den Reportern: »Ich werde alles tun, was ich kann, um ein geschäftigeres Boston zu
schaffen.«

Ein Willenskonflikt

John F. Fitzgerald war von Natur aus kein nachtragender Mensch. Ungeachtet des Leides, das Patrick Kennedy ihm zugefügt hatte, war dessen
Wiederernennung zum Chef des Telegrafenamtes eine von Fitzgeralds
ersten Amtshandlungen als Bürgermeister von Boston. Die beiden Männer kamen sich näher, aber als Fitzgeralds Tochter sich im Sommer 1906
während eines von der Demokratischen Partei organisierten Ferienauf-
enthaltes in Old Orchard Beach, Maine, in Kennedys Sohn verliebte,
wurde der Bürgermeister unruhig. »Ich glaube, jeder Vater meint, kein
Mann sei gut genug für seine Tochter«, erinnerte sich Rose traurig.
»Mein Vater hatte übertriebene Vorstellungen von meiner Schönheit,
Anmut, von meinem Geist und Charme. Als ich zu einer jungen Frau
heranwuchs, verstärkte sich diese Verblendung.«

Fitzgerald glaubte nicht, daß er verblendet war. Rose war hübsch,
talentiert und beliebt. Im Gegensatz zu ihr war Joseph Kennedy groß,
grob und gefühllos – und der Sohn von Fitzgeralds langjährigem politischem Rivalen. Darum untersagte Bürgermeister Fitzgerald seiner Tochter, die Einladung des jungen Mannes zu einem Tanz in der Latin School
anzunehmen, und erklärte, daß »er es mißbilligte, daß ein Mädchen von
sechzehn Jahren zu Tanzvergnügen fremde Orte aufsuchte und mit Leuten zusammenkam, die Ärger machen könnten«.

»Ärger« war, wie sich herausstellen sollte, sehr gelinde ausgedrückt.

Das Verbot wirkte indessen nur als Blasebalg, nicht als Feuerlöscher. Die jungen Leute trafen sich insgeheim. Als er davon hörte, machte Fitzgerald sich Vorwürfe, daß er seine Tochter zu selbständigem Denken und Handeln ermutigt hatte, und nachdem er den Erzbischof von Boston konsultiert hatte, verbot er ihr, von der Oberschule Dorchester an das Wellesley Women's College zu gehen – einer protestantischen Universität, an die Rose ihr Herz gehängt hatte. Sie sei mit siebzehn noch zu jung, sagte er, und ein solcher Schritt könne ihm von seiner katholischen Wählerschaft übelgenommen werden. Statt dessen ließ er sie am College der Ordensschwestern vom Herzen Jesu in der Commonwealth Avenue einschreiben, wo er und die Schwestern über sie wachen konnten.

Als Rose auch jetzt noch nicht erkennen ließ, daß sie aus ihrer Vernarrtheit in Joseph Kennedy herauswuchs, brachte Fitzgerald die Achtzehnjährige nach Europa, wo er sie mit ihrer Schwester Agnes für zwei qualvolle Jahre unter strenger Disziplin in ein gefängnisähnliches Nonnenkloster im holländischen Blumenthal steckte. Dort, so hoffte er, würde sie sich Joe Kennedy – der inzwischen im ersten Jahr in Harvard studierte – aus dem Kopf schlagen und statt seiner »Religion bekommen«.

Rose bekam die letztere, weigerte sich aber, den ersteren aufzugeben. Hinter ihrem sittsamen, zurückhaltenden Äußeren verbarg sich eine eiserne Unbeugsamkeit, und während ihres ganzen holländischen Zwangsexils blieb sie im Briefwechsel mit dem Sohn des alten Erzfeindes ihres Vaters. Vergebens schickte Fitzgerald sie anschließend in ein anderes College der Ordensschwestern vom Herzen Jesu nach Manhattanville, New York. Für Rose war das Ganze eine tief verletzende Erfahrung, die für den Rest ihres stoischen Lebens psychologische Narben hinterlassen sollte.

»Mein Vater war im öffentlichen Leben ein großer Neuerer«, klagte sie später, »aber wenn es um die Erziehung seiner Töchter ging, hätte niemand konservativer sein können als er. Wenn Sie Yankee-Ethik und irisch-katholische Ethik zusammenzählen, ist das Ergebnis beeindruckend. Für mich war es traurig. Schließlich ist man nur einmal jung, und junge Leute sollten in der Lage sein, aus diesen besonderen Jahren, die so rasch vergehen, möglichst viel zu machen. Aber mein Vater war unerbittlich.«

Joe Kennedy erschien Rose in diesem Stadium ihres Lebens beinahe gottähnlich. »Ein ernsthafter junger Mann, aber schlagfertig und mit einem ausgeprägten Sinn für Humor. Er lachte gern und hatte ein spontanes, breites und ansteckendes Lächeln.«

Es lag in der Natur der unerlaubten Romanze, daß Rose in Joe Kennedy nur den edlen Ritter sah, der stark genug sein würde, sie aus den Fesseln dessen zu befreien, was sie für den altmodischen Beschützerinstinkt ihres Vaters hielt. Dieser blieb, in ihren Augen, übertrieben unnachgiebig. »Der Kennedy-Junge« hatte weiterhin Hausverbot. Als sich das nicht als wirksam erwies, erklärte er, daß er Rose nach Palm Beach bringen würde. Rose protestierte, daß sie von einem der Stubenkameraden Joe Kennedys zum Studentenball in Harvard eingeladen sei. »Mein Vater erwiderte, daß er nichts davon hören wolle und ich nach Florida reisen würde«, erinnerte sich Rose.

Als Bürgermeister Fitzgerald im Sommer 1911 an Bord der *Franconia* Amerika verließ, nahm er nicht seine Frau, sondern seine Tochter Rose mit auf die Reise. Viele Menschen an Bord zahlreicher Schlepper, Barkassen und Boote eskortierten den Liniendampfer zum Bostoner Leuchtturm und bereiteten ihrem Bürgermeister »einen Abschied, wie er in dieser ausgelassenen Begeisterung noch keinem abreisenden Bostoner zuteil geworden ist«, berichteten die Zeitungen. Seine Rundreise, die ihn nicht nur als Bürgermeister von Boston, sondern vor allem in seiner Eigenschaft als Leiter einer Delegation der Bostoner Handelskammer durch Europa führte, machte Rose mit England, Belgien, Frankreich, Österreich und Deutschland bekannt. Er schwelgte in Publizität, sah sich als eine Art Repräsentant der Wirtschaft seiner Stadt, sorgte aber auch dafür, daß Hugh Nawn, der unverheiratete Harvard-Absolvent und Sohn seines Millionärsfreundes Harry Nawn, in Ostende zu der Reisegruppe stieß.

Wie sich Rose später erinnerte, hofften sowohl ihr Vater als auch Harry Nawn, daß die Bekanntschaft »zu Romanze und Heirat erblühen« möge. Für Roses Bostoner Debüt hatte Fitzgerald bereits einen riesigen Ball vorbereitet, der im kommenden Januar mit mehr als vierhundert Gästen in einem Festzelt stattfinden sollte. Als die Bostoner Handelskammerdelegation den berühmten mitteleuropäischen Fluß hinabdampfte, tanzten Rose Fitzgerald und Hugh Nawn vor ihren bewundernden Vätern zu den Klängen von »Auf der schönen blauen Donau« Walzer: ein Paar, das Reichtum und Schönheit vereint und ihren Familien Stolz und Befriedigung verschafft hätte.

Es sollte nicht sein. Auch ließ Rose sich von keinem der grauhaarigen Würdenträger einnehmen, mit denen sie auf ihren Reisen zusammentrafen, obwohl sie als die Dolmetscherin der Delegation für Deutsch und Französisch diente. Auf ihrem Frisiertisch stand immer eine gerahmte Fotografie des einzigen Verehrers, den sie ernst nahm: Pat Kennedys

Sohn Joe. Nichts konnte sie in ihrer wachsenden Entschlossenheit wankend machen, eines Tages Mrs. Joseph P. Kennedy zu werden.

Danach reiste Bürgermeister Fitzgerald mit seiner Tochter Rose und einer Delegation der Bostoner Handelskammer zum neueröffneten Panama-Kanal; nach Kansas und durch die Staaten nach Washington, um mit Präsident Taft zusammenzutreffen; nach Baltimore, um der Nominierung Woodrow Wilsons zum Präsidentschaftskandidaten der Demokraten nachzuhelfen. Noch immer weigerte sich Rose, Joe Kennedy aufzugeben. Zu ihrer Ehre hatte sie gesehen, was ihrem Vater entgangen war: daß der »Kennedy-Junge«, obwohl sein Vater ein Spirituosenhändler, Schenkenbesitzer und Hinterzimmerpolitiker aus Boston-Ost war, das Zeug dazu hatte, es in der Welt weit zu bringen.

Fitzgeralds Sturz

»Ich war niemals ernsthaft an einer anderen interessiert«, behauptete Joe Kennedy später – mit der Betonung auf *ernsthaft*. Arthur J. Goldsmith, ein Kommilitone aus Harvard, erinnerte sich, daß Joe während seiner ganzen Romanze mit Rose ein ausgesprochener Frauenheld blieb – mit einem Hang zu Revuetänzerinnen. Die beiden »pflegten ein paar Mädchen aus dem Revuetheater *Pink Lady* in Boston auszuführen, und eines Tages kam uns vieren Rose Fitzgerald entgegen, der Joe den Hof machte«, erzählte Goldsmith später. »Aus dieser Geschichte redete er sich heraus.«

Joes Selbstbewußtsein war zweifellos phänomenal. Während seines Studiums an der Harvard-Universität betrieb er »nebenbei« ein Busunternehmen, das Ausflugsfahrten für Touristen anbot und ihm ein Nettoeinkommen von fünftausend Dollar im Jahr sicherte, was dem Gehalt seines Vaters gleichkam. Während Rose ihren Vater im Sommer 1911 nach Europa begleitete, spielte Joe als Baseballprofi in der White Mountain League, wohnte mit dem Cheftrainer in einem Luxushotel und erzielte ansehnliche Einnahmen mit Berichten über Sportveranstaltungen und gesellschaftliche Ereignisse, die er seinen Kommilitonen John Conley für sich schreiben ließ und dann an die Redaktion des *Boston Globe* schickte. »Geld ist alles, woran ich interessiert bin«, war sein Motto.

Joes unternehmerische Energie schien ihn zweifellos für eine erfolgreiche Laufbahn im Geschäftsleben zu prädestinieren; er investierte einen

Teil seines Gewinnes aus dem Busunternehmen in Immobilien. Aber das große Geld, davon war er überzeugt, war im Bank- und Anlagegeschäft zu verdienen.

Im Neuengland der »Brahmanen« voranzukommen, war für einen ehrgeizigen irischen Katholiken allerdings nicht so einfach, selbst wenn er ein Harvard-Absolvent war. Das Schild »Bewerbung von Iren zwecklos« hatte das Vorurteil der alteingesessenen Yankeefamilien verkörpert und besaß, wenn auch unsichtbar, weiterhin Gültigkeit. Obwohl Joe in Harvard zum Studium zugelassen worden war, hatte man ihn dort gesellschaftlich geschnitten. Zu seinem Verdruß erhielt er Absagen von allen Absolventenklubs in Harvard – deren Mitgliedschaft ihm in der Folge die Akzeptanz der tonangebenden Bostoner Gesellschaft und eine Stellung in einer der großen Banken oder Börsenmaklerfirmen der Stadt garantiert hätte.

Rose warf ihm Weltfremdheit vor, daß er je hatte glauben können, man würde ihn aufnehmen. »Es hätte ihn weniger geschmerzt denke ich, wenn er von Anfang an die gesellschaftlichen Schranken in Harvard akzeptiert hätte, geradeso wie ich sie in Boston akzeptierte: als elementare Tatsache des Lebens, derentwegen sich zu grämen nicht der Mühe wert ist«, bemerkte sie später.

Für Joe Kennedy aber waren solche gesellschaftlichen Schranken sehr wohl ein Grund zur Sorge. Nachdem er 1912 von Harvard abgegangen war und sich vergeblich um eine Position in einer der großen Banken und Maklerfirmen von Massachusetts bemüht hatte, war er gezwungen, einen Posten als Angestellter der Columbia Trust Company anzunehmen, der kleinen Boston-irischen Bank, die sein Vater zusammen mit sechzehn anderen 1892 in der Meridien Street gegründet hatte. In zwanzig Jahren war ihr Kapital nur um siebzigtausend Dollar angewachsen. Gleichwohl sollte es sich als ein bedeutungsvoller, wenn auch bescheidener Anfang für einen angehenden Boston-irischen Bankier erweisen, denn Joe hatte nicht die Absicht, sich für alle Zeiten von den Neuengland-Yankees niederhalten zu lassen, genausowenig wie er die Absicht hatte, sich von Bürgermeister Fitzgerald daran hindern zu lassen, Rose zu heiraten.

Was man sich auch über Joe erzählte, Roses Wille war unbezähmbar. Sie hatte ihre Entscheidung getroffen und war entschlossen, bei ihrer Wahl zu bleiben, komme was da wolle. Wie in Boston, war ihres Vaters Wille auch in der Familie noch immer Gesetz. Trotz der großen Beliebtheit des Bürgermeisters blieb sein politisches Schicksal aber unsicher. Nur mit knapper Not hatte er am Ende seiner ersten Amtsperiode als

Bürgermeister eine von der Bostoner Finanzbehörde durchgeführte Untersuchung von Schmiergeldzahlungen in Zusammenhang mit städtischen Aufträgen überlebt. Nun schrieb man das Jahr 1913, und seine zweite (diesmal vierjährige) Amtsperiode näherte sich ihrem Ende. Fitzgerald sah sich von einem jungen Boston-irischen Demagogen herausgefordert, dem Kongreßabgeordneten James Michael Curley, einem politischen Einzelgänger, berüchtigt wegen seiner Schmutzkampagnen, der entschlossen war, das lukrative Bürgermeisteramt zu gewinnen. »Der Kongreßabgeordnete von Roxbury hat die Vorsitzenden der Wahlbezirke durch die Bank lächerlich gemacht«, berichtete bald der *Boston Herald*. »Das hat viele von ihnen verbittert.«

Was der Kongreßabgeordnete von Roxbury für Bürgermeister Fitzgerald bereithielt, war jedoch weit schlimmer als Spott. Fitzgerald war für seine Beliebtheit bei Frauen wohlbekannt. Er hatte auch eine sehr eifersüchtige Frau. »Es war nicht einfach für eine Frau wie Josie, mit einer magnetischen Gestalt wie John F. zu leben«, erinnerte sich eine seiner Großnichten. »Wenn sie nur begriffen hätte, daß er genug Liebe und Herzenswärme besaß, um mit der linken Hand die ganze Welt zu umfassen, während er mit der rechten sie festhielt, hätte sie glücklich sein können. Aber sie wollte ihn ganz für sich allein – und das war das eine Ding, das er ihr niemals geben konnte.«

James Michael Curley war entschlossen zu entdecken, wen der Bürgermeister sonst noch in sein Herz geschlossen hatte. Durch einen Bostoner Anwalt, der noch immer nicht verwunden hatte, daß es ihm nicht gelungen war, Fitzgerald im Untersuchungsverfahren der Finanzbehörde der Annahme von Schmiergeldern zu überführen, fand Curley schließlich die Waffe, die er benötigte: Elizabeth Ryan, eine New Yorker Edelprostituierte, die in weiten Kreisen unter dem Spitznamen »Toodles« bekannt war. Der Kongreßabgeordnete von Roxbury sorgte dafür, daß Josie ein mit vergifteter Feder geschriebener Beileidsbrief zuging, der Mrs. Fitzgerald davon unterrichtete, daß ihr Ehemann, der Bürgermeister, ein ehebrecherisches Verhältnis mit einer Hure namens Toodles habe – und daß die Information publik gemacht würde, wenn der Bürgermeister nicht auf eine neuerliche Kandidatur verzichtete.

Zuerst versuchte Fitzgerald, die Sache einfach durchzustehen. Er war der Stolz der Boston-Iren, und nach Ansicht des *Boston Herald* war ihm die dritte Amtszeit »so sicher wie etwas in der Politik sein kann«, was »die realistischeren Politiker in den Lagern aller Bewerber um das Bürgermeisteramt im vertraulichen Gespräch einräumen.«

In Curleys Lager wurde indessen nichts dergleichen eingeräumt. Vor

seiner Methode persönlicher Verunglimpfung und Erpressung gab es für
»Honey Fitz« keine Zuflucht. Er hatte sich immer auf den häuslichen
Einfluß der Frauen verlassen, die, obwohl ihnen das Wahlrecht noch
vorenthalten wurde, ihre männlichen Angehörigen unter Druck setzten,
für ihn zu stimmen. »Ich weiß, daß der Einfluß der Frauen eine große
Hilfe war«, erinnerte er sich einmal. Nun aber hatte Curley es darauf
abgesehen, Fitzgerald seine weibliche Anhängerschaft abspenstig zu machen, indem er ihn als Ehebrecher bloßstellte. Nicht lange, und in Boston
kursierte ein zotiger Gassenhauer:

A whisky glass and Toodles' ass
made a horse's ass out of
Honey Fitz.

In Anbetracht des Umstandes, daß Curley 1904 selbst zu einer Gefäng-
nisstrafe verurteilt worden war, weil er sich bei einem Examen der Post
von einem Imitator hatte vertreten lassen – und im Laufe seiner schänd-
lichen politischen Karriere noch mehrmals unter Anklage gestellt werden sollte –, waren solche Taktiken niedrig. Aber Curley hatte ein Rhi-
nozerusfell. Nachdem er der Frau des Bürgermeisters seinen anonymen
Brief geschrieben und skandalöse Gerüchte verbreitet hatte, ohne daß
sich der erhoffte Erfolg einstellte, erhöhte er den Einsatz. Mit der Hilfe
eines Universitätspräsidenten kündigte er eine öffentliche Vortragsreihe
über Korruption in der Geschichte an. Der erste Vortrag war betitelt:
»Schieberei und Bestechung von den alten Zeiten bis zur Gegenwart.«
Der zweite Vortrag lautete: »Große Kurtisanen im Wandel der Zeiten:
von Kleopatra zu Toodles.« Ein dritter Vortrag – »Große Wüstlinge der
Geschichte: von Heinrich VIII. bis zur Gegenwart« – sollte folgen.
    Das war zuviel für Mrs. Fitzgerald. Ihre Tochter Rose stand vor ihrem
vierundzwanzigsten Geburtstag. Eine Schmutzkampagne, die weitere
»Enthüllungen« durch den Kongreßabgeordneten Curley bringen
würde, konnte den Heiratsaussichten Roses und ihrer jüngeren Schwestern irreparablen Schaden zufügen. Und so verkündete Edward
E. Moore, der Sekretär des Bürgermeisters, am 17. Dezember 1913 vor
der Presse, daß der Bürgermeister schließlich doch nicht seine Wiederwahl anstreben würde, und verlas eine Erklärung: »Auf Anraten meines
Arztes, der mir in meinem gegenwärtigen, von Überarbeitung herrühren-
den Gesundheitszustand die Notwendigkeit einer längeren Ruhepause
dringend nahelegt, ziehe ich meine Kandidatur für das Amt des Bürgermeisters zurück...«
    Fitzgeralds Kollegen heuchelten Verblüffung. Der Vorsitzende des

Demokratischen Stadtgemeindeausschusses erklärte: »Der Bürgermeister hatte diesen Wahlkampf gewonnen. Ohne einen Finger zu heben, hätte er wiedergewählt werden können. Es war der leichteste Wahlkampf, den er je geführt hat. Ich hatte 100 000 Wahlkampfanstecker für ihn bereit... Dann hatten wir 60 000 Umschläge adressiert und eine Menge systematischer Vorarbeit geleistet. Ich kann nur sagen, daß ich es bedaure. Die Stadt wird den besten Bürgermeister verlieren, den sie je gehabt hat.«

Curley war natürlich hocherfreut. »Ich bin sehr befriedigt über die Nachricht, daß der Bürgermeister seine Bewerbung zurückzieht, weil mich dies meiner Wahl versichert«, prophezeite er und fügte hinzu: »Ich bedaure seine Krankheit außerordentlich und vertraue darauf, daß er seine Gesundheit und Kraft rasch wiedergewinnen wird.«

Für Honey Fitz war es – im Alter von fünfzig Jahren – tatsächlich das Ende einer glänzenden Politikerlaufbahn. Und wieder hatte ihn ein irischer Landsmann und Demokrat zu Fall gebracht. Curleys Machenschaften blieben in der Familie Fitzgerald unvergessen und unverziehen. Vier Jahrzehnte später wurde Curleys Sitz im Abgeordnetenhaus von Fitzgeralds Enkel eingenommen, der sich in der Folge gegen alle Ratschläge und Bitten weigern sollte, Curleys an den Präsidenten gerichtetes Gnadengesuch zu unterzeichnen, und den wegen Korruption verurteilten, kränkelnden James Michael Curley in einem Bundesgefängnis schmachten ließ.

Verlobung und Heirat

Rose hatte beinahe sieben Jahre darauf gewartet, Joe zu heiraten. Sicherlich hätte sie weitere sieben Jahre auf ihn gewartet. Aber am Ende erwies sich dies als unnötig. Als der politische Stern ihres Vaters, der einst wie ein Meteor aufgestiegen war, zu sinken begann, zeigte derjenige ihres Beaus endlich aufsteigende Tendenz. Nachdem er kurze Zeit als Bankangestellter in der Columbia Trust Company gearbeitet hatte, war Joe Kennedy 1912 als Bankprüfer zur Staatsbank von Massachusetts übergewechselt, was ihn in die Lage versetzte, einzigartigen Einblick in die Arbeitsweise der Welt zu gewinnen, von der er als Ire und Katholik ausgeschlossen war. In dieser neuen Funktion erfuhr er Ende 1913, daß die Columbia Trust Company von der First Ward National Bank übernommen werden sollte.

Joe reagierte sofort, ging geradewegs zu einer Konkurrenzbank der First Ward National Bank und erbat eine Anleihe von fünfundvierzigtausend Dollar, mit der er das Übernahmeangebot durchkreuzen wollte. Nachdem es ihm gelungen war, 51 Prozent der Anteile der Columbia Trust hinter sich zu bringen, machte der fünfundzwanzigjährige Joe Kennedy die beabsichtigte Übernahme auf der außerordentlichen Aktionärsversammlung im Januar 1914 ganz allein zunichte. Die Folge dieses Schachzuges war, daß der Direktor der Columbia Trust – ein Befürworter der Übernahme – zum Rücktritt gezwungen wurde.

»Willst du Finanzchef werden?« hatte einer von Joes Freunden gefragt, als er sich bereit erklärt hatte, die zwölfhundert Dollar Zinsvorauszahlung auf den Kredit zu übernehmen.

»Zum Teufel, nein, ich werde Direktor der Bank!« hatte Kennedy erwidert.

Am Dienstag, dem 20. Januar 1914, wurde Joseph P. Kennedy auf diese Weise der jüngste Bankdirektor Bostons, wenn nicht des ganzen Landes. Rose Fitzgerald war überglücklich. Ihr Vater hingegen war es nicht – und das Haus der Fitzgeralds in Dorchester blieb »dem Kennedy-Jungen« weiterhin verschlossen.

Die enttäuschte Rose konterte mit einer heimlichen Verlobung. Jahre später konnte sie sich nicht erinnern, ob Joe ihr tatsächlich einen Heiratsantrag gemacht hatte. »Es ging weniger um die Frage ›Willst du mich heiraten?‹ als um die Frage ›Wann heiraten wir?‹« bemerkte sie. »Alles ist wie im Nebel: kein Dialog, keine Einzelheiten, nicht einmal die allgemeine Kulisse.«

In einem Leben zerstörter romantischer Illusionen sollte Roses selektives Gedächtnis ebenso bemerkenswert werden wie ihr selektives Bewußtsein. Ob ihr Vater eine letzte Anstrengung unternahm, sie vom drohenden Unheil der Eheschließung abzubringen, wissen wir nicht, aber irgendwann »im Spätwinter oder Vorfrühling 1914« (Rose konnte sich nicht genau erinnern) schenkte Joe ihr einen zweikarätigen Verlobungsring, den er mit Sonderrabatt bei einem Harvard-Kommilitonen gekauft hatte, der in das Juweliergeschäft seiner Familie eingetreten war.

Die Schrift war an der Wand. Da Joe auf seinem neuen Posten an der Spitze der Columbia Trust offensichtlich erfolgreich war, konnte der Exbürgermeister nicht weiterhin behaupten, Joe sei einer, der es nie zu etwas bringen werde. Seine Tochter war bald vierundzwanzig und mochte nie wieder eine so gute Partie machen. Endlich hatte Fitzgerald ein Einsehen, und am Samstag, dem 13. Juni 1914 gaben John F. Fitzgerald und Mrs. Fitzgerald offiziell »die Verlobung ihrer ältesten Tochter

Rose Elizabeth mit Mr. Joseph P. Kennedy, Harvard, Sohn von Mr. und
Mrs. Patrick J. Kennedy aus Winthrop« bekannt.

Vier Monate später, am 7. Oktober 1914, wurden Rose und Joe in
einer stillen Zeremonie in der Privatkapelle des Erzbischofs getraut.
Danach gab es ein Frühstück für fünfundsiebzig geladene Gäste – weit
entfernt von den vielen hundert, die zu Roses Debüt eingeladen worden
waren.

»Nach der Rückkehr des jungen Paares von seiner Hochzeitsreise«,
verkündete Fitzgeralds Zeitung *The Republic,* »wird es sein neues Heim
in der Beals Street in Brookline beziehen, wo es am zweiten und vierten
Dienstag im Januar empfangen wird. Die allseits beliebte Braut erhielt
viele sehr schöne Hochzeitsgeschenke.«

Eheleben

Die Beals Street – benannt nach dem Spekulanten, der das Land zur
Bebauung gekauft hatte – war in den 1890er Jahren während der Erwei-
terung des Straßenbahnnetzes in die Vororte angelegt worden. Im Laufe
der folgenden zwei Jahrzehnte waren zu beiden Seiten der Straße hinter
einsichtsvoll gepflanzten Bäumen die verschiedensten Eigenheime in
Ziegel- und Holzbauweise entstanden, die von Mittelklassefamilien als
Eigentümern und Mietern bewohnt wurden: Angestellten, Vertretern,
Ingenieuren, einem Schiffskapitän, einem Architekten, einem Graveur,
einem Branntweinbrenner, einem Bildhauer, einem Möbelschreiner, einem Versicherungsvertreter, einem Musiker und anderen Freiberuflern
und ihren Frauen. Mit der Rezession von 1910 war die weitere Erschlie-
ßung allerdings zum Stillstand gekommen, und Nummer 83, ein bescheidenes zweieinhalbgeschossiges, bretterverkleidetes Holzhaus mit einem
Walmdach, Mansardenfenstern und einer überdachten Veranda im Kolonialstil, war das letzte fertiggestellte Haus in der Straße. Jenseits davon
erstreckte sich eine Reihe unbebauter Grundstücke bis zur nächsten
Querstraße.

Das Durchschnittsalter der Bewohner der Beals Street war fünfundvierzig; Mr. und Mrs. Joseph P. Kennedy waren erst sechsundzwanzig
und vierundzwanzig und schätzten sich glücklich, Eigentümer ihres
Hauses zu sein, nachdem sie 2000 Dollar für die Anzahlung geborgt und
bei der Columbia Trust eine Hypothek über die restlichen 4500 des
Kaufpreises aufgenommen hatten.

Während Mrs. Joseph Kennedy die Hochzeitsgeschenke in ihrem neuen Heim arrangierte und Besucher empfing, nahm ihr Mann in der nahen Beacon Street die Straßenbahn zu seiner Bank im Osten der Stadt. Joe hatte für den Erwerb der Bankaktien und seines Wohnhauses Kredite in beträchtlicher Höhe aufgenommen, die nun zurückgezahlt werden mußten. Trotz seines jugendlichen Alters betrachtete er die Bank als sein persönliches Lehen, und seine dröhnende Stimme erfüllte die Herzen seiner Angestellten mit Furcht und Schrecken, während sein Spezialtelefon – dessen gebogene Sprechmuschel das Mithören verhinderte – dem jungen Direktor ein geheimnisvolles Fluidum verlieh. Er war ein rastlos tätiger Mann, und die Verdoppelung des Bankgeschäfts sollte bald zu einem Indikator seiner Tüchtigkeit werden. Schon an der Universität hatte er den Ruf eines harten Mannes erworben, bei dem man besser nicht borgte, weil er stets vollständige und prompte Rückzahlung verlangte. Darin war er sich auch jetzt in der Bank treu geblieben, ob er es mit Fremden oder mit alten Kumpanen seines Vaters zu tun hatte.

Ob Joe Kennedy vollkommen ehrlich war, stand auf einem anderen Blatt, aber er verfügte über enorme Energie und ein unbezähmbares Erfolgsstreben. Er war bereit, aus seinen Fehlern zu lernen, und vertraute niemandem. Äußerer Anschein bedeutete ihm nichts. Nach ein paar Fehlern lernte er das Kaliber eines Mannes einzuschätzen und seinem Urteil zu vertrauen – nicht dem, was der Mann sagte und welche Bürgschaften er vorweisen konnte.

Der Zauber der Ehe war nach sieben Jahren des Wartens sehr bald verflogen. Rose war nicht mehr die glänzende älteste Tochter im irischen Spitzenvorhang-Haushalt ihres Vaters. Gewiß, sie und Joe hatten ihr eigenes Haus, das »uns gerade recht schien, schön und bequem, ein verwirklichter Traum«, mit »Reproduktionen der großen Meisterwerke, die ich auf meinen Reisen in Europa gesehen und besonders bewundert hatte«; einem Konzertflügel, den zwei von Roses Onkeln gestiftet hatten; einem Teeservice mit irischen Kleeblättern von Fitzgeralds englischem Freund Sir Thomas Lipton; »gute, solide, brauchbare« Möbel historisierenden Stils »im Geschmack der Zeit«; und schließlich ein Dienstmädchen. Das einzige, was dem Haus die meiste Zeit fehlte, war der Ehemann.

Es gab jedoch wenig Zeit, darüber nachzudenken, denn Rose erwartete bald ihr erstes Kind. Sie hatte alles so vorbereitet, daß die Geburt nicht in Brookline stattfinden sollte, sondern in einem gemieteten Ferienhaus in Hull, Nantasket, nahe bei Mr. und Mrs. Fitzgerald, die jeden Sommer ein großes Herrenhaus im Tudorstil mit Seeblick mieteten. Dort gebar Rose am 28. Juli 1915 einen zehn Pfund schweren Jungen, der auf den Namen Joseph Patrick getauft wurde – genau neun Monate und zwei Wochen nach der Hochzeit.

»Mit der Schnelligkeit eines Kurzstreckenläufers« kam Roses Vater vom Strand herbeigerannt, als er die Neuigkeit hörte, und verständigte telefonisch die Presse. Die Bemerkungen des Exbürgermeisters zur Geburt seines ersten Enkels glichen aufs Haar denen eines aufgeregten Vaters. »Er kann schreien wie der Teufel«, verkündete er, dann scherzte er: »Ich bin sicher, daß er eines Tages einen guten Mann auf der Rednertribüne abgeben wird. Ob er in die Politik gehen wird? Nun, natürlich wird er Präsident der Vereinigten Staaten; seine Eltern haben bereits beschlossen, daß er in Harvard studieren wird, wo er in den Football- und Baseballmannschaften spielen und es nebenbei zu akademischen Ehren bringen wird. Dann wird er ein Industriekapitän, bis es Zeit für ihn ist, für zwei oder drei Amtsperioden Präsident zu werden. Weiteres ist noch nicht entschieden. Auf dem Weg zum Präsidentensessel mag er eine Weile als Bürgermeister von Boston und Gouverneur von Massachusetts wirken.«

Obwohl Fitzgerald dies natürlich nur spielerisch sagte, war seine Prophezeiung nicht nur scherzhaft, denn er blickte noch immer sehnsuchtsvoll nach Washington auf den Abgeordnetensitz, den er 1901 unter dem Druck Pat Kennedys hatte räumen müssen. In diesem Winter fuhr er mit Rose und dem Säugling nach Palm Beach, während sein Schwiegersohn in Boston blieb. Im Sommer 1916 gewann Fitzgerald die Vorwahl für die Senatskandidatur der Demokraten mit mehr als fünfundsechzigtausend Stimmen – und warf der erhabenen und legendären Gestalt des republikanischen Senators Henry Cabot Lodge den Fehdehandschuh hin.

Fitzgerald gegen Lodge

> Ich wohne im Schatten von Harvard
> Im Staate des Heiligen Cod,
> Wo die Lowells nur reden mit den Cabots
> Und die Cabots nur reden mit Gott.

Von dieser Art, erklärte John F. Fitzgerald, sei Lodges frömmelnde Einstellung zur Politik. Obwohl Lodge seit zwanzig Jahren im Senat gesessen hatte, hatte er sich nie zuvor dem allgemeinen Wahlrecht unterwerfen müssen, weil Senatoren bis 1916 von der gesetzgebenden Versammlung von Massachusetts gewählt worden waren, in der es immer eine überwältigende Mehrheit der Republikaner gegeben hatte. Für Lodge war es ein rauhes Erwachen.

»Die Sache des Volkes gegen Henry Cabot Lodge« wurde Fitzgeralds Wahlkampflosung in Boston. Von der Faneuil Hall bis zu den Fabriken im Westen der Stadt griff der Exabgeordnete in flammenden Wahlreden den Senator und seine bisherige Tätigkeit an: »Seine vierundzwanzigjährige Amtszeit im Senat hat nicht eine einzige konstruktive Gesetzesvorlage erbracht, die geeignet gewesen wäre, das Leben des Durchschnittsbürgers lebenswerter zu machen.« Lodge, so erklärte Fitzgerald in Attacken, die tagtäglich von den Titelseiten der Zeitungen Neuenglands hinausposaunt wurden, sei ein »brillanter, aber harter, kalter und engstirniger Aristokrat«, ein »beharrlicher Gegner jeder Maßnahme, die den Menschenrechten und der Besserung der Lebensverhältnisse der Bevölkerung zugute kommen würde«, wie der Arbeiterunfallversicherung, der Einkommensteuer des Bundes und Direktwahlen. Vor vier Jahren habe er durch seine Parteinahme für William Taft beinahe die Republikanische Partei zerstört, und noch immer lehne er die Einwanderung mit der rassisch motivierten Begründung ab, daß Italiener, Ungarn, Griechen und Polen »dem großen Volkskörper der Vereinigten Staaten fremd« seien und empfehle, daß sie »wie die Chinesen ausgeschlossen« würden.

Fitzgerald veröffentlichte eine halbseitige Anzeige mit seinem Konterfei und einer Zusammenfassung seiner Ziele mit der Überschrift: »Was ich befürworte.« Dazu gehörte die Verstaatlichung der Kohlenbergwerke, deren »unerträgliche« Kohlenpreise ein Skandal seien; Altersruhegelder ohne Beiträge; Versicherungsschutz gegen Unfälle, Krankheit und Arbeitslosigkeit; Regierungssubventionen für die Landwirtschaft – »das Rückgrat des Landes« – sowie Bundesmittel für Schulen und Colleges zur Förderung und Verbesserung der Berufsausbildung.

Fitzgeralds Wahlkampf – zunächst als eine unmöglich zu lösende Aufgabe abgetan, da die meisten Wähler der ländlichen Gebiete von Massachusetts den Republikanern zuneigten – begann jetzt Wirkung zu zeigen. Am 7. November 1916 war Wahltag. Fitzgeralds Wahlergebnis in Boston übertraf das jedes anderen Kandidaten der Demokraten, Präsident Wilson eingeschlossen. Mit beinahe einer Viertelmillion Stimmen, die für ihn abgegeben wurden, übertraf Fitzgerald sogar seinen demokratischen Kandidaten-Kollegen für den Gouverneursposten. In Boston schlug er Lodge mühelos, konnte aber dessen ländliche Anhänger nicht auf seine Seite ziehen.

Gleichwohl hatte Fitzgerald den ersten Nagel in Cabot Lodges politischen Sarg geschlagen. »Noch eine Woche, und ich hätte Mr. Lodge geschlagen«, behauptete er am 8. November in einer Rede, die das Eingeständnis seiner Niederlage enthielt, und prophezeite, »daß Massachusetts sich endgültig in die demokratische Kolonne einreihen wird, wenn wir nicht nachlassen, dafür zu arbeiten.«

Sechsundvierzig Jahre später sollte es soweit sein – durch Fitzgeralds Enkel. Einstweilen ging der Wahlkampf von 1916 gegen Cabot Lodge als eine verlorene Schlacht in einem noch nicht entschiedenen Krieg in die Familienüberlieferung ein.

Die Geburt John Fitzgerald Kennedys

Während John F. Fitzgerald mit seinem Versuch scheiterte, Henry Cabot Lodge aus dem Amt zu drängen, besiegte Woodrow Wilson mit knappem Vorsprung seinen republikanischen Gegner Charles Evans Hughes.

Wilson hatte seinen Wahlkampf unter die Losung gestellt: »Er hielt uns aus dem Krieg heraus.« Obwohl er in der Folgezeit versuchte, die beiden Seiten in dem Großen Krieg, der noch immer in Europa wütete, zu Verhandlungen zusammenzubringen, erwiesen sich seine Vorschläge für einen »Frieden ohne Annexionen« als Grundlage eines Waffenstillstands als unwirksam, und sein Aufruf zur Schaffung eines Völkerbundes erregte Anstoß bei Henry Cabot Lodge (obwohl er später von den europäischen Ländern ohne Beteiligung der Vereinigten Staaten verwirklicht wurde).

Inzwischen hatte die deutsche Reichsregierung, die an einen Verhandlungsfrieden nicht mehr glaubte, am 31. Januar 1917 die Gewässer um die Britischen Inseln zum Kriegsgebiet erklärt, wo Schiffe mit warnungsloser Versenkung rechnen mußten. Durch diese Maßnahme des uneingeschränkten U-Bootkrieges sollte die Versorgung Englands durch Schiffe neutraler Staaten wie der USA unterbunden werden. Amerikanische Warnungen blieben unbeachtet. Bald darauf versenkte ein deutsches U-Boot den amerikanischen Liniendampfer *Housatonic*, und in den folgenden drei Wochen wurden 134 Handelsschiffe neutraler Staaten im Seegebiet um die Britischen Inseln torpediert. Da die meisten dieser Schiffe unter US-Flagge gefahren waren, setzte Präsident Wilson sich

über die Verschleppungstaktik des Senats hinweg und peitschte ein Aus-
nahmegesetz zur Bewaffnung der amerikanischen Handelsmarine durch
den Kongreß.

Es war indessen schon zu spät.

Am 12. März wurde der amerikanische Dampfer *Algonquin* versenkt,
am 18. März die *City of Memphis* und *Vigilante* in den Grund gebohrt.
Drei Tage später beantragte Wilson eine Sondersitzung beider Häuser
des Kongresses und hielt am 2. April 1917 seine historische Rede vor den
versammelten Senatoren und Abgeordneten, in der er sagte, welch ein
»furchtbares Ding« es sei,

> dieses große, friedliche Volk in den Krieg zu führen, den schrecklichsten aller
> Kriege. Aber das Recht ist kostbarer als der Friede, und wir werden für die
> Dinge kämpfen, die unseren Herzen immer am nächsten gewesen sind – für die
> Demokratie ... für die Rechte und Freiheiten kleiner Nationen, für eine univer-
> sale Herrschaft des Rechts durch eine Zusammenarbeit freier Völker, die allen
> Nationen Frieden und Sicherheit bringen und die Welt selbst endlich frei
> machen soll. Solch einer Aufgabe können wir unser Leben und unser Vermö-
> gen widmen, alles, was wir sind, und alles, was wir haben, mit dem Stolz jener,
> die wissen, daß der Tag gekommen ist, da Amerika privilegiert ist, sein Blut
> und seine Macht für die Prinzipien einzusetzen, die ihm zur Geburt verhal-
> fen ... Gott helfe ihm, es kann nicht anders.

Sechs Senatoren und fünfzig Kongreßabgeordnete stimmten dagegen,
aber mit der Zustimmung aller übrigen verabschiedete der Kongreß am
6. April 1917 die Kriegserklärung an Deutschland.

Überall im Land wurden Musterungsbüros geöffnet, und am 18. Mai
setzte der Präsident ein Datum fest – den 5. Juni 1917 –, an dem alle
männlichen Amerikaner zwischen einundzwanzig und dreißig Jahren
sich für die Musterung und mögliche Einberufung zu den Streitkräften
registrieren lassen mußten.

Viele meldeten sich freiwillig, da sie wußten, daß sie schließlich doch
eingezogen würden. Der Finanzmagnat J. P. Morgan verkündete schon
Anfang Mai, daß sein Sohn Junius sich zum Dienst in den Streitkräften
gemeldet habe. »Viele andere Bankangestellte aus der Wall Street folgen
dem Ruf zur Fahne«, berichtete *The Boston Globe*, »und Khaki ist im
Finanzzentrum zum alltäglichen Anblick geworden. Man schätzt, daß
ungefähr 3000 Angestellte von Banken und Maklerfirmen die militärische Ausbildung auf Governor's Island aufgenommen haben.« In
Washington wollte man wissen, daß die Vereinigten Staaten sofort eine
Armee nach Frankreich entsenden würden, und daß insgesamt mehr als
eine Million Mann benötigt würden. Solch eine Armee, erklärte die

Military Training Association, »würde unseren jungen Offizieren wirkliche Führungsqualitäten abverlangen. Die Männer, welche diesem ersten Aufruf freiwillig folgen, werden in späteren Jahren einen Ehrenplatz auf der Gedenktafel einnehmen. Sie werden stolz darauf sein können, daß sie nicht auf die Einberufung warteten.«

Joe Kennedy, der jüngste Bankchef der Vereinigten Staaten, dachte nicht daran, dem ersten, zweiten oder dritten Aufruf zur freiwilligen Meldung Folge zu leisten. Im Laufe der Wochen meldeten sich drei Fünftel aller Harvardstudenten freiwillig zum Militärdienst. Sogar Bürgermeister James Michael Curley, ein entschiedener Parteigänger Irlands und seines Rechts auf Unabhängigkeit, segnete Bostons erstes Kontingent von zweiundsechzig Kriegsfreiwilligen mit den Worten: »Ihr geht nicht nur hinaus, um die traditionsreichste Stadt Amerikas zu repräsentieren, sondern auch das Gemeinwesen, wo zuerst die Saat der Freiheit ausgesät wurde. Ihr werdet diese Freiheit, wie wir in Amerika sie sehen, den Völkern der Welt bewahren.«

Im nahen Ayer wurde ein riesiges Barackenlager errichtet, um die ersten 30 000 Rekruten aus Massachusetts aufzunehmen, aber Joe Kennedy, noch in den Zwanzigern, lehnte es ab, sich freiwillig zu melden, obwohl er wußte, daß ihm ein paar Wochen später nichts übrigbleiben würde, als sich für die Einberufung registrieren zu lassen. Im vorausgegangenen Sommer hatte er im Anschluß an ein Streitgespräch mit ein paar alten Freunden aus Harvard über die traurige Lage Europas auf seinen schlafenden Sohn Joe jr. gezeigt und zu seiner Frau gesagt: »Dies ist das einzige Glück, das Bestand hat.«

Bald, so berichtete Rose, fühlte Joe sich wie »ein Fremder in seinem eigenen Freundeskreis«. Der Krieg einte alle Amerikaner, ungeachtet des Glaubens oder der Herkunft. Einer nach dem anderen folgten Joes Freunde und Kollegen dem Aufruf des Präsidenten: Joe Donovan, der bei seiner Hochzeit Trauzeuge gewesen war; sein Studienfreund Bob Potter, der später Vizepräsident der drittgrößten Bostoner Bank werden sollte; Bob Fisher, der Footballstar, mit dem Joe in Harvard das Zimmer geteilt hatte; sogar Joe Sheehan, sein Klassenkamerad und Gefährte aus den Tagen der Lateinschule. Joe ließ sich von Sticheleien, versteckten Anfeindungen und dem Vorwurf der Feigheit nicht beirren, fuhr jeden Tag zu der kleinen Columbia Trust Bank in der Meridien Street, hoffte, daß der Krieg bald ein Ende nehmen würde, und sorgte sich, daß sein bevorstehender letzter Versuch, einen Sitz im Vorstand der Massachusetts Electrical Company zu erhalten, erfolglos bleiben könnte.

Daheim in Brookline hatte Rose andere Sorgen, denn wieder war sie schwanger. Zusätzlich zu der Köchin und dem Dienstmädchen hatte Joe eine ausgebildete Säuglingsschwester eingestellt, denn die Geburt sollte zu Hause in der Beals Street stattfinden. Es war für die Jahreszeit ungewöhnlich kalt; nachts sank die Temperatur beinahe auf den Gefrierpunkt. Am späten Abend des 28. Mai 1917 tobte ein heftiges Gewitter über Boston und Umgebung. Falls das Kind in der Nacht käme, wollte Rose sich in das der Tür und dem elektrischen Licht nächste Bett legen; falls es aber im Laufe des Tages käme, hatte sie das Bett am Fenster vorgesehen, »weil mir daran lag, daß Dr. Good und alle Beteiligten genau sehen konnten, was vorging und was sie taten«.

Am nächsten Morgen ließ der Regen nach, und obwohl der Himmel bedeckt blieb, stieg die Temperatur ein wenig. Die Wehen setzten ein, und Dr. Frederick Good und seine Assistentin kamen. Anweisung erging, Kessel mit Wasser auf den Herd zu stellen und zu erhitzen, während Rose versuchte, ihre »körperlichen Beschwerden in Erwartung des Glücksgefühls zu sublimieren, das ich empfinden würde, wenn ich mein Kind erblickte«.

Am 29. Mai 1917 um drei Uhr nachmittags wurde das Kind geboren. Dr. Good hielt den Neugeborenen in das Licht des Fensters und verkündete, daß es wieder ein Junge war.

Und wieder war es Exbürgermeister Fitzgerald, der das Ereignis der Presse bekanntgab – »mit einem erfreuten Lächeln«, wie es hieß. Dazu hatte er um so mehr Anlaß, als Rose ihren Mann ein paar Tage später dazu überredete, daß dieser zweite Sohn, nachdem das erste Kind nach einem Kennedy benannt worden war, nach einem Fitzgerald benannt werden sollte – ihrem geliebten Vater.

Drei Wochen später, am 19. Juni 1917 wurde der Säugling in der nahen römisch-katholischen Pfarrkirche St. Aiden auf den Namen John Fitzgerald Kennedy getauft. Einer von Fitzgeralds Söhnen machte in Uniform den Taufpaten. Da die Vereinigten Staaten sich im Krieg befanden, verzichtete der Exbürgermeister diesmal auf Prophezeiungen.

TEIL II

MILLIONEN MACHEN

Keine Romanze

Während Joe Kennedy jr. ein gesundes Kind blieb, hatte der kleine John Fitzgerald – oder »Jack«, wie Roses zweiter Sohn genannt wurde – »Schwierigkeiten mit dem Stillen«, erzählte Rose, und war oft krank. Das Leben in einem Mittelklassevorort von Boston, umgeben von Nachbarn, die keine Iren und eine Generation älter waren, brachte es mit sich, daß sie Heimweh nach ihrem alten Zuhause bekam.

Einsamkeit war ein Problem. Sex war ein anderes. Angesichts Roses langer religiöser Indoktrination und der Widersprüchlichkeiten ihrer Erziehung – teils Klosterschülerin, teils hübsche Politikertochter – hätte ihr wohl nur die Zuwendung eines sanften und einfühlsamen Mannes helfen können, zur Reife zu finden. Honey Fitz hatte das vorausgesehen, hatte auch gewußt, daß Joe Kennedy weder sanft noch einfühlsam war, sondern ein Boston-irischer Junge, der das Leben als einen Dschungel sah, beherrscht vom Naturgesetz des Überlebens der Tüchtigsten. Joe war an Nuancen oder Subtilitäten einfach nicht interessiert. So kam es, daß er zuerst protestierte, als Rose sich in ihre spröde, furchtsame Schale zurückzog und Sex mit ihm scheute, es sei denn als ein notwendiges Mittel zur Fortpflanzung. »Nun hör mal zu, Rosie. Diese Vorstellung von dir, daß es außerhalb der Zeugung keine Romanze gibt, ist einfach falsch«, sagte er einmal vor ihren Freunden Marie und Vincent Greene. »Davon war bei unserer Trauung am Altar nicht die Rede, der Priester hat es nie gesagt, und in den Büchern steht auch nichts davon. Wenn du darin nicht aufgeschlossener wirst, sag ich's dem Pfarrer.«

Rose vor ihren Freunden zu demütigen, sich über sie lustig zu machen, war freilich kaum geeignet, ihre irisch-katholischen Hemmungen abzubauen. Rose, die nach eigenem Bekunden gewünscht hatte, daß Gott ihr ganzes gemeinsames Leben werde »zusammenfluten« lassen, war verwirrt und faßte eine lebenslange Abneigung gegen die Erwähnung von Sexualität oder irgend etwas »Schmutzigem«. »Wann immer ich anfange, einen Witz zu erzählen«, berichtete ihre Jugendfreundin, »sagt sie unweigerlich: ›Marie, wenn das eine von diesen schmutzigen Geschichten wird, will ich sie nicht hören.‹ Und ich spreche nicht von Unflätigkeiten, sondern nur von Geschichten, die ein wenig gewagt sind und niemanden abstoßen würden. Aber sie stoßen Rose ab.«

Joe war seinem Wesen nach außerstande, einen Ausweg aus diesem
Dilemma zu finden, und verbarg seine Enttäuschung hinter immer längeren Arbeitsstunden in der Stadt. Er unterteilte sein Leben wie seine
Religion in zwei Abteilungen: seine Pflicht auf der einen, und sein
wirkliches Leben auf der anderen Seite – und das letztere wurde durch
die zunehmende Sterilität seines Ehelebens mit Rose entwertet. Mehr
und mehr Zeit verbrachte Joe in seinem Büro in der Columbia Trust
Company – sechzehn Stunden am Tag, behauptete er einmal (obwohl er
die Zahl ein wenig heruntersetzte, als sie von einem ehemaligen Angestellten bestritten wurde, der behauptete, daß die bescheidenen Geschäfte der Bank einen solchen Arbeitsaufwand niemals gerechtfertigt
hätten). Seinen Freunden zufolge wandte er sich nun wieder wie in alten
Zeiten vermehrt der Schürzenjägerei zu und erfreute sich ungeniert der
Gesellschaft von Revuetänzerinnen und Halbweltdamen.

In den Jahren vor ihrer Eheschließung hatte Rose ihr möglichstes
getan, Joe zu verstehen und zu unterstützen. Loyal hatte sie die Spiele der
Universitäts-Footballmannschaft besucht, die ihm und seinen Freunden
in Harvard soviel bedeuteten, und ihrerseits versucht, ihn statt der
irischen Volkstänze, Melodien und populären Schlager, mit denen er
aufgewachsen war, für klassische Musik zu interessieren. Jenseits davon,
bekannte sie in ihren Erinnerungen, gab es jedoch eine Leere in der Ehe,
für die das Doppelbett im ersten Stock ihres Hauses geradezu ein Symbol
war. »Joes Zeit gehörte ihm selbst, wie es immer gewesen war und immer
sein würde. Schule und Universität hatten früher viel davon bean-
sprucht, und nun war es das Geschäft«, klagte sie. Allein gelassen,
widmete sie sich »weiterhin dem Vorsitz des Ace of Clubs«, des Gesellig-
keitsvereins, den sie gegründet hatte und der »der bildenden Diskussion
aktueller Fragen« diente. »Eine der Lektionen meines Lebens ist«, bemerkte sie einmal, »daß die Menschen sich wohler fühlen, wenn sie mit
Freunden unter sich bleiben, die einen ähnlichen Hintergrund haben,
ähnliche Interessen und Mittel.«

Ohne ihre Freundinnen hätte Rose die Isolation in dem grauen Holzhaus am Ende der Beals Street nicht ertragen können, meilenweit entfernt von ihren Eltern und, weil Joe ungern Gäste bei sich sah, ohne die
Fröhlichkeit und muntere Gesellschaft, die in ihrem Elternhaus ge-
herrscht hatte, wenn ihr Vater zu Haus war.

Eine neue Rolle

Am selben Tag, als in Brookline sein zweiter Sohn zur Welt kam, erfuhr Joseph P. Kennedy, daß er beim dritten Anlauf in den Vorstand der Massachusetts Electrical Company gewählt worden war. Als ein Freund ihn fragte, warum ihm der bis auf eine Aufwandsentschädigung ehrenamtliche Posten inmitten einer Weltkrise so wichtig sei, versetzte er: »Weißt du einen besseren Weg, um mit Leuten wie den Saltonstalls zusammenzukommen?«

All denen, deren Denken sich auf Uniformen und nicht die Binder eines Geschäftsmannes richteten, mochte diese Antwort seltsam erscheinen, für Joe Kennedy aber war sie nur logisch. Eine vielversprechende Karriere im Bankgeschäft zu verzögern oder zu gefährden, um in einen Krieg zu ziehen, den er innerlich ablehnte, wäre widersinnig gewesen, obwohl er später bemüht war, diesen Abschnitt seines Lebens zu bemänteln. Dem Journalisten Joe Dinneen, der eine Reportage über seine außerordentliche Karriere verfaßte, erzählte Joe, daß er seit 1915 mit kriegswichtiger Arbeit beschäftigt gewesen sei. Anderen gegenüber war es seit 1916. Sogar Rose Kennedy wurde in die Verschleierung einbezogen und behauptete in ihren Memoiren, Joe habe »kriegswichtige Arbeit« aufgenommen, als ihr zweites Kind noch unterwegs gewesen sei.

Tatsächlich wurde Joe nur noch unerschütterlicher in seiner Entschlossenheit, sich nicht zum Militärdienst zu melden, nachdem sein Sohn Jack geboren war. Bis der Säugling drei Monate alt war, hatten alle seine ehemaligen Kommilitonen sich zum Militärdienst gemeldet. Die Vereinigten Staaten standen seit Anfang 1917 im Krieg, aber Joe hielt weiter aus. Am 4. August 1917 verlautete in Washington, daß Wehrdienstverweigerer hingerichtet werden könnten, und am 17. August schlug Präsident Wilson vor, daß sogar in Amerika lebende Ausländer eingezogen werden sollten, aber Joe klammerte sich nur noch fester an seinen Posten in der Columbia Trust Company und seinen neuen Vorstandssessel in der Massachusetts Electrical Company.

Die Familien Fitzgerald und Kennedy verbrachten den Sommer 1917 in Nantasket, wo Joe sich bemühte, sogar am Strand seine Jugend zu verbergen, indem er Brille, steifen Kragen und Seidenkrawatte trug, wenn er mit dem neuen Baby im Sand posierte, und es seinem inzwischen vierundfünfzigjährigen Schwiegervater überließ, in einem blauen und weißen Badeanzug ins Wasser zu laufen, den ältesten Enkel in den Armen, um dem Zweijährigen das Schwimmen beizubringen.

Joe Kennedys Mangel an Patriotismus war den Fitzgeralds peinlich. Tom Fitzgerald, Roses Bruder, der Jacks Taufpate geworden war, hatte es bereits zum Infanterieoffizier gebracht. Die erste Armee, die Amerika jemals auf den europäischen Kontinent entsenden würde, näherte sich der Einsatzbereitschaft. Joes Arbeit in der Columbia Trust Company konnte leicht von dem älteren, erfahrenen Prokuristen, Mr. Wellington, versehen werden. Und wenn Joe mit einflußreichen älteren Geschäftsleuten im Vorstand der Massachusetts Electrical Company beisammensaß, wirkte sich seine Jugendlichkeit in einer Zeit um sich greifender Kriegshysterie, in der sich sogar die Söhne großer Finanzmagnaten freiwillig zum Militärdienst gemeldet hatten, nachteilig für ihn aus. Warum brannte er nicht wie sein Schwager und die vielen anderen darauf, für sein Land zu kämpfen?

So wurde ihm der Ferienmonat August, normalerweise eine Zeit der Entspannung und Erholung mit der Familie, zur Qual. Auf einer damals entstandenen Fotografie blickt Joseph Kennedy finster und mißtrauisch in die Kamera, geplagt von hämischen Bemerkungen, Geflüster und Andeutungen. Als die beiden Familien nach Boston zurückkehrten, drohte sein beharrlicher Widerstand in der aufgeheizten Atmosphäre zu einem öffentlichen Skandal zu werden. Ende September 1917, sechs Monate nach dem Kriegseintritt der Vereinigten Staaten, fand Roses Vater endlich eine Lösung für seinen »feigen« Schwiegersohn.

Als Kongreßabgeordneter in Washington hatte John Fitzgerald in den 1890er Jahren Charles Schwab kennengelernt, den legendären Kapitän der Stahlindustrie, der es vom armen Schlucker zum vielfachen Millionär gebracht hatte. 1914 hatte Fitzgerald dazu beigetragen, daß Schwabs gigantische Bethlehem Steel Corporation die notleidende Fore River-Schiffswerft in Quincy, ein paar Meilen südlich von Boston, übernahm. Der Kaufpreis von 4,8 Millionen Dollar für die Fore River Corporation, günstig an der Atlantikküste gelegen und mit einem großen Arbeitskräftereservoir in der Nähe, hatte sich für Schwab ausgezahlt, als in Europa der Krieg ausbrach und Bethlehem Steel einen Auftrag über zehn U-Boote für die Royal Navy erhielt. Die U-Boote wurden in der Fore River-Werft bis zum Stapellauf gebaut und dann in Kanada ausgerüstet.

Achtzehn Monate später wurden auf Geheiß des energischen jungen Unterstaatssekretärs der Marine, Franklin D. Roosevelt, mit der Fore River-Schiffswerft Verträge für weitere neunzehn Schiffe abgeschlossen, darunter acht U-Boote und acht Zerstörer für die US-Marine. Nach der amerikanischen Kriegserklärung verlangte die Regierung sofort den Bau weiterer Zerstörer und U-Boote. Schwabs Preise lagen weit unter denen seiner Mitbewerber, und seine Werft sicherte sich Aufträge über nicht weniger als achtundzwanzig neue Zerstörer und fünfzehn U-Boote sowie ein Schlachtschiff.

Roosevelts umfangreiche neue Aufträge im Frühjahr 1917 kamen für die Werft wie ein warmer Regen, aber noch mehr gute Nachrichten sollten folgen. Im Laufe der Monate wurde es immer wahrscheinlicher, daß die Fore River-Werft im Herbst Aufträge über weitere fünfunddreißig Zerstörer hereinholen könnte. Um dieses Bauvolumen zu bewältigen, würde die Errichtung einer vollständig neuen Schiffswerft in Squantum erforderlich, unweit der bestehenden Werft in Fore River. Es war vorgesehen, daß die Regierung den Bau der Werft finanzierte, die dann vom Werftunternehmen betrieben und ganz der Serienfertigung von Zerstörern dienen sollte.

Angesichts des gewaltigen Umfanges eines solchen Sofortprogrammes entschloß sich Bethlehem Steel zu einer landesweiten Rationalisierung ihrer Organisationsstruktur. Joseph Powell, Chef der Fore River-Schiffswerft, wurde als Vizepräsident der Schiffbauabteilung der Bethlehem Steel Corporation nach Pennsylvania versetzt, und der leitende Direktor ging mit ihm.

Der neue Direktor von Fore River sollte Samuel Wakeman sein, bis dahin Technischer Direktor. Wakeman war Schiffbauingenieur, neununddreißig Jahre alt, verstand nichts von Buchführung und benötigte daher einen erfahrenen Verwaltungsfachmann. Diese Position suchte der Exbürgermeister im Herbst 1917 seinem Schwiegersohn zu sichern.

Am 29. September 1917 erschien Joseph P. Kennedy in Young's Hotel in Boston zu einem Gespräch mit Mr. Powell, dem Vizepräsidenten von Bethlehem Steel, und Mr. Wakeman, dem neuen Direktor der Fore River-Schiffswerft.

Beeindruckt von dem ehrgeizigen jungen Bankier, entschieden sich Powell und Wakeman für ihn. Am 16. Oktober 1917 erschien in der Lokalzeitung von Quincy, dem *Patriot Ledger,* die Meldung, daß »Joseph P. Kennedy, Präsident der Columbia Trust Company in Boston, von seinem Posten zurückgetreten ist und als Kaufmännischer Direktor Mr. Wakeman in Fore River zur Seite stehen wird. Kennedy ist Schwiegersohn des ehemaligen Bürgermeisters Fitzgerald von Boston.« Wie um hochgezogenen Brauen in der Gemeinde der Schiffbauer zuvorzukommen, fügte der Artikelschreiber hinzu, daß »seine Pflichten auf das Buchhaltungsbüro beschränkt« sein würden.

Streik

Joe Kennedys Ankunft in Fore River führte bald zum ersten größeren
Werftarbeiterstreik im Ersten Weltkrieg. Während Mr. Wakeman in
Pennsylvania über die neuen Zerstöreraufträge verhandelte, übernahm
Kennedy die Leitung der Werft. Die Arbeiter hatten zuvor eine Vereinba-
rung mit Mr. Powell getroffen, daß ihnen die gleichen Löhne wie in der
nahen Bostoner Marinewerft gezahlt würden, und daß die erste Lohn-
erhöhung am 15. Oktober wirksam werden sollte. Als die neuntausend
Werftarbeiter am 27. Oktober ihre Lohntüten öffneten, war von einer
Lohnerhöhung nichts zu sehen.

Am 31. Oktober verbreitete der *Boston Herald* eine nicht ganz zutref-
fende Meldung: »Mr. Powell wurde zu einem anderen Werk der Bethlehem Steel versetzt, und an seiner Stelle Joseph P. Kennedy, Schwiegersohn des früheren Bürgermeisters Fitzgerald, zum Direktor der Fore
River-Schiffswerft bestellt. Die Vertreter der Werftarbeiter erheben den
Vorwurf, daß Mr. Kennedy jede Kenntnis von einer Lohnvereinbarung
seines Vorgängers, Präsident Powell, leugnet und darüber hinaus erklärt,
daß das Unternehmen selbst dann, wenn es eine Vereinbarung gegeben
habe, nicht an Zusagen gebunden sei, die Mr. Powell in seiner Zeit als
Chef gemacht habe.«

Innerhalb von Stunden traten fünftausend Werftarbeiter in den Streik.
Kennedy drohte mit ihrer Entlassung, wodurch sie ihre Freistellung vom
Militärdienst eingebüßt hätten, aber seine harte Haltung war so unbe-
sonnen wie unzeitgemäß. Von der Konzernzentrale der Bethlehem Steel
in Pennsylvania gingen aufgeregte Telefongespräche ein, und Charles
Schwab, Eigentümer der Bethlehem Steel und Vorsitzender des Schiff-
fahrtsausschusses der Regierung, mußte in aller Eile nach Boston reisen,
um mit den Führern der Werftarbeitergewerkschaften zu verhandeln,
während der Unterstaatssekretär der Marine, Franklin Roosevelt, ein
persönliches Telegramm an einen der Gewerkschaftsführer richtete und
ihn bat, den Werftarbeitern einen dringenden Appell der Regierung zu
übermitteln:

Es gibt wahrscheinlich keinen Betrieb im Land, dessen kontinuierliche Arbeit
wichtiger für den Erfolg unserer Kriegsanstrengungen ist, als die Werft in Fore
River. Das Ministerium fordert beide Seiten auf, ihre patriotische Pflicht zu
erkennen und alle unbedeutenden Meinungsverschiedenheiten beizulegen, um
gemeinsam für den Erfolg unseres Landes in diesem Krieg zu arbeiten.

Franklin Roosevelts persönliche Intervention beendete den Streik eine Woche später. Die vereinbarte Lohnerhöhung wurde auf seine Empfehlung hin eingehalten. Kennedy mußte Tadel einstecken und wurde zum neuen Werftprojekt nach Squantum versetzt, wo er aus dem Weg sein würde.

Gedemütigt durch diesen kurzen und erfolglosen Versuch, ein Großunternehmen zu leiten, verschleierte Joe Kennedy die Geschichte später. Statt ihrer brachte er eine Version seines ersten Scharmützels mit Roosevelt in Umlauf, in der er besser wegkam. Danach habe er sich geweigert, zwei Schlachtschiffe an die argentinische Regierung auszuliefern, »bis alle Rechnungen für den Bau bezahlt wären. Roosevelts Bemühungen, in der Sache zu vermitteln, brachten sie nicht weiter, und schließlich verlor er die Geduld und unterrichtete Kennedy davon, daß er am folgenden Nachmittag um zwei Uhr Marineschlepper zur Fore River-Werft schicken werde, um die Schiffe abzuschleppen, was auch geschah.« (Obwohl diese Version später von verschiedenen Biographen wiederholt wurde, war sie reine Erfindung – der Vorfall mit den beiden Schlachtschiffen *Rivadavia* und *Moreno*, die Bethlehem Steel für die argentinische Marine gebaut hatte, hatte sich zwei Jahre vor Kennedys Arbeitsaufnahme in Fore River ereignet.)

Der neunundzwanzigjährige Joseph Kennedy hatte seine Unerfahrenheit im Umgang mit einer großen Belegschaft demonstriert. Er konnte von Glück sagen, daß er nicht entlassen worden war, und er war sich dessen bewußt. Im Bemühen, seine Fehleinschätzung wiedergutzumachen, arbeitete er bis zur Erschöpfung, um die Übernahme der im Bau befindlichen Werft in Squantum durch seine Firma vorzubereiten. Von einem kleinen Büro aus, das abseits der entstehenden Verwaltungsgebäude der neuen Werft lag, verwaltete er das Materiallager. »Ich wußte damals nicht, daß es einen Kennedy gab«, erinnerte sich in späteren Jahren ein Maschinist in Fore River. »Jedenfalls hatte er nichts mit Schiffbau zu tun. Was verstand er schon davon? Nichts!«

Ein anderer Werftarbeiter hingegen, der mit seinem Vater und fünf Brüdern in Squantum gearbeitet hatte, erinnerte sich, daß Kennedy für die Leitung des Lagerhauses, der Materiallager und des werftinternen Transportwesens verantwortlich war. Soweit er sich erinnern konnte, hatte Kennedy seinen Posten durch »Politik« bekommen, ihn aber mit beträchtlichem Erfolg ausgefüllt. »Er war verantwortlich für alle Materialien, die in die Werft kamen, in die Materiallager. Dort hatte er sein Büro. Er hatte alles inventarisiert, von Stahlplatten bis zu all den Schrauben, Bolzen und Nieten. Er machte seine Sache ziemlich gut – brachte

Organisation hinein, besorgte all die Turbinen, Maschinen, Kessel und Reduktionsgetriebe, Leitungsrohre, Kabel und Schiffsmöbel und lagerte sie ein, wenn sie mit der Bahn geliefert wurden. Es war eine gut geleitete Abteilung, die der Werft zum Erfolg verhalf.«

Zwei Monate, nachdem er die Arbeit in Fore River aufgenommen hatte, erhielt Joseph Kennedy den Einberufungsbefehl, wie er befürchtet hatte. Obwohl er Brillenträger war, wurde er von der örtlichen Musterungskommission in Klasse 1 eingestuft, so daß er mit sofortiger Einberufung rechnen mußte, erhob jedoch Einspruch gegen die Entscheidung und erreichte sogar, daß Joseph Powell, der Vizepräsident von Bethlehem Steel, persönlich aus Pennsylvania an die Einberufungsbehörde in Boston schrieb. Als dies nicht half, sah der Vizepräsident sich genötigt, am 25. Februar 1918 nach Washington zu kabeln, um gegen die Entscheidung zu protestieren und Kennedys Unabkömmlichkeit mit dem Hinweis hervorzuheben, daß es im gesamten Werftbetrieb »nicht mehr als sechs Männer« gebe, deren Wichtigkeit mit derjenigen Kennedys zu vergleichen sei – ein überraschendes Zeugnis nach seinem mißglückten Einstand vor nur vier Monaten.

Ein möglicher Grund, warum Powell für Kennedy eintrat, waren die Buchhaltungspraktiken des Unternehmens, mit denen Kennedy vertraut geworden war. (Nach dem Krieg wurde Bethlehem Steel ungerechtfertigter Kriegsgewinne bezichtigt, und ein Senatsausschuß überprüfte die Bücher der Fore River Corporation.) So unredlich die Profite gewesen sein mochten, die Bauleistung der Werft war jedenfalls beeindruckend. Im April 1918 wurden im fertiggestellten Werftbetrieb Squantum die ersten fünf Zerstörer auf Kiel gelegt, und bald produzierte Fore River den mit vier Schornsteinen ausgestatteten Schiffstyp in Rekordzeit. Schließlich liefen bis zu zwei Schiffe im Monat vom Stapel.

Die Lorbeeren für diese Leistung gebührten natürlich den Schiffbauingenieuren und Facharbeitern, denen es in außerordentlich kurzer Zeit gelang, eine neue Belegschaft aus ungelernten Arbeitskräften so auszubilden, daß sie mit ihnen und unter ihrer Aufsicht arbeiten konnte. Unter Anwendung der Erfahrungen, die man mit der Vorfertigung von Teilen für britische U-Boote gemacht hatte, bezog die Werft Maschinen, Kesselanlagen und fertige Bauteile von Zulieferern in allen Teilen des Landes und baute die Schiffe nach dem Prinzip der Fließbandfertigung zusammen, das Ford in der Automobilproduktion erfolgreich angewandt hatte.

Joseph Kennedy bekleidete nach seiner Versetzung zwar einen vergleichsweise bescheidenen Posten, aber sein Aufgabenbereich war wichtig, und die Verfahrensweisen, die er im Werftbetrieb Squantum der Fore River Corporation entwickelte, legten den Grundstein für seinen späteren Erfolg im Geschäftsleben. Die im Krieg abgeschlossenen Lieferverträge der Werft beliefen sich insgesamt auf mehr als hundert Millionen Dollar. Die Arbeiter mochten im Bau von Zerstörern alle Rekorde brechen, aber es war Joseph Kennedy, der jeden Zuliefervertrag aufsetzte und jede Rechnung für Teile und Material mit der Lieferung verglich und prüfte.

Der junge Bankier entwickelte sich zu einem vielversprechenden Industriekaufmann des Schiffbausektors. Sein Finger lag am finanziellen Puls eines Unternehmens, das 1918 nicht weniger als sechsundzwanzigtausend Männer und Frauen beschäftigte, und so konnte er seinem Vater getrost raten, Aktien der Bethlehem Steel zu kaufen, was er selbst auch tat. Der Krieg, einst so bedrohlich für einen, der sich dem Wehrdienst zu entziehen suchte, erwies sich als unerwartet, man konnte beinahe sagen, unanständig gewinnträchtig. Nicht nur war sein Grundgehalt recht ansehnlich, es gab auch Leistungsprämien – und außerdem einen privat ausgehandelten Vertrag über die Leitung der Werftkantine. Hinzu kam, daß die zahlreichen feierlichen Stapelläufe die Möglichkeit gaben, mit Würdenträgern und den Vorstandsmitgliedern der Muttergesellschaft Bethlehem Steel zusammenzutreffen. Für den Sohn eines irisch-katholischen Schankwirts ging es Joseph P. Kennedy gut.

Der Krieg neigte sich jedoch dem Ende zu. Zwar konnte Deutschland nach der Niederlage Rußlands und der Einstellung der Kämpfe im Osten Truppen an die Westfront verlegen und dort im Frühjahr 1918 eine Großoffensive einleiten, aber der Durchbruch zur Kanalküste gelang nicht, und das Eingreifen großer Mengen frischer amerikanischer Truppen im Laufe des Sommers 1918 brachte die militärische Wende zugunsten der Alliierten. Ihre Übermacht drängte die deutschen Armeen im Herbst 1918 durch Belgien zurück, und Ende September erklärte die Oberste Heeresleitung die Fortsetzung des Krieges für aussichtslos; Deutschland bat um ein Waffenstillstandsangebot. Am 11. November 1918, nachdem in Deutschland die Revolution ausgebrochen war und der Kaiser abgedankt hatte, trat der Waffenstillstand in Kraft.

Der Fortgang der Arbeiten in Fore River blieb davon unberührt. Die Werftarbeiter leisteten Überstunden, um die Regierungsaufträge abzuwickeln, bevor sie storniert werden konnten. Bis 1919 waren in nur siebenundzwanzig Monaten einundsiebzig Zerstörer gebaut worden – mehr als auf allen anderen amerikanischen Werften zusammen.

Powell und Wakeman drängten Joe Kennedy zu bleiben und verspra-

chen ihm zu gegebener Zeit Beförderung und Versetzung zur Konzern-
zentrale nach Pennsylvania. Aber Kennedy strebte bereits zu neuen
Ufern. Er war erst dreißig Jahre alt. Die Leitung einer Schiffswerft in
einer Nachkriegsphase des Niedergangs, mit fehlenden Aufträgen und
Massenentlassungen, war nichts für ihn. Die Stellung hatte ihm sichere
Zuflucht vor dem Militärdienst gewährt, ein gutes Einkommen – und
Magengeschwüre. Wenn er Millionär werden wollte, war es Zeit, den
nächsten Schritt zu tun.

Flucht zu den Eltern

1919 nahm Joe Kennedy eine Stellung in der Maklerfirma Hayden,
Stone & Company in Boston an, wo er nicht weniger angestrengt arbeitete als zuvor, mußte er sich doch mit den Usancen und Kniffen seines
neuen Börsenmaklerberufes vertraut machen. Später gab er an, er habe
die Position bekommen, als er versuchte, den alten Galen Stone, Vor-
standsvorsitzender der Atlantic Gulf and West Indies Steamship Line für
einen Schiffbauvertrag mit Fore River zu interessieren; er sei zum Bahnhof gelaufen, wo, wie er gehört hatte, Stone gerade einen Zug nach New
York besteigen wollte, und habe sich zu Stone ins Abteil gesetzt. Stone sei
zwar nicht an einem Schiffbauvertrag interessiert gewesen, dafür aber an
Kennedy selbst.

Joe Kennedys Gedächtnis war so selbstgefällig wie das seiner Frau
selektiv, aber seine Berufswahl war ein kluger Schachzug. Während des
Krieges hatte er mit Geldanlagen in Wertpapieren mehrmals gute Gewinne erzielt, aber auch eine Anzahl Verluste erlitten. Es mußte eine
verläßlichere Methode geben, gewinnbringende Investitionen zu tätigen
oder zu manipulieren, glaubte er, und seine Entscheidung, nicht in Fore
River zu bleiben oder zur Columbia Trust Bank zurückzukehren, war
mit seiner Entscheidung zu vergleichen, nach dem Universitätsabschluß
1912 ein gewöhnlicher Bankangestellter zu werden. Als Kundenberater
beschied er sich mit einem erheblich niedrigeren Einkommen und
machte sich daran, in die Geheimnisse von Insidergeschäften, Management Pools und Shortverkäufen einzudringen. Bald brachte er es zum
Leiter der Effektenabteilung und war auf dem Weg zu seiner ersten
Million – doch nicht, ohne dafür einen häuslichen Preis zu bezahlen.

Ob es Gerüchte über Joe Kennedys Affären waren, die seine Frau zur
Verzweiflung brachten, ist ungewiß. Doris Kearns Goodwin, die Verfas-

serin der Familienchronik, welche Rose und verschiedene Freunde der Familie später in Roses langem Leben interviewte, kam zu dem Schluß, daß Joes Abwesenheit von daheim die entscheidende Ursache war. Solange er in Fore River gearbeitet hatte, war Joe selten vor Mitternacht nach Haus gekommen. »Er stand unter solchem Druck, daß er, außer an Sonntagen, nur lange genug nach Haus kam, um zu schlafen«, erinnerte sich Rose. Es war jedoch nicht nur einfacher Arbeitsdruck, der Joe von zu Hause fernhielt. Noch hatte Rose die Absicht, das Verhalten ihres Mannes stillschweigend hinzunehmen.

Im September 1918 hatte sie ihr drittes Kind zur Welt gebracht, eine Tochter, die sie auf den Namen Rosemary tauften. Im Herbst 1919 wurde sie zum vierten Mal in vier Jahren schwanger. Joes Frauengeschichten und Abwesenheiten überdrüssig, erklärte sie, daß das Maß voll sei. Anfang Januar 1920 verließ sie ihre Kinder und ihren Mann und kehrte nach Dorchester zu ihren Eltern zurück.

Die Trennung dauerte drei Wochen. Wenn Rose aber gehofft hatte, ihr umherschweifender, ständig abwesender Ehemann würde gekrochen kommen und sie um Vergebung bitten, so sollte sie enttäuscht werden. Joe kam überhaupt nicht. So blieb es ihrem Vater John F. Fitzgerald überlassen, Rose an ihre irisch-katholische Pflicht zu erinnern. Er selbst hatte 1918 die Wiederwahl in den Kongreß gewonnen, war aber vor kurzem gezwungen gewesen, den Abgeordnetensitz seinem Gegner Peter Tague zu überlassen, nachdem Beschuldigungen wegen Bestechlichkeit gegen ihn erhoben worden waren. Er konnte sich einen weiteren Skandal in der Familie nicht leisten. Überdies war er der Meinung, daß Rose sich ihr Bett selbst gemacht hatte und nun darin liegen müsse: »Was geschehen ist, ist geschehen. Die alten Tage sind dahin... Du hast eine Verpflichtung übernommen, Rosie, und du mußt sie jetzt einlösen.«

Es macht Rose Kennedy Ehre, daß sie der Aufforderung des Vaters folgte. Sie kehrte zu ihren drei Kindern und ihrem Mann zurück. Nur wenige Wochen später, am 20. Februar 1920, gebar sie ihr viertes Kind, eine zweite Tochter, die sie Kathleen tauften. Rose brach nie wieder zusammen, beklagte sich nicht einmal mehr. Sie wurde zur archetypischen, stoischen, irisch-katholischen Mutter.

Scharlach

Nicht lange nach ihrer Rückkehr in die Beals Street gab es eine neue
häusliche Krise. Kurz nach der Geburt des vierten Kindes erkrankte Jack
an Scharlach.

Rose bekannte später, sie sei »wahnsinnig vor Angst« gewesen – nicht
um Jack, sondern um seine Geschwister. Brookline besaß kein Krankenhaus mit einer Isolierabteilung für ansteckende Krankheiten. Wieder war
es Roses Vater, der zu Hilfe kam und Dr. Place vom Städtischen Krankenhaus in Boston dazu brachte, Jack aufzunehmen.

Da Rose nach Kathleens Geburt noch im Bett lag, blieb es Joe überlassen, seinen zweijährigen Sohn im Krankenhaus zu besuchen. Jack war
»ein sehr, sehr kranker kleiner Junge«, erinnerte sich Rose, oft dem Tode
gefährlich nahe. Seine »schlimmen Anfälle« seien unvermeidlich, erläuterte die Krankenschwester dem besorgten Vater, der danach an Dr. Place
schrieb, er habe »bis zu Jacks Erkrankung niemals eine ernste Krankheit
in meiner Familie erlebt, und ich hatte mir nie Gedanken darüber gemacht, welche Wirkung solch ein Ereignis auf mich haben könnte. In den
dunkelsten Tagen spürte ich, daß außer seiner Genesung nichts anderes
von Bedeutung war.« Der Priester wurde ans Krankenbett gerufen, um
für den kleinen Patienten zu beten, und der zerquälte Vater versprach der
Kirche die Hälfte seines weltlichen Besitzes, wenn das Leben des Kindes
verschont bliebe.

Jack überlebte. Der inzwischen Dreijährige wurde in ein Sanatorium
nach Maine geschickt, um sich zu erholen. Im Frühsommer 1920, als er
endlich ins Elternhaus zurückkehren konnte, hatte Jack das Herz seiner
Kinderschwester so vollständig erobert, daß sie um Erlaubnis bat, bei
ihm bleiben zu dürfen – einem Spaß liebenden, nie klagenden kleinen
Jungen mit einem frühreifen Sinn für Humor.

Die Sorge um ihn hatte seine Eltern einander nähergebracht, zumindest zeitweilig, und kurz nach Jacks Rückkehr ins Elternhaus zogen die
Kennedys aus dem Haus in der Beals Street in eine eindrucksvollere Villa
in der Abbotsford Road 51 um. Es war ein herrschaftliches Haus im
Kolonialstil, mit zwei Stockwerken, halbrunden Erkerfenstern, einer
umlaufenden, gedeckten Veranda, vierzehn Zimmern und einer Garage
für den neuen Rolls-Royce. 1897 nach Plänen der Architekten Greenleaf
& Cobb erbaut, stand das 18 000-Dollar-Haus auf einem Grundstück
von einem halben Hektar Größe und war auf Rose Kennedys Namen im
Grundbuch eingetragen (eine Regelung, die Rose erfreute und Joseph

Kennedy gestattete, seine versprochene Schenkung an die Kirche auf 3500 Dollar zu begrenzen).

Bei all ihrer Frömmigkeit liebte Rose den Luxus, und das neue Haus war ihr Traum von einer Vorortresidenz. In der Woche ihres Einzugs empfing sie ein fünftes Kind, das im nächsten Juli in dem neuen Haus geboren wurde – eine weitere Tochter, die sie nach Roses jüngster schwindsüchtiger Schwester Eunice tauften.

»Nach Jacks Krankheit war Joe entschlossen, sich über jede die Kinder betreffende Kleinigkeit auf dem laufenden zu halten«, behauptete Rose später. »Jeden Abend verbrachten wir Stunden mit Gesprächen über die Familie und die Aktivitäten der Kinder. Es gab mir das Gefühl, daß ich einen Partner in meinem Unternehmen hatte.«

»Unternehmen« war ein seltsames Wort, aber auch eine aufschlußreiche Metapher für die Familie Kennedy nach Roses pflichtbewußter Rückkehr im Jahre 1920. Joe mochte stundenlang mit ihr »über die Kinder« sprechen, aber er lehnte es grundsätzlich ab, seine Geschäfte mit ihr zu besprechen, und das mit gutem Grund. Auch anderen zeigte er sich verschlossen. »Das Spiel an der Börse verträgt sich nicht mit persönlichen Freundschaften. Jeder muß für sich sein«, hatte ein Mitspekulant einmal bemerkt. »Man stellte ihm keine Fragen, es sei denn, man hatte einen verdammt guten Grund«, sagte ein anderer. »Joe vertraute sich sehr, sehr wenigen Leuten an.«

Der einfache Grund war die Unmoral dessen, was Joe tat. Bei Hayden, Stone & Co. lernte Kennedy die Technik, die ihn mehrere Jahre später in die Lage versetzen würde, das New Yorker Taxiunternehmen Yellow Cab zu retten und ein Vermögen zu verdienen. Sie beruhte auf der Zusammenfassung des Effektenbesitzes zweier oder mehrerer Händler in einem Aktien-Pool, mittels dessen sie in geheimer Absprache bestimmte Aktienkurse in die Höhe trieben, um die Papiere abzustoßen, sobald der Kurs weit genug gestiegen war.

Obwohl Kennedy seiner Frau nicht anvertraute, was er tat, bekannte Rose später, daß sie sich »plötzlich von der Politik der Zeit und ihrem Zynismus, Konservatismus und ihrer Gleichgültigkeit isoliert« fühlte. Wie auch immer, sie fragte Joe nicht, woher das Geld kam, das 1922 in die Familie zu strömen begann, und konzentrierte sich statt dessen auf die Leitung des »Unternehmens« in der Abbotsford Road 51. Wie sie berichtete, beschäftigte sie sich wenig mit dem »Wechseln von Windeln, aber ich mußte zusehen, daß reichlich Windeln von guter Qualität vorhanden waren ... Es war auch an den täglichen Bedarf an Flaschen und Schnullern zu denken, die gereinigt und sterilisiert werden mußten. Ich erledigte nicht viel davon selbst, aber ich mußte dafür sorgen, daß es richtig gemacht wurde, und nach einem Plan, der nicht mit einem anderen wichtigen Plan kollidierte. Wenn Kinderschwestern in der Küche waren und Flaschen und Schnuller abkochten und Babynahrung zubereiteten und Gemüsepüree machten, während die Köchin den Herd für ihre Arbeit benötigte, dann konnte es zu einer Küchenkrise kommen, mit scharfen Worten und verletzten Gefühlen und, unter dem Gesichtspunkt der Hauswirtschaft, einem jähen Absinken der Arbeitsmoral und Effizienz.«

Der Kennedy-Haushalt wandelte sich. Von ihrem Vater zurückgeschickt, um »ihre Verpflichtung einzulösen«, wurde Rose Kennedy zu einem pedantischen Haushofmeister: weniger Mutter als eine Geschäftsführerin, die das Personal befehligte und die Kinder disziplinierte. Sie, die so hartnäckig versucht hatte, sich vom erstickenden Besitzanspruch ihres Vaters zu befreien, war nun versteinert, gedemütigt sowohl von ihm als auch von ihrem Mann. Sie flüchtete sich – wie ihre Mutter – in eine tiefe Frömmigkeit und ignorierte – wie ihre Mutter es getan hatte –, was ihr Mann tat, um sich auf Religion und die »richtige« Erziehung ihrer Kinder zu konzentrieren. Sie legte sogar Karteikarten an, um die Krankengeschichten ihrer Kinder und wichtige statistische Werte festzuhalten (einschließlich einer halbmonatlichen Eintragung des Körpergewichts). Sie unternahm Spaziergänge mit den Kindern, und bei einer »täglichen Inspektion« untersuchte sie die Kleidungsstücke der Kinder nach Zeichen von Abnutzung und insbesondere auf lose Knöpfe. In einem besonderen Raum, den sie als »Kombination von Nähstube und Büro« benutzte, verbrachte sie »viele Stunden mit Nähen, Flicken und Stopfen«, wie sie selbst schrieb.

Sie war wie Andersens Schneekönigin, die ihr gefrorenes Herz unter einem Äußeren von Mut und Selbstbeherrschung verbarg. Andere Leute bewunderten die schlanke Figur, die sie trotz der ständigen Schwangerschaften behielt. Sie bemühte sich, gut gekleidet aufzutreten, stets nach der letzten Mode – schlank, elegant, attraktiv. Sie blieb Vorsitzende des Ace of Clubs und Mitglied in anderen katholischen Gesellschaftszirkeln. Oft war sie den ganzen Tag unterwegs, um Freundinnen zu besuchen – achtete aber darauf, um fünf Uhr nachmittags zu Hause zu sein, damit die »Arbeitsmoral« des Hauspersonals am Ende des langen Tages nicht absinke. Ihr Verhältnis zu Joe klärte sich ab zu einer Vernunftehe, die auf einer, wie sie sich später erinnerte, »synergetischen Qualität« beruhte. »Wir waren Individuen mit höchst verantwortungsvollen Rollen in einer Partnerschaft, die Belohnungen erbrachte, welche wir teilten.«

Dieses Gerede war die deprimierende Widerspiegelung einer gescheiterten Liebesheirat, die jetzt nur noch eine Fabrik war, die Mittelklassekinder erzeugte und aufzog, mit sterilisierten Schnullern und ohne lose Knöpfe.

Ein lebhafter Kobold

Die umlaufende gedeckte Veranda des Hauses wurde bald in Spielbereiche unterteilt. Zusammenlegbare Gatter bildeten Schafpferche für die fünf Kennedy-Kinder. »Auf diese Weise konnten sie beieinander sein und sich stundenlang unterhalten«, erläuterte Rose, »mit einem minimalen Risiko, daß sie einander zu Boden stoßen oder mit scharfen Gegenständen stechen oder vielleicht schwere Gegenstände auf oder in den Kinderwagen häufen würden.« Damit nicht genug, hatten die Kinder von der Veranda »das volle Panorama der Nachbarschaft mit ihrem Leben zur Unterhaltung: vorbeifahrende Wagen, Passanten (darunter viele Bekannte, die ihnen zuwinkten), der Briefträger, der Milchmann, dessen Drahtkorb voll beladen war, wenn er zu unserem Haus kam, und leer, wenn er ging, der Polizist, der auf seinem Streifengang vorbeikam, der Ausfahrer des Krämers, Vertreter, Besucher und Freunde aller Art – alle hatten ein Lächeln und einen fröhlichen Gruß für die Kinder«.

Roses Erinnerung war in trauriger Weise aufschlußreich: die verbarrikadierte Veranda als ungewolltes Symbol einer bürgerlichen Familie in Quarantäne, was die Kennedys gesellschaftlich und sogar medizinisch tatsächlich waren. Die Unterlagen der nahen öffentlichen Volksschule (benannt nach dem Dorfkonstabler Edward Devotion aus dem 17. Jahrhundert, dessen Holzhaus noch auf dem Grundstück stand, erdrückt von den gelben Klinkergebäuden) verzeichnete die Aufnahme des ältesten Kennedy-Jungen, des fünfjährigen Joseph P. Kennedy jr. in die Vorschulklasse am 1. Oktober 1920 – und seine Abmeldung eine Woche später auf Grund einer Grippeepidemie. Rose ging kein Risiko ein.

Als die Epidemie im November einschlief, kam Joe jr. wieder in die Vorschulklasse. Nach seinem Biographen Hank Searls, der die Lehrer des kleinen Joe jr. interviewte, war der Junge kräftig und gesund, aber von seiner Mutter nicht auf ein normales, geselliges Leben mit gleichaltrigen Kindern vorbereitet. Das Winken von der Veranda, wenn der Postbote oder Polizist des Weges kam, war ein schlechter Ersatz für die Gesellschaft anderer Kinder als der Geschwister. »Joe hatte einen schlechten Anfang«, schrieb Searls. »Wochenlang blieb er unaufmerk-

sam und geistesabwesend. Er spürte, daß er die Erwartungen nicht erfüllte. Er brauchte Hilfe, aber obwohl es zwei Lehrerinnen gab, Betsy
Beau und Cornelia Fould, sowie eine junge Praktikantin, waren da auch
zweiundsechzig Jungen und Mädchen in der Vorschulklasse... mit
Zeichnen und Malen kam er nicht zurecht... Er wurde nervös, und
manchmal weinte er vor Frustration.«

Diese Frustration ließ er oft an seinem Bruder Jack aus. Obwohl Rose
Kennedy versuchte, jeden Nachmittag spätestens um halb sechs zu
Hause zu sein, »um ihnen bei den Schularbeiten zu helfen, ihre Erkältun-
gen zu behandeln oder herauszubringen, was sie den Tag über interessiert hatte«, mußte ihre emotionale und körperliche Abwesenheit – ihre
»Geschäftsführung« anstelle einer mütterlichen Kindererziehung – die
psychische Verfassung ihrer Kinder beeinflussen. Sie war bereits einmal
von zu Hause fortgelaufen. Angesichts des Mangels an Mutterliebe war
es unvermeidlich, daß die beiden Jungen um das Wenige, das sie bekommen konnten, kämpften. Und das taten sie – manchmal wie Hund und
Katze. »Ich glaube, ihre Rivalität war unausweichlich«, überlegte Rose.
»Joe war viel stärker als Jack, und wenn es zu einer körperlichen Auseinandersetzung kam, verprügelte er ihn richtig.«

Im neuen Haus hatten Rose und Joe getrennte Schlafzimmer. Obwohl
sie ihm seine ehelichen Rechte nicht verweigern konnte, selbst wenn er
offen mit Revuetänzerinnen und ihresgleichen verkehrte, konnte sie ihm
körperliche Intimität jenseits ihrer katholischen Pflichterfüllung verweigern. »Er war ein echter Schürzenjäger!« erinnerte sich Frederick Good,
der Sohn des Geburtshelfers, der Rose betreute.

> Wo er auch war, er hatte ein Mädchen bei sich; regelmäßig, jahrein jahraus.
> Und Rose mußte damit leben. Rückblickend muß ich sagen, daß ich den
> größten Respekt vor ihr habe, obwohl ich es damals anders sah. Ich glaube
> nicht, daß sie sich soviel um ihre Kinder kümmerte, wie, sagen wir, meine
> Mutter. Aber sie mußte eine Menge ertragen! Dafür achte ich sie. Wenn sie
> wußte, in welche Richtung er gegangen war, ging sie in die andere! Und
> umgekehrt! Sie waren nicht allzu oft beisammen... Sagen wir es so: sie mied
> ihn – was man ihr wirklich nicht verdenken kann. Wenigstens rettete sie die
> Ehe. Und ich weiß nicht, wie viele Frauen sich heutzutage mit den Eskapaden
> abfinden würden, die ihr Mann ihr zumutete! Bei allem Respekt, ich meine
> nicht, daß er ein besonders gutes Beispiel gegeben hat.

Jack war die Rolle seines Bruders als Primus inter pares in der Abwesenheit seiner Eltern verhaßt. »Die Kinder hatten alle Arten von Gouvernanten«, erinnerte sich Good – und es war vielleicht diese kindliche Rivalität
um die spärliche Zuwendung ihrer Mutter ebenso sehr wie der spätere

Druck ihres Vaters auf seine Kinder, immer zu kämpfen, um zu gewinnen, die Jacks Psyche formte. Von seinem Vater hatte er das rotblonde Haar, die blaugrauen Augen und den eckigen Gesichtsschnitt geerbt; aber der Unterkiefer mit dem breiten Mund, den auffallenden Zähnen gehörte auch seiner Mutter, ebenso wie sein kühleres Temperament.

Im Gegensatz zu ihm schlug Joe jr. mehr seinem Vater nach, war aggressiv, lebhaft, aufbrausend, und diese Eigenschaften wurden für den jüngeren Bruder der Fluch seines Lebens. Als er in späteren Jahren einmal gefragt wurde, ob er eine glückliche Kindheit gehabt habe, sagte Jack, ja – bis auf den Umstand, daß Joe »ein ziemlicher Tyrann« gewesen sei. »Bei ihren unterschiedlichen Temperamenten brachte das jähzornige Ausbrüche mit sich, zu denen auch Raufereien gehörten«, schrieb Rose. »Joes Charakter unterschied sich in vielerlei Weise von Jacks; einer der Unterschiede war ein ausgeprägterer Sinn für Sauberkeit und Ordnung... In den früheren Jahren ihrer Kindheit gab es oft Raufereien. Ich sah nur wenige, aber man sagte mir, daß manche zu regelrechten Schlachten ausarteten. Joe jr. war älter, größer und stärker, aber Jack, so schwächlich er war, konnte wie der Teufel kämpfen, wenn er wollte.«

Im Sommer wurde Jack einmal dabei ertappt, wie er versehentlich Joes neuen Badeanzug anzog (Rose hatte ihnen ein übereinstimmendes Paar gekauft). »Joe jr. war wütend«, erinnerte sich Rose.

Ich beruhigte ihn und versprach, daß es nie wieder geschehen werde. Aber vier Tage später machte Jack den gleichen schrecklichen Fehler... Ich war ausgegangen und nicht Zeugin des Vorfalles, hörte aber, daß Joe jr. explodierte und sich auf seinen Bruder stürzte. Jack war so vernünftig, die Flucht zu ergreifen, und rannte über die Wiese, durch die Marsch und den Strand entlang zum alten Wellenbrecher. Joe jr. hatte ihn beinahe eingeholt, als glücklicherweise Eddie Moore (ihres Vaters vormaliger Sekretär und jetzt die rechte Hand ihres Mannes) dazu kam. Er begriff sofort, daß Jack etwas angestellt hatte und Joe jr. ihn deswegen verfolgte, nur diesmal konnte die Sache gefährlich werden. Er rief: »Laßt das sein und kommt sofort her! Aber schnell!« Sie gehorchten, aber ich weiß nicht, was geschehen wäre, wenn Eddie nicht im rechten Augenblick dazwischen gekommen wäre. Ich glaube, es gab auch Jack zu denken.

Jack machte sich auch seine Gedanken darüber, daß seine Mutter die meiste Zeit nicht da war. Roses Ankündigung, daß sie mit ihrer Schwester Agnes eine weitere sechswöchige Urlaubsreise unternehmen werde, trug ihr einen denkwürdigen Tadel des Fünfjährigen ein: »Du bist eine feine Mutter, wegzufahren und deine Kinder ganz allein zu lassen!«

Wenn er nicht in Handgreiflichkeiten mit seinem älteren Bruder verstrickt war, wandte Jack sich mehr und mehr den Büchern zu. Zwar hatte er seine Scharlacherkrankung überstanden, doch blieb er schwächlich, mager und litt beinahe ständig unter Unpäßlichkeiten. Mit Hilfe einer Erzieherin lernte er lesen. »Der Umstand, daß er so oft krank im Bett lag oder im Haus bleiben mußte und Unterhaltung brauchte, förderte eine schon vorhandene, starke natürliche Neigung«, schrieb Rose.

Die Neigung war freilich alles andere als natürlich, sie war eine Flucht aus der Lebenswirklichkeit oft unerträglicher Spannungen zwischen den Eltern, wenn sie zu Hause waren, und eine Tröstung, wenn sie es nicht waren. Bücher nährten zweifellos eine wachsende Neugier und das Interesse an einer Welt jenseits seiner Veranda in Brookline. Noch ehe er zur Schule ging, berichtete Joe, habe Jack schulmäßige Fragen gestellt. »Ich erinnere mich, wie er als ganz kleiner Kerl herauszufinden suchte, wo die Kanarischen Inseln waren, weil er etwas darüber gelesen hatte. Ich hatte noch nie von den Kanarischen Inseln gehört.«

Rose hingegen hatte zwar von den Kanarischen Inseln gehört, wußte aber nicht, wo sie waren. »Ich gestand, daß ich es auch nicht wisse, sagte aber, daß ich nachsehen würde, was ich auch tat, und dann zeigte ich sie ihm im Atlas«, erinnerte sie sich. Was das betreffende Buch betraf, so hätte Rose »es nicht im Haus geduldet, wenn es nicht ein Geschenk meiner Mutter für ihn gewesen wäre. Ich fand, daß es sehr, sehr schlecht illustriert war, mit aufdringlich und grell colorierten Bildern.«

Alles Aufdringliche und Auffallende war der Schneekönigin aus der Abbotsford Road ein Greuel. Die Erwähnung von Sex in jedem Zusammenhang war ihr verhaßt, und von Theaterstücken und Romanen, die »Armut, Schmutz und Faulheit« schilderten, wollte sie nichts wissen. Ihr eigener Geschmack in Büchern blieb so entlehnt wie die Gemäldereproduktionen, mit denen sie die Wände ihres Hauses behängte. Dem kleinen Jack waren nur Bücher erlaubt, die auf der Liste empfehlenswerter Bücher der Eltern-Lehrer-Vereinigung aufgeführt waren. Wie die Filme, die später im Haus gezeigt wurden, mußte alles von anderen überprüft und gebilligt sein, bevor es den Kindern in die Hände gegeben wurde. Ihre Politik der Filmzensur erläuterte Rose so: »Natürlich wurde alles, was das junge Publikum zu sehen bekam, vorher von jemandem überprüft oder als geeignet für Familienvorführungen empfohlen. Gab es ein Versehen, und die Handlung wurde reißerisch«, fuhr sie fort, »wurde der Projektor ausgeschaltet und das Publikum hinausgeschickt.«

Psychologisch gesehen, zeigte Rose Fitzgerald Kennedy Anzeichen beunruhigender Prüderie und Starrheit des Denkens – Eigenschaften, welche Kinder, die sie niemals küßte oder berührte und selten sah, zusätzlich belasten mußten. War sie zu Hause, endeten Ungehorsam oder mangelnde Anpassung an ihre Regeln oft mit körperlicher Züchtigung. Zuerst benutzte sie ein Lineal, das sie in ihrem Nähtisch verwahrte, weil es, wie sie scherzte, besser geeignet sei, die Strafe zuzumessen. Als ihre beiden Ältesten jedoch mutwilliger und ungebärdiger wurden, griff sie zu hölzernen Kleiderbügeln, mit denen sie den Kindern »eins auf die Finger gab« oder ihnen »den Hintern versohlte«. Die Wahl von Kleiderbügeln begründete sie damit, daß »immer welche in Reichweite waren«.

Wie eines ihrer Kinder später hervorhob, war solch eine Bestrafung an sich nicht falsch. Rose betrachtete körperliche Züchtigung nur als letzten Ausweg, und nichts deutet darauf hin, daß es ihr etwa Spaß gemacht hätte, ihre Kinder zu schlagen. Aber weil sie unfähig war, natürliche mütterliche Gefühle körperlicher Zärtlichkeit und Zuneigung zu zeigen, waren diese Hiebe mit einem hölzernen Kleiderbügel oder dem Metallrücken einer Haarbürste die nächste Annäherung an eine liebevolle Umarmung, die den älteren Jungen je zuteil wurde.

In diesem seltsamen, von starren Regeln beherrschten Bezugsrahmen einer Familie oder eines »Unternehmens« mußte die wachsende Kinderschar sich einrichten. Der Älteste, Joe jr., tat dies, indem er die Rolle übernahm, die seine Mutter ihm zugedacht hatte; er war sauber, ordentlich und verantwortungsvoll, sogar väterlich zu seinen jüngeren Geschwistern – allerdings nicht zu Jack, seinem nonkonformistischen Rivalen. Zu Joes Empörung erhielt Jack oft »eine Extraportion Essen, oder vielleicht etwas fette Soße, die am Boden der Pfanne zurückgeblieben war«, berichtete Rose, »weil er es brauchte. Er war ziemlich dünn, und seine Ohren waren etwas abstehend, und sein Haar wollte sich nicht legen, und alles das führte, glaube ich, zu etwas Koboldhaftem in seiner Erscheinung. Und er war ein sehr aktiver, sehr lebhafter Kobold, voller Energie, wenn er nicht krank war, und voller Charme und Phantasie. Und Überraschungen – denn er hatte seine eigenen Einfälle, tat alles auf seine Art und paßte irgendwie in kein vorgegebenes Muster. Hin und wieder, sogar sehr oft«, bekannte Rose später, »bekümmerte es mich, weil ich zu wissen meinte, was das Beste sei.«

Im September 1921 hielt Rose es für das Beste, daß Jack in Betsy Beaus Vorschulklasse der Edward Devotion-Schule eintrat, obwohl er erst vier Jahre alt war. Jack kann aber nicht gesund gewesen sein, denn seine noch vorhandene Karteikarte verrät, daß er die Vorschulklasse nur zehn von vierunddreißig Wochen besuchte.

Im September 1922 wurde Jack ungeachtet seiner Anfälligkeit in die erste Klasse der Edward Devotion-Schule aufgenommen. Er war fünf Jahre alt, der erste Abschnitt seiner Kindheit lag hinter ihm.

Tagträume

Wie sein Großvater Honey Fitz war Jack ein von Natur aus witziger Kopf. »Er war ein komischer kleiner Junge, der das, was er sagte, in einer originellen, anschaulichen Weise vorbrachte«, berichtete Rose – obwohl sie selbst nicht selten die Zielscheibe seines Humors war. Mit fünf Jahren war seine Reaktion auf ihre zunehmende Religiosität typisch. »Jack lag nichts daran, um einen leichten Tod zu beten, aber er meinte, er würde gern um zwei Hunde beten.« Sein bester Freund, Charlie, hatte einen Hund mit Namen Brandy, »weil sein Vater ein Alkoholschmuggler ist«, erzählte Jack seiner Mutter, die seine Sprüche so originell fand, daß sie sich angewöhnte, sie in ihrem Tagebuch festzuhalten. Als er seiner Mutter ausrichten mußte, daß seine Lehrerin kommen wollte, um ihn wegen Unaufmerksamkeit und Faulheit »zu verpetzen«, war seine spontane Erklärung: »Weißt du, ich komm ganz gut vorwärts, und wenn man zuviel lernt, kann man leicht verrückt werden!«

Dies war offensichtlich ein Kind, das sich durch seinen Humor von den anderen Kindern der Familie unterschied – ebenso wie durch seine Einstellung zu seinen Kleidern. Während Rose ihrem Tagebuch stolz den Kauf ihres ersten Kleides aus der Hand eines Pariser Modeschöpfers anvertraute (für 200 Dollar, beinahe das Doppelte dessen, was sie Dr. Good für die Entbindung ihres letzten Kindes bezahlt hatte), schien Jack in Dingen der Kleidung völlig gleichgültig. Sein Hemd wollte nie in der Hose, der Kragen nicht umgelegt bleiben. Sein Benehmen war ähnlich nachlässig. Von all ihren Kindern war er der Unpünktlichste. Wenn er in den Sommerferien nicht um zwölf Uhr fünfundvierzig am Versammlungsplatz am Strand erschien, pflegte Rose »ohne ihn wegzufahren... Ich hatte hinreichend klargemacht, daß Säumigkeit bedeutete, mit dem Essen anzufangen, wenn die anderen schon beinahe fertig waren, also hatte er häufig einen mageren Lunch.«

Roses starre Disziplin mußte für den jungen Jack eine Plage sein, mochte er auch versuchen, sie zu ignorieren, indem er las oder sich weigerte, ihre Regeln zu befolgen. »Oft hatte ich das Gefühl, daß er mit seinen Gedanken nur halb bei der Sache war, zum Beispiel, wenn er seine Rechenhausaufgaben machte oder seine Kleider vom Boden aufsammelte«, erinnerte sich Rose, »und daß er mit der anderen Hälfte weit weg war und seinen Tagträumen nachhing.«

Sie konnte nicht sehen, daß Jack demselben häuslichen Alptraum zu entkommen suchte, den sie selbst floh. Rose hatte die fortgesetzte Untreue ihres Mannes mit der Flucht in gesellschaftliche Aktivitäten und der Behandlung ihrer mütterlichen und häuslichen Pflichten als einer Übung in Management beantwortet – eine Strategie, die zu erkennen, Jack schon als kleiner Junge verständig genug war. Obwohl er sie niemals öffentlich kritisierte, sollte er das Gefühl von Verlassenheit und mütterlicher Vernachlässigung niemals ganz überwinden; es mag eine der Ursachen seiner späteren Unfähigkeit gewesen sein, eine beständige und tragfähige emotionale Partnerschaft aufzubauen.

Während seine Brüder und Schwestern dem manischen erzieherischen Imperativ ihrer Mutter später Tribut zollten, wußte Jack, daß er Unsinn war. Ihr Wunsch, die Kinder zu sauberen, gepflegten, gutgekleideten, gesitteten, höflichen, gebildeten und religiösen Menschen von hoher Gesinnung zu erziehen, war komisch und tragisch zugleich, denn es war Jack klar, daß ihre Wertvorstellungen und häuslichen Regeln nichts als eine verzweifelte Form der Selbsterhaltung einer im Grunde intelligenten Frau waren, die in den Stumpfsinn getrieben wurde. Sie wünschte, daß ihre Kinder »tüchtige Menschen« würden. Sie wiederholte die alten arithmetischen Spiele ihres Vaters und versuchte sein Interesse an der Geschichte Amerikas und Neuenglands weiterzugeben. Sie schimpfte über die fehlerhafte Grammatik der Kinder und bestand auf dem Gebrauch der richtigen Formen. Ihr Eifer war außerordentlich, aber die Liebe war aus ihrem Leben verschwunden.

Als Sechsjähriger wurde Jack 1923 in die zweite Klasse unter Miss Bicknell versetzt, 1924 mit sieben Jahren in die dritte Klasse unter Miss Manter. Damit war er den meisten Kindern seines Alters um ein bis zwei Jahre voraus. Rose hingegen ließ nicht von der Vorstellung, daß Joe jr. der Intelligentere ihrer beiden Jungen sei, bis ihr die Ergebnisse eines von der Schule veranstalteten Intelligenztests zugesandt wurden. »Ich glaubte nicht, daß Jacks Intelligenzquotient an den seines Bruders heranreichte, weil ich viel mit ihnen gearbeitet und den Eindruck gewonnen hatte, daß Joe seine Aufgaben gleich gewissenhaft erledigte, ob er am Stoff interessiert war oder nicht, während Jack sich auf die Dinge konzentrierte, die ihn interessierten, und sich um die anderen nicht viel kümmerte«, sagte Rose. Sie erhob Einwendungen, »weil ich dachte, die Lehrerin habe sich geirrt, und Joe müsse einen höheren I.Q. haben«. Zu Roses Überraschung bestätigte die Lehrerin die Ergebnisse der Tests und Jacks ungewöhnlich hohe Punktzahl.

Wieviel Rose wirklich mit ihren Jungen arbeitete, ist fraglich. Rosemary, nur ein Jahr jünger als Jack, lernte sehr langsam und hatte eine schlechte körperliche Koordination; Dinge, die anderen Kindern leicht-

fielen, mußte sie mühsam erlernen: mit Messer und Gabel umzugehen,
beim Schlittschuhlaufen das Gleichgewicht zu halten, im Schnee einen
Schlitten zu steuern, zu schwimmen oder ein Boot zu rudern. In ihrem
Bestreben, Rosemary an ihre zunehmend schematischen Leistungsanfor-
derungen heranzuführen, widmete Rose ihr mehr und mehr von ihrer
verfügbaren Zeit und fragte sich erst später, welche Auswirkung das auf
Jack gehabt haben mochte. »Er war ziemlich kränklich«, räumte sie
Jahre nach Jacks Tod ein, »und bedurfte daher der Aufmerksamkeit:
vielleicht mehr als ich ihm in meiner Sorge um Rosemary gab ... Noch
immer plagt mich ein wenig der Gedanke, daß er sich als kleiner Junge
vernachlässigt gefühlt haben könnte und erst später begriff, warum ich
soviel Zeit mit Rosemary verbrachte.«

Es gibt keine Hinweise darauf, daß Jack seiner Mutter die Zeit übel-
nahm, die sie mit Rosemary verbrachte. Um so schwerer fiel es ihm, sich
mit der unausgesprochenen Spannung zwischen seinen Eltern und mit
Roses Abwesenheiten abzufinden.

Roses »Ausflüge«, so verständlich sie für ihre eigenen Begriffe waren,
addierten sich zu einer schmerzlichen Lieblosigkeit, wenn sie zu Hause
war, einer zunehmenden Spießbürgerlichkeit, als der Knopfappell an die
Stelle mütterlicher Herzenswärme trat. Betraut mit der verantwortlichen
»Geschäftsführung« eines großen Haushalts mit fünf Kindern, model-
lierte Rose jetzt sich selbst und ihre Kinder unnachsichtig nach dem
Vorbild einer Musterfamilie aus dem *Ladies Home Journal.*

Dieser gesellschaftliche Nachahmungsdrang sollte aus Rose Kennedy
allmählich eine mitleiderregende Gestalt machen: Eine kleine, oft lächerlich gemachte römisch-katholische Bostoner Irin, die ihre gescheiterte
Ehe hinter einer Fassade guter Umgangsformen, anständiger Gesittung,
gewählter Kleidung und Ausdrucksweise, geziemender religiöser Observanz und schicklicher Lektüre verbarg. Der Konformitätsdruck jener
gesellschaftlichen Kreise, in die sie damit Eingang zu finden hoffte,
wurde noch verstärkt durch den Umstand, daß die Kennedys 1924
Millionäre geworden waren.

Millionen machen

Im Winter 1923 hatte Joseph P. Kennedy seinen ersten großen Fischzug
gemacht. Mit einem Kapitaleinsatz von nur 24 000 Dollar – auf Kredit –
hatte er Insiderinformationen genutzt, die Galen Stone ihm gegeben

hatte, und einen Gewinn von mehr als einer halben Million – genau 675 000 Dollar – mit Aktien der Pond Creek Coal Company eingeheimst. Nach diesem nicht ganz einwandfreien warmen Regen gab Joe seine Stellung bei Hayden, Stone & Co. auf.

Der Abschied von der Brokerfirma fiel ihm nicht schwer. Im vergangenen Jahr hatten er und Rose sich um die Mitgliedschaft im Cohasset Country Club beworben und waren abgewiesen worden; seine Chancen, als Gesellschafter in die Firma Hayden, Stone & Co. aufgenommen zu werden, waren ebenso gering – wegen, wie Doris Kearns Goodwin schrieb, »seines ethnischen Hintergrundes«. Solche Erfahrungen trafen Joe tief, gleichwohl blickte er optimistisch in die Zukunft. Die Lektion seiner drei Jahre bei Galen Stone war, daß man nur durch Unredlichkeit zu schnellem Geld kommen konnte. In der Firma Hayden, Stone & Co. ließen sich betrügerische Geschäfte jedoch nicht lange geheimhalten.

In seinem eigenen Büro, hinter einer Tür mit der Aufschrift JOSEPH P. KENNEDY, BANKIER, mit nur wenigen ausgewählten und vertrauten Kumpanen wie Eddie Moore und E. B. Derr – einen Buchhalter, den er der Fore River-Schiffswerft abgeworben hatte –, widmete Joe Kennedy sich jetzt anrüchigen Geschäften ebenso gewaltigen wie unsichtbaren Umfanges. Zusammen mit anderen Händlern bildete er geheime Aktienpools, die eigens darauf angelegt waren, Investoren zu täuschen, um sie dann durch Kursmanipulationen um ihre Einsätze zu prellen. Geschicklichkeit und wachsender Sachverstand brachten ihm im Frühjahr 1924, als er seine schwangere Frau und fünf Kinder verließ und ins Waldorf-Astoria-Hotel in New York zog, ein zweites Vermögen ein. Dort tat er mit einem Kapital von fünf Millionen Dollar das, worauf er sich am besten verstand: er manipulierte Aktienkurse. Neun Wochen lang saß er an einem eigens installierten Börsentelegrafen in seinem Hotelzimmer und rettete John Hertz' Taxiunternehmen Yellow Cab Company, deren Aktienkurse von Maklern, die für das Konkurrenzunternehmen Checker Cab Company arbeiteten, gedrückt wurden, indem er eine so unberechenbare Welle landesweiter An- und Verkäufe organisierte, daß die Drahtzieher der aggressiven Übernahme schließlich den Mut verloren und ihre Hertz-Aktien abstießen.

Der dankbare John Hertz belohnte Kennedy mit einer geheimen Summe Bargeld und einem großzügigen Aktienpaket seiner Gesellschaft, doch bedauerte er diesen Schritt schnell, als Kennedy das Paket prompt auf den Markt warf, was einen Kurssturz der Hertz-Aktien und Hertzens festes Versprechen herbeiführte, daß er ihm »bei ihrer nächsten Begegnung eins auf die Nase geben« würde.

Der Kampf um die Yellow Cab Company festigte nichtsdestoweniger Kennedys wachsenden Ruf als eines gerissenen und rücksichtslosen »Operators«. Andererseits machte er sich damit keine neuen Freunde, noch steigerte es seine Beliebtheit bei seiner Frau, die inzwischen am 6. Mai 1924 einer weiteren Tochter, Pat, das Leben geschenkt hatte. »Daddy, Daddy, Daddy! Wir haben noch ein Baby!« riefen die anderen Kinder, als Joe endlich im Juni an der Bostoner South Station ankam. »Meine kleine Pat war zur Welt gekommen und beinahe einen Monat alt, und ich hatte sie noch nicht einmal gesehen«, erinnerte sich Kennedy später. »Sie lächelten... aber mit einem Anflug von Verlegenheit und Mitgefühl, als dächten sie bei sich, daß das, was dieser Kerl da jetzt brauchte, bestimmt nicht *noch ein Baby* sein könne.«

Rose erklärte dem Familienchronisten, ihr Mann habe den Kampf um das Hertz-Unternehmen angenommen, weil es ihn »nach der Freiheit« verlangt habe, »die Geld verschafft – der Freiheit zu kommen und zu gehen, wohin es ihm gefiel, wann es ihm gefiel und wie es ihm gefiel.« Rose war ihm schon einmal davongelaufen. Joe hielt sie jetzt nur noch durch ihr religiöses Pflichtgefühl, seine teuren Geschenke und den fortgesetzten Kindersegen, den er ihr aufdrängte.

Trotz all ihrer Bemühungen um die Erziehung und Reglementierung der Kinder, von der Sterilisierung der Schnuller bis zur Zensur der Lektüre, mußte sich Rose Kennedy im Sommer 1924 eingestehen, daß sie ihr ohne Vater über den Kopf wuchsen. Wenn sie ohne Überwachung waren, wurden sie oft leichtsinnig und unbändig – wie Jacks achtundzwanzig Stiche bewiesen, nachdem Joe jr. vorgeschlagen hatte, daß sie auf ihren Fahrrädern in entgegengesetzten Richtungen um den Block rasen sollten, was dann zum Zusammenstoß geführt hatte. Joe jr. wurde auf dem Garagendach des Nachbarn gesehen; Jack war ständig »in diesem oder jenem Zustand donquichottischer Schmach«. Wenn sie nicht miteinander stritten, wurden sie – in Roses Augen – rasch kriminell, stahlen im örtlichen Spielzeuggeschäft und entwendeten sogar leere Milchpfandflaschen vor den Türen anderer Häuser, um sie für den Weiterverkauf im Keller zu sammeln. Darum, berichtete sie, »entschloß ich mich, die Jungen aus der örtlichen Schule zu nehmen und in einer nahen Privatschule unterzubringen, die als Unterstufe der Internatsschule Noble and Greenough angegliedert war, wo es nach dem Unterricht beaufsichtigte Freistunden zum Spielen gab.«

Roses Darstellung vereinfachte die Vorgänge ein wenig. Während Joe jr. zu Noble and Greenough wechselte, kehrte Jack nach den Unterlagen der Schule im September 1924 zur Edward Devotion School zurück.

Möglicherweise hatte Jacks Mutter daran gedacht, den Jungen in der Grundschule zu lassen, um auf seine sechsjährige Schwester Rosemary achtzugeben, die im Juni ihr erstes Jahr im Kindergarten beendet hatte und im September in die erste Grundschulklasse eintreten sollte. Im Sommer hatte sich jedoch herausgestellt, daß Rosemarys Lernschwierigkeiten ernster waren, als Rose zuzugeben bereit gewesen war. Die Schule empfahl, daß von einer Anmeldung Abstand genommen werde, um das Kind nicht Erwartungen auszusetzen, die es unmöglich erfüllen konnte, und daß sie es statt dessen in eine Sonderschule schicken solle. Es gereicht Rose zur Ehre, daß sie nach der Konsultation eines Universitätspsychologen und eines katholischen Priesters, der sich auf geistig zurückgebliebene Kinder spezialisiert hatte, den Entschluß faßte, Rosemary daheim zu behalten und von Privatlehrern unterrichten zu lassen. Durch Rosemary stark in Anspruch genommen, verlor sie jedoch das Interesse an der Edward Devotion School. Am 22. Oktober 1924 wurde Jack nach einem Monat in der dritten Klasse unter Miss Mentar von der Schule genommen und folgte seinem älteren Bruder zur Noble and Greenough-Privatschule in der Freeman Street in Brookline, wo für jeden Schüler vierhundert Dollar Schulgeld im Jahr zu entrichten waren.

Jack war jetzt sieben, sein Bruder neun. Die Schulleiterin, Miss Myra Fiske, hatte schon im Frühjahr Gespräche mit Jack und Joe jr. geführt und in einer Hausmitteilung an Mr. Wiggins, den Rektor von Noble and Greenough (deren Gymnasialstufe Dedham war), geschrieben, sie sei »sehr froh, daß wir beschlossen haben, diesen kleinen John Kennedy aufzunehmen. Er ist ein feiner Junge.« Mit seinem wachen Verstand und seinem Sinn für Humor war er das zweifellos. Und in Myra Fiske sollte John Kennedy eine hervorragende Pädagogin bekommen.

Auch in gesellschaftlicher Hinsicht war der Schulwechsel von Bedeutung. Jack und sein Bruder bewegten sich jetzt in einer neuen Welt, bevölkert ausschließlich von Angelsachsen mit Namen wie Barbour, Blake, Brewer, Bundy, Huntingdon, Hydes Langmaid, Mason, Sanborn und Wright. »Wir waren wahrscheinlich die ersten und einzigen, die katholisch waren«, sagte Jack später wehmütig, »wahrscheinlich die einzige irisch-katholische Familie.« Ihr Großvater John Fitzgerald – der sich zwei Jahre zuvor um die Position des Gouverneurs von Massachusetts beworben und erstaunliche 400 000 Stimmen erhalten hatte (womit er dem amtierenden Republikanischen Gouverneur Canning Fox nur knapp unterlegen war) – hatte einmal behauptet, daß alles, was die Fitzgeralds und die Cabot Lodges voneinander trenne, »der Unterschied von ein paar Schiffen« sei. Seine Enkel mußten jetzt entdecken, daß ethnische, religiöse und rassische Vorurteile in der Neuen Welt viel tiefer gingen als ein paar Schiffe.

Noble and Greenough

Daß sie ihre beiden Jungen in dieselbe Welt der Yankees schickte, die sie vor zwei Jahren vom Cohasset Country Club ferngehalten hatten und die sie und Joe wieder ablehnen sollten, als sie bald darauf die Mitgliedschaft in Brooklines exklusivem Country Club beantragten, schreckte Rose Kennedy nicht. Vielleicht dachte sie, für Kinder bedeuteten soziale Barrieren weniger als für Erwachsene. Da täuschte sie sich.

Die »beaufsichtigte Freizeit« nach dem Unterricht, an die Rose Kennedy sich in ihren alten Tagen liebevoll erinnerte, war eine Fiktion. Ein Zeitgenosse der Kennedy-Jungen, Augustus Soule, erinnerte sich, daß es in der Noble and Greenough-Schule nur einen Mann gab, der als Aufsichtsperson in Frage kam, und das war »der sogenannte Sportlehrer, ein Weltkriegsveteran, der mit einem Schock und einer Gasvergiftung zurückgekommen war. Ich hatte noch nie einen wie den gesehen. Er war ein vollkommener Trottel, und die Folge davon war, daß es in den ersten Jahren keine wirkliche Organisation und Beaufsichtigung sportlicher Aktivitäten gab. Nachmittags rannten wir einfach frei rum.«

Als neue Schüler waren die beiden Kennedys zwangsläufig Gegenstand von Spott und Neckereien. Soule erinnerte sich:

> Fast alle waren protestantisch. Es mag ein paar Katholiken gegeben haben, aber überhaupt keine Juden. Ich glaube, es gab eine Art von Snobismus, der von den Kindern übernommen wurde. Die Familien der Bostoner Oberklasse, von denen viele ihre Kinder in diese Schule schickten, sahen sehr auf die Iren herab. Das waren die Tage von Bürgermeister James Michael Curley, der später wegen Korruption zu Gefängnis verurteilt wurde. Die Iren wurden für alles, was in Massachusetts nicht in Ordnung war, verantwortlich gemacht. Ich glaube, zu Unrecht. Ein irischer Katholik zu sein, war ein wirkliches, wirkliches Stigma – und wenn die anderen Jungen wütend auf die Kennedys waren, nannten sie sie Iren oder Katholiken.

Was Joseph P. Kennedy anging, fuhr Soule fort, so »wollte mein Vater nichts mit ihm zu tun haben. Viele von den Eltern wollten nicht einmal mit ihm sprechen, weil er so unbeliebt war. Die allgemeine Meinung war, daß Mr. Kennedy sein Geld mit Methoden gemacht hatte, die in Bankkreisen als anstößig galten; Mrs. Kennedys Vater, Honey Fitzgerald, war ein ausgemachter Lump, und alle zählten das zusammen und sagten: ›Dieses Paar führt nichts Gutes im Schilde.‹«

Soule, der dies sechzig Jahre später sagte, war die Erinnerung peinlich: »Das war die Einstellung sehr engherziger Leute, aber diese Leute waren es, die in der Gesellschaft den Ton angaben und ihre Söhne in unsere Schule schickten, unter ihnen Leverett Saltonstall! Sie wollten überhaupt nichts mit den Kennedys zu schaffen haben, und ich bin überzeugt, daß die Jungen es nicht leicht hatten. Ihre Schwestern wurden niemals zu den Debütantenbällen eingeladen – das war bei den Kennedy-Töchtern ganz ausgeschlossen, weil die Abneigung so stark war ... Es ist mir peinlich, Ihnen das zu sagen, aber es ist die Wahrheit.«

Joe jr. reagierte auf solche Vorurteile sehr anders als Jack, erzählte Soule. »Joe, der ältere Bruder, unterschied sich von Jack wie der Tag von der Nacht. Er hatte all die schlechten irischen Charakterzüge, die man sich denken kann. Er war sehr kampflustig, sehr reizbar, und ich kann mich erinnern, daß er in der Pause – wir hatten eine sehr lange Pause – ältere Jungen gern zum Zweikampf herausforderte.«

Im Gegensatz dazu ging Jack Raufereien aus dem Weg. Statt dessen wettete er auf seinen älteren Bruder, wobei er sich einer ungewöhnlichen Währung bediente.

Damals waren Murmeln die große Mode. Immer trugen wir einen kleinen Beutel mit Murmeln in der Hosentasche. Und ich kann mich erinnern, daß ich einmal zu meinem Vater ging und sagte: »Ich brauch wieder Murmeln.«
»Was ist aus denen geworden, die du hattest?« fragte er.
»Na ja, die hab ich bei 'ner Wette verloren.«
»Mit wem?«
»Mit Jack Kennedy.«
Es ist eine unauslöschliche Erinnerung, die ich da habe: Joe in einer Schlägerei und blutig, und Jack ganz still beschäftigt mit dem Wetten um Murmeln. Für meine Begriffe zeigt das, wie völlig verschieden die beiden Brüder waren!

Wenn Rose Kennedy anfänglich nichts von dieser feindlichen Welt wußte, in der ihre Söhne lebten, so konnte sie ihr doch nicht sehr lange verborgen bleiben. Ihre Antwort darauf wie auf die Untreue ihres Mannes war ein Ausweichen vor der Realität. Kein Schüler erinnerte sich, daß sie jemals zur Schule gekommen wäre, sei es, um die Kinder am Morgen zu bringen oder am Nachmittag abzuholen. Auch beteiligte sie sich nicht an den vielen gesellschaftlichen Aktivitäten der Schule. Statt dessen wurden die Jungen mit dem Wagen zur Schule gebracht und abgeholt. »Immer kam dieser große, glänzende Wagen mit Jack und Joe ... Es war ein sehr großer schwarzer, blitzender Wagen mit einem Chauffeur, der eine Schirmmütze trug. »Mrs. Kennedy trat niemals, niemals in Erscheinung«, erklärte Soule mit Nachdruck. Ihre Sorge um die beiden Jungen drückte sich in anderer Weise aus:

> Eine interessante Sache, an die ich mich sehr gut erinnere, war die Schuluniform. Alle Jungen mußten eine rote Strickjacke und Knickerbocker tragen – niemand trug damals lange Hosen –, und dazu Kniestrümpfe. Und Rose Kennedy, Jacks Mutter, mußte das Gefühl gehabt haben, daß die Strickjacke bei kaltem Wetter nicht genug Schutz bot, also strickte sie Kapuzen an die Strickjacken ihrer beiden Jungen. Sie waren die einzigen in der Schule, die diese Kapuzen daran hatten – was zu viel Spott Anlaß gab!

Die Beachtung, die Rose Kennedy solchen Dingen schenkte, war beinahe eine Manie. Sie bestand darauf, daß ihre Kinder ordentlich angezogen und zugeknöpft aus dem Haus gingen. Mit Stolz blickte sie später noch darauf zurück: »Ich legte Wert darauf, daß sie in der Schule, in der Kirche und der Öffentlichkeit gepflegt und ordentlich aussahen. Ich kaufte ihnen gute Kleider und zog sie sehr oft gleich an, als sie Kinder waren. Es gab identische Matrosenanzüge, die damals Mode waren, für Joe jr. und Jack, und identische Matrosenkleider für Rosemary, Kathleen, Eunice und Pat, in entsprechenden Größen.«

Unfähig, ihren Kindern Zärtlichkeit und Nestwärme zu geben, war Rose entschlossen, wenigstens für sie zu nähen. »Knöpfe, Knöpfe und noch mehr Knöpfe... Wenn die kleineren Kinder im Winter hinausgingen, trugen sie lange Gamaschen, und ich kann gar nicht anfangen, die Stunden zu zählen, die ich mit Anziehen, Zuknöpfen und Aufknöpfen verbrachte. Und ganz gleich, wie fest der Zwirn war, und wie gut vernäht, immer lockerte er sich oder wurde durchgescheuert oder riß.«

Roses Aufmerksamkeit für solche Details, während ihr Mann den Aktienmarkt manipulierte und ihre Kinder Bekanntschaft mit den ethnischen Vorurteilen Neuenglands machten, sprach Bände. Jack, der in der Öffentlichkeit bescheiden und höflich auftrat, hätte sie niemals kritisiert – aber in seinem späteren Leben ließ er gelegentlich, wenn er unter Freunden war, die Maske fallen und zeigte etwas von der Bitterkeit, die er einer Mutter gegenüber empfand, die oft abwesend und häufig in der Kirche war, ihn aber nicht ein einziges Mal in die Arme nahm – was sie später nicht daran hinderte, das Verdienst an seinen frühreifen Fähigkeiten zu beanspruchen, besonders an seinem wachsenden Interesse an Geschichte. »Sie sprach auch über Geschichte, aber ich würde nicht sagen, daß sie auf dem laufenden war«, bemerkte Jack später. »Nein, ich würde nicht sagen, daß der Keim meines historischen Interesses von ihr gelegt wurde. Ich war immer wißbegierig, und ich mag Geschichte.«

Der aufmerksamen Miss Fiske war Jacks frühreifer Intellekt schon bei der ersten Begegnung aufgefallen. Miss Fiske und ihre Lehrerinnen prüften ihn bald auf Herz und Nieren. »Es war eine sehr freundliche Schule«, erinnerte sich Augustus Soule. »Der Lehrkörper bestand nur aus Frauen, aber die Lehrerinnen nahmen es sehr, sehr genau, und ich möchte sagen, daß es ziemlich viel Ähnlichkeit mit dem englischen System hatte, wie ich es mir vorstelle, mit dem Schwergewicht auf Einmaleins und Grammatik. Die ganze Zeit viel Drill und Auswendiglernen... Sie konnten sehr streng sein, und ich glaube, daß männliche Lehrer nicht so streng gewesen wären wie diese Frauen.«

Trotz der gesellschaftlichen und ethnischen Vorurteile, unter denen sie zu leiden hatten, gefiel es Joe jr. und Jack in der neuen Schule. Am 20. November 1925 bekamen sie einen neuen Bruder, der auf den Namen Robert Francis Kennedy getauft wurde. Noch im selben Jahr gab es dann eine unangenehme Überraschung, als kurz nach Weihnachten bekannt wurde, daß Mr. Wiggins, der Rektor, das Grundstück der Noble and Greenough-Schule an einen Bauunternehmer verkauft hatte. Die Schule sollte im Mai des kommenden Jahres geschlossen werden.

Obwohl Joseph Kennedy unter den Yankee-Eltern der Noble and Greenough-Privatschule Persona non grata war, hatten ihn die Stabilität und Ernsthaftigkeit beeindruckt, die mit dieser Schule in das Leben seiner Söhne gekommen waren. Also bildete er mit neun anderen Eltern ein Komitee zur Rettung der Schule, kaufte dem Bauunternehmer das Grundstück für 110000 Dollar wieder ab, gründete eine gemeinnützige Trägergesellschaft für die Schule und ernannte Miss Fiske zur Rektorin.

Auch mit seiner großmütigen Tat machte Joseph Kennedy sich indessen keine Freunde. Zwar schrieb er dies den verbreiteten anti-irischen Vorurteilen zu, doch war vieles davon einfach Abneigung gegen Joseph Kennedy, einen großen, groben, energischen Mann, der wußte, was er wollte, und vor nichts haltmachte, um es zu bekommen. Mit einer Mischung aus Rücksichtslosigkeit, Betrug und geschäftlichem Scharfsinn hatte er begonnen, sein Vermögen zu Summen zu vermehren, die seine früheren Brotgeber Hayden, Stone & Co. verblüffen und seinen Bostoner Landsleuten irischer Herkunft schlechthin unvorstellbar sein sollten. Die Manipulation von Aktienkursen von seinem New Yorker Hotelzimmer aus sei unanständig einträglich, vertraute er damals seinen vertrauten Freunden an und sagte: »Wir müssen soviel wie möglich durchziehen, bevor sie ein Gesetz dagegen machen!«

So kam es zu dem seltsamen Widerspruch, daß Joseph Kennedy mit beträchtlichem Kapitaleinsatz half, die Schule seiner Söhne zu retten, während er gleichzeitig darauf drängte, mit der ganzen Familie von Brookline nach New York umzuziehen. Das Vorurteil gegen die Iren ärgerte ihn, aber er hatte ein dickes Fell. Vor allem wollte er mehr Geld machen, solange er es auf gesetzliche Weise konnte – und die unkontrollierte New Yorker Börse in der Wall Street, nicht Boston, war dafür der richtige Ort.

Rose dagegen konnte der Idee nichts abgewinnen. New York erschien ihr wie ein fremdes Land. In ihrem geräumigen Haus in Brookline fühlte sie sich wohl und sicher, obwohl ihr Mann sich mittlerweile ein noch sehr viel luxuriöseres Herrenhaus hätte leisten können. Augustus Soule wunderte sich darüber: »Ich kann mich sehr, sehr gut erinnern, daß der Chauffeur der Kennedys die beiden Jungen in einer großen Limousine von dem Haus Ecke Naples und Abbotsford Road zur Schule und zurück fuhr – was ein Anachronismus war, weil der Alte, wie wir ihn zu nennen pflegten, sich längst ein hochherrschaftliches Haus leisten konnte, aber warum er es nicht kaufte, weiß ich nicht... Es ist mir ein Rätsel.«

Es war jedoch nicht schwierig, auf des Rätsels Lösung zu kommen. Ein Haus aufzugeben, das ihr eigen und auf ihren Namen eingetragen war, fiel Rose nicht leicht. Ein Heim aufzugeben, in dem ihre Kinder sich wohlzufühlen schienen und wo für Rosemary Privatunterricht durch eine speziell ausgebildete Lehrkraft erhältlich war, fiel ihr noch schwerer. Überdies war Rose trotz ihrer sieben Kinder noch immer Vorsitzende des Ace of Clubs. Ungeachtet der einsamen Reisen mit ihrer Schwester Agnes, betrachtete sie Boston als ihre Heimat und hatte kein Verlangen, es zu verlassen – oder ihren Vater, der ihren Kindern ein sehr liebevoller Großvater war.

Mochten andere Kinder in der Schule beleidigende Reden über ihn führen, Joe jr. und Jack hielten in standhafter Treue zum Exbürgermeister. Oft nahm er Joe jr. und Jack mit sich, wenn er in seinem chauffierten Dampfwagen zu Wahlveranstaltungen fuhr, oder er unternahm mit ihnen Bootsfahrten auf dem See des öffentlichen Parks, oder führte sie durch das Parlamentsgebäude von Massachusetts, wo er einst Senator gewesen war. Großvater Fitzgeralds unverwüstlicher Humor, sein natürlicher Scharfsinn, der Stolz auf sein irisches Erbe und seine echte Neigung zu Gelehrsamkeit und Bildung waren beispielhaft für seine Enkel. (Wurden die Jungen hingegen zum Haus ihres anderen Großvaters nach Winthrop gebracht, um J. P. Kennedy ihren Sonntagnachmittagsbesuch

abzustatten, »durften wir in seiner Gegenwart keinen Radau machen
oder auch nur zwinkern«, erinnerte sich Jack.)

Kam Fitzgeralds Name für alteingesessene Bostoner einer Verwünschung gleich, so blieb seine Beliebtheit unter den einfachen Leuten
unverändert groß. Nachdem er 1922 die Wahl zum Gouverneur verloren
hatte, kandidierte er wieder für die 1925 fällige Bürgermeisterwahl als
Nachfolger des amtierenden Bostoner Bürgermeisters James Michael
Curley, zog seine Kandidatur dann aber zurück, was eine Bostoner
Zeitung zu der Klage veranlaßte: »Mit John F. Fitzgerald auf der Zu-
schauerbank wird der Wahlkampf um das Amt des Bürgermeisters einer
gewissen Spannung entbehren, die nur er beisteuern kann. Liebhaber des
Spektakulären mögen es bedauern, daß diese äußerst farbige Persönlichkeit nicht mehr zu sehen sein wird, wie sie vor den Zuschauertribünen
der städtischen Footballfelder auf und ab stürmt, um gewählt zu werden
oder durchzufallen, seinen Gegner anzuschwärzen und angeschwärzt zu
werden. Ohne ›den Doktor‹ wird der Wahlkampf nicht der gleiche sein.«

Gerüchte wollten wissen, daß Fitzgerald seine Kandidatur nach weiteren anonymen Anrufen bei seiner Frau, in denen es um seine Frauengeschichten gegangen war, zurückgezogen hatte. Wenn etwas daran war,
dann bewies es nur, daß das Alter für seine leidenschaftliche Natur kein
Hindernis darstellte. Anläßlich der Feier seines sechzigsten Geburtstags
im Februar 1923 hatte Honey Fitz seine beiden Kennedy-Enkel bei den
Händen genommen und den Zeitungsreportern sein Geheimnis verraten. »Sich unter junge Leute mischen. Gutmütig und freundlich durch
das Leben gehen … Es ist das größte Glück, andere glücklich zu machen.« Und er sang seine Erkennungsmelodie, »Sweet Adeline«, die er
am Abend desselben Tages im Radio wiederholte. »Eine der wichtigsten
Aufgaben im Leben«, erklärte er an seinem zweiundsechzigsten Geburtstag, »ist es, Freunde zu gewinnen und sich zu erhalten; zu allen Zeiten
Güte zu zeigen.«

So klammerte sich Rose an ihren geliebten Vater, wie ihre Kinder es
taten, wenn er zu Besuch kam. Die Tage der Harmonie waren indes
gezählt, denn Anfang 1926 nahm die Laufbahn Joseph P. Kennedys eine
dramatische neue Wendung.

Ein Schlag in die Magengrube

1925 war Joseph Kennedy nach England gefahren, um die Firma FBO
(Film Booking Office) zu kaufen, eine Filmproduktions- und Verleih-
gesellschaft mit Niederlassungen in London, New York und Hollywood.
Sein Übernahmeangebot von einer Million Dollar war als unzureichend
abgelehnt worden. Aber im Februar 1926, kurz nachdem er geholfen
hatte, die Schule seiner Söhne in Brookline zu retten, erhielt Kennedy in
New York einen Anruf, ob er noch an FBO interessiert sei. Joe, der im
Begriff war, mit einer Gruppe von Geschäftsfreunden Urlaub in Palm
Beach zu machen, reagierte augenblicklich.

»Tut mir leid, Freunde, ich fürchte, ihr werdet ohne mich nach Florida
fahren müssen. Ich fahr heute abend noch nach Boston«, verkündete
Kennedy, als er zurückkam. »Ich hab eine Filmgesellschaft gekauft.«

Durch die Vermittlung seines Schwiegervaters in Boston gewann Kennedy einen Geschäftsmann aus Massachusetts, Louis Kirstein, für eine
finanzielle Beteiligung. Fitzgerald, begeistert über die Aussicht, ins Filmgeschäft zu gehen, zog auch den Sohn eines früheren Bostoner Bürgermeisters, Frederick Prince, in das Projekt. Die First National Bank in
Boston beteiligte sich ebenso wie die National Shawmut. Die *Boston
Post* brachte die Schlagzeile: JOHN F. FITZGERALD WIRD FILMMAGNAT.

Sobald die Fragen der Beteiligungen und der Finanzierung geklärt
waren, brauchte Joe Kennedy seinen Schwiegervater allerdings nicht
mehr. Kennedy war – auf den Unterschied wies er oft hin – kein Spieler:
er war ein Spekulant. In den frühen 1920er Jahren hatte er eine Kette von
Filmtheatern im nördlichen Neuengland gekauft, und die wachsenden
Einnahmen aus dem Geschäft ließen erkennen, daß mit der Filmproduktion großes Geld zu verdienen war. Daher war seine Übernahme von
FBO keine willkürliche Investition, sondern ein kalkulierter Versuch,
sich auf der Produktionsseite des Marktes eine Basis zu schaffen. Im
Frühjahr 1926 bezog er die amerikanische FBO-Zentrale in einem New
Yorker Wolkenkratzer, führte eine strikte Kostenrechnung ein und ver-
ringerte das mit ruinösen 18 Prozent zu verzinsende Fremdkapital der
Gesellschaft durch eine Kapitalerhöhung. Außerdem entschied er, daß
das Unternehmen sich ausschließlich auf anspruchslose, aber beliebte
Familienunterhaltung konzentrieren sollte – eine Strategie, die der Gesellschaft die aufsehenerregenden Gewinne vorenthielt, welche von den
Filmstudios in Hollywood mit großem Produktionsaufwand erzielt wurden, aber auch ihre finanziellen Katastrophen vermied.

Kennedys Assistent Eddie Moore nahm mit Sicherheit an, daß sie sich nach der Übernahme von FBO in New York niederlassen würden. »Wir werden der Industrie bald beweisen, daß wir nicht nur auf schnelles Geld aus sind, und sobald uns das gelungen ist, werden wir das Feld ganz für uns haben, und Du kannst auf Deinem fetten Hintern in Deinem New Yorker Büro sitzen und es ihnen zeigen«, schrieb ihm Moore im Herbst 1926. Rose Kennedy aber wollte nicht weichen. »Ich wollte nicht jedesmal umziehen, wenn Joe seine geschäftlichen Unternehmen änderte«, sagte sie, »denn ich glaubte, es sei falsch, die Schulausbildung der Kinder, ihre Freundschaften und das Alltagsleben der Familie zu stören... Ein Schulwechsel ist zumindest beunruhigend; weil Lehrpläne und Lehrbücher überdies nicht vereinheitlicht sind und von einer Schule und Stadt zur anderen wechseln, können einem verpflanzten Schüler daraus ernste Nachteile erwachsen. Aus diesem Grund blieb ich mit den Kindern ein paar Jahre in Brookline.«

Joe jr. und Jack besuchten weiterhin die jetzt Dexter School genannte Grundschule unter Miss Fiske, während Joseph Kennedy zwischen Boston und New York pendelte und außerdem häufig Reisen nach Kalifornien unternahm. Jacks Klassenkamerad Whitney Wright erinnerte sich, wie er am 29. Mai 1927 zu Jacks zehntem Geburtstag in die Abbotsford Road eingeladen wurde und zu seiner Verblüffung eine Leinwand und einen Filmprojektor im Wohnzimmer aufgestellt sah, bereit für die Vorführung eines Cowboyfilms. Jacks Vater hatte nicht nur den Film aus Hollywood mitgebracht, er hatte sogar Cowboykleidung für die Kinder gekauft. »Jeder, der alt genug ist, sich an Tom Mix zu erinnern, kann verstehen, welch eine Sensation das für die Jungen und ihre Freunde war«, berichtete Rose.

In diesem Sommer erwarb die Familie endlich ein Ferienhaus in Hyannis Port, an der Ostküste vom Cape Cod. Die zweite Jahresbroschüre der Dexter School enthielt die Namen der Brüder Jack und Joe Kennedy in den Klassen 5 und 6 für das im September 1927 beginnende neue Schuljahr. Die Schülerzahl hatte sich um dreißig Kinder erhöht, und der Trägerverein hatte Land dazugekauft und das Schulgrundstück auf »ungefähr zwei Hektar planierte Spielfelder« erweitert. Joseph Kennedy gehörte weiterhin dem elfköpfigen Kuratorium an, und eine neue Schulbücherei – ein Geschenk zum Gedenken an William Lovell Putnam – war im dritten Stock eingerichtet worden. Sie enthielt »mehrere hundert Bücher wie Lexika, Wörterbücher, andere Nachschlagewerke und die Standardbücher mit Reisebeschreibungen, Dichtung und schöngeistiger Literatur«.

Die Jungen sollten nichts mehr davon haben. Als der September kam, besann ihre Mutter sich plötzlich eines anderen. In Massachusetts war es zu einem weiteren Ausbruch von Kinderlähmung gekommen, derselben Krankheit, die Franklin Roosevelt 1921 zum Krüppel gemacht hatte. Die Dexter School verkündete, daß sie nun erst im Oktober wieder öffnen würde. Rose geriet in Panik und beschloß in einem Augenblick der Schwäche, Boston zu verlassen.

Die Familie reiste in einem eigens gemieteten Eisenbahnwagen und bezog am 26. September 1927 ein möbliertes Herrenhaus, das Joseph Kennedy an der Ecke 25. Straße und Independence Avenue in Riverdale gemietet hatte, einem baumreichen, noch ländlichen Vorort von New York mit Blick über den Hudson River. Schon am folgenden Tag begann für Joe jr. und Jack Kennedy der Unterricht in der exklusiven, konfessionslosen Riverdale Country Day School.

In ihren Memoiren schrieb Rose Kennedy, daß sie dem Umzug erst zustimmte, als sie sicher war, daß Joes Einstieg in das Filmgeschäft »ein solider Erfolg war und in der absehbaren Zukunft den größten Teil seiner Zeit in Anspruch nehmen würde«. Sie hatte Riverdale gewählt, behauptete sie, weil es zu ihrer früheren Wohngegend in Brookline paßte, und der Übersiedlung von »unserem Bostoner Vorort zu einem New Yorker Vorort unter dem Vorbehalt zugestimmt, daß es ein Ort mit ausgezeichneten Schulen sein müsse, vorzugsweise zu Fuß zu erreichen. Der Fußweg zur Schule und zurück«, glaubte sie, »ist eine gesunde Übung; er macht Spaß, wenn das Wetter gut ist, und lehrt Beharrlichkeit, wenn es schlecht ist. Er erzieht zu Pünktlichkeit und Verantwortung, indem er dem Kind Rechenschaft für Bummelei und Verspätung abverlangt.«

Derlei moralisierende Erinnerungen geben eine Vorstellung von dem Ausmaß, in welchem Rose Kennedy – die ihre Kinder nie zu Fuß oder mit dem Auto zur Schule begleitete – ihre zunehmende Einsamkeit und Unglückseligkeit verhüllte und wie stets in ihre förmliche Sorge um Rechtschaffenheit und Disziplin der Kinder hüllte.

Rose sollte den Umzug nach New York ihr Leben lang bedauern. Wie sie später bekannte, war er »wie ein Schlag in die Magengrube«, was in mehr als einer Weise zutreffen mochte, denn sie war zum achten Mal schwanger. »Monatelang wachte ich in unserem neuen Haus in New York auf und verspürte ein schreckliches Heimweh«, erzählte sie dem Familienchronisten.

Allerdings hatte Roses Kummer jenseits des Umzuges nach New York und der nichtendenwollenden Schwangerschaften noch eine andere Ursache. Die Untreue ihres Mannes mochte ihre mädchenhaften Illusionen zerstört haben, aber Joe konnte wenigstens darauf verweisen, daß er gut für seine Familie sorgte und seine außerehelichen Affären aus dem Familienleben heraushielt. Aber nachdem er Rose gezwungen hatte, ihre Heimatstadt zu verlassen und ihre sieben Kinder nach New York zu bringen, geriet Joe Kennedy in eine leidenschaftliche Affäre mit einer berühmten Hollywoodsirene.

Glorias Auftritt

Joe Kennedy lernte Gloria Swanson am 11. November 1927 im Savoy Plaza Hotel in der Fifth Avenue kennen. Einer der Direktoren der First National Pictures, Robert Kane, hatte Kennedy gebeten, Gloria Swansons wankende Karriere (sie hatte ihre eigene Produktionsfirma gegründet) finanziell zu ordnen, so daß sie »in den richtigen Händen wieder die Künstlerin werden und den Versuch aufgeben könnte, eine Geschäftsfrau zu sein, die ihre eigenen Filme produzierte«.

Die Ironie wollte es, daß Kennedy gerade erst versucht hatte, ihre letzte Produktion, den Film *Sadie Thompson,* der auf Somerset Maughams gleichnamiger erotischer Erzählung beruhte, zu torpedieren, indem er ein offenes Protesttelegramm an den US-Filmzensor Will Hays unterzeichnete. Swanson hatte das Telegramm ignoriert und an dem Film weitergearbeitet, aber die Produktionskosten hatten das Budget weit überschritten und sie gezwungen, Robert Kane ihr Haus in Malibu zum Verkauf anzubieten, um zu Geld zu kommen. Kane schlug ihr vor, sie solle zu Kennedy gehen und versuchen, eine Anleihe und dringend benötigte geschäftliche Ratschläge von ihm zu bekommen. Das tat sie am 11. November 1927 bei einem Mittagessen im Savoy Plaza Hotel – nicht ohne Kennedy hochmütig an das Telegramm zu erinnern, das er mitunterzeichnet hatte, und ihm zu stecken, daß sie von seinem erfolgreichsten FBO-Film, *The Gorilla Hunt* noch nie gehört habe. Kennedy, an Unterwürfigkeit von seiten der Leute gewöhnt, die Darlehen wollten, war überwältigt.

Swansons Schilderung, ein Jahrzehnt nach Kennedys Tod veröffentlicht, ist unser bestes und intimstes Porträt des damals neununddreißigjährigen Bankiers, denn Rose Kennedy hatte nicht die kritische, unbefangene Distanz zu ihrem Mann, noch hätte sie in abträglicher Weise über ihn gesprochen. Gloria Swanson sah sofort, daß Kennedy »keinem

Bankier ähnlich sah«. Er hatte nicht nur einen starken Boston-irischen
Akzent, auch sein Anzug war zu unförmig, »und der Knoten seiner
Krawatte war nicht festgezogen. Mit seiner Brille und dem dicken Kinn
sah er aus wie der Onkel irgendeines durchschnittlichen Arbeiters.«

Der »Onkel« aber brauchte nicht lange, um den Filmstar zu beeindrucken. Er gab vor, in Harvard Betriebswirtschaft studiert zu haben,
und begleitete seinen Vortrag über Kostenrechnung und Bilanzen mit
senkrecht schneidenden Handbewegungen, um die parallelen Zahlen-
kolonnen einer ordentlichen Buchhaltung zu illustrieren. »Niemand in
Hollywood wisse, wie man eine Bilanz aufzustellen habe, die einem
Bankier in die Hände gebe, was er brauche. Das Filmgeschäft sei so jung,
daß kein Mensch sich auf die Bewertung von Abschreibungen, die Kapi-
talisierung von Reserven und Amortisation verstehe – genau die Dinge,
sagte er, die in jedem anderen Geschäft über Erfolg oder Mißerfolg
entschieden. Das sei es, was ihn an der Filmproduktion fasziniere, fuhr er
fort, daß es hier eine gigantische Industrie gebe, aber daß niemand es zu
begreifen scheine.«

Joseph Kennedy war sich vollkommen darüber im klaren, daß seine
Kenntnisse und Fähigkeiten in Bankwesen und Buchführung helfen
konnten, ihm einen Platz in der Geschichte Hollywoods zu sichern;
tatsächlich sollte er Swanson bald anvertrauen, daß er sein Büro gern
dorthin verlegen würde. Aber in der Gegenwart des jungen Leinwand-
idols, das mit Rudolph Valentino vor der Kamera gestanden hatte,
offenbarte er höheren Ehrgeiz. Wie er Swanson gestand, »habe er seit
einiger Zeit einen bedeutenden Film produzieren wollen«. Als er in sein
Büro zurückgekehrt war, stand sein Entschluß fest: er würde Swansons
Herausforderung annehmen.

Am selben Abend führte er sie zum Essen aus und machte ihr den
Vorschlag, daß er ihr stiller Geschäftspartner werden solle. Er hatte
gehört, daß ihre nächste Produktion ein Film mit dem Titel *Rock-a-bye*
werden sollte, doch daran war er nicht interessiert. Statt dessen, erläuterte er, solle sie ihre notleidende Produktionsgesellschaft schließen und
mit seinem eigenen Personal wiedereröffnen – erfahrenen Buchhaltern,
die jede Ausgabe bis zum letzten Cent überwachen würden. Inzwischen,
fuhr er fort, strebe er eine Zusammenarbeit zwischen ihr und Erich von
Stroheim an, dem bedeutendsten Hollywood-Regisseur jener Tage. »Mr.
Kennedy führte ständig das Wort ›wichtig‹ im Munde«, erinnerte sich
Swanson. Da sie dringend »jemanden mit Geschäftssinn« benötigte, war
sie am Ende überzeugt, sie sei »auf den richtigen Geschäftspartner
gestoßen, um meine Karriere in Ordnung zu bringen«.

Aber sie irrte sich. Tatsächlich sollte die Verbindung mit Kennedy ihre Ehe zerstören, ihre Karriere schädigen und statt zu bedeutenden Produktionen zu einem der größten Mißerfolge in den Annalen Hollywoods führen, einem so katastrophalen Fiasko, daß der Film nie fertiggestellt wurde.

Obwohl Gloria Swanson länger als ein halbes Jahrhundert wartete, bis sie ihre Geschichte erzählte, war ihr Porträt Joseph Kennedys nicht bitter. Obschon mit einem echten französischen Marquis verheiratet und mithin selbst eine Marquise, fühlte sie sich angezogen von dem hemdsärmeligen Bostoner, der frei war von gesellschaftlichem Dünkel. Sie war beeindruckt von »dem kämpferischen irischen Stolz, der aus dem Widerstand gegen Unterdrückung und dem Ertragen von Vorurteilen erwuchs«. Sie bewunderte seinen Scharfsinn und unternehmerischen Mut und sah ihn als einen jungen, überaus erfolgreichen Bankier, »gesund und reich... alles durch Intelligenz, Durchsetzungskraft und Ausdauer«. Vor allem verstand Gloria Swanson, daß Joseph Kennedy an einem Scheideweg in seinem Leben angelangt war, wie sie selbst – und wie die ganze Filmindustrie. Hollywood wurde erwachsen; es war eine Industrie mit Milliardenumsätzen, mit weltweiten Exporten und Einnahmen. Mit der bevorstehenden Einführung des Tonfilms stand es am Rande eines technologischen Durchbruches und war auf finanzielle Unterstützung angewiesen. Im vorausgegangenen Frühjahr hatte Kennedy die Harvard Business School überredet, die führenden Filmproduzenten und Regisseure zur Teilnahme an einem Seminar über die Filmindustrie einzuladen – ein schlauer Schachzug, der ihn mit den legendären Filmproduzenten seiner Zeit zusammenbrachte, von Cecil B. DeMille bis zu Fox, Warner, Zukor und Loew. Dennoch lief, wie Swanson ihm vorhielt, sein Vorschlag auf das Gegenteil dessen hinaus, was er tun sollte, wenn er Geld machen wollte.

Aber Kennedys Entschluß stand fest. Im Dezember 1927 folgte er Swanson nach Hollywood, zusammen mit seinen »Reitern«, wie er sie nannte – seiner rechten Hand Eddie Moore und seinen drei Buchhaltern Charley Sullivan, E. B. Derr und Ted O'Leary – »dem Aussehen nach Gangster«, aber ihrem Chef treu ergeben. »Vier Iren aus einfachen Verhältnissen, die unter einem irischen Chef, den sie sehr bewunderten, durch Beharrlichkeit zu verantwortungsvollen Positionen aufgestiegen waren.«

Innerhalb von Wochen wurde Swanson dazu verleitet, Derr Geschäftsvollmacht zu erteilen, um sich ausschließlich auf »Schauspielerei und andere künstlerische Angelegenheiten« zu konzentrieren. Ihre Produktionsgesellschaft wurde auf Kennedys Drängen liquidiert und in einer Operation, die Sullivan fröhlich so dubios nannte, daß Joe, »wenn er für dieses Geschäft nicht ins Gefängnis gehen muß, für immer draußen bleiben wird«, in Delaware neu gegründet. Kennedys bevorstehende Verschmelzung von FBO mit Pathé würde ihn in die Lage versetzen, Swansons betitelten Ehemann vom Schauplatz des Geschehens zu entfernen, indem er ihm eine Stelle anbot, die er nicht ablehnen konnte: die Spitzenposition in der Pariser Zentrale von Pathé. Um das ganze Geschäft mit Swanson abzuschließen, bat Kennedy sie und ihren Mann, den Marquis de la Falaise de Coudraye, Ende Dezember 1927 in Florida mit ihm zusammenzukommen. Nachdem er Vorkehrungen getroffen hatte, den Marquis zu neutralisieren, indem er ihn zum Hochseeangeln vor Palm Beach schickte, gab er vor, in sein Zimmer gehen und »geschäftliche Anrufe« tätigen zu müssen. Dann erschien Kennedy plötzlich in Gloria Swansons Suite im Hotel Poinciana und vergewaltigte sie.

> Er bewegte sich so schnell, daß sein Mund auf meinem war, bevor er oder ich sprechen konnte. Mit einer Hand hielt er meinen Hinterkopf, mit der anderen streichelte er meinen Körper und zog an meinem Kimono ... In einem langgezogenen Stöhnen murmelte er immer wieder: »Nicht länger, nicht länger. Jetzt.« Er war wie ein eingefangenes Pferd, das ungestüm und feurig versuchte freizukommen. Nach einem hastigen Höhepunkt lag er neben mir und streichelte mein Haar. Abgesehen von einem schuldbewußten, leidenschaftlichen Gemurmel hatte er noch immer nichts Zusammenhängendes gesagt. Ich hatte überhaupt nichts gesagt. Seit seinem Kuß [bei der Begrüßung] am Zug hatte ich gewußt, daß dies geschehen würde. Und als wir dort lagen, wußte ich, daß es weitergehen würde.

Einer von Gloria Swansons Freunden behauptete, sie habe Kennedy »behext«. Tatsächlich hatte er sie in einer geschäftlichen Schlinge gefangen, aus der sie sich nicht befreien konnte. Mit Ausnahme ihres Werbeleiters hatte er alle Angestellten ihrer Produktionsgesellschaft entlassen und seine eigenen Marionetten in den Vorstand berufen. Er hatte sie dazu gebracht, ihre Vertriebsrechte sowohl für *Sadie Thompson* als auch für ihre erste Produktion, *The Love of Sunya,* zum Ausgleich ihrer Schulden abzutreten. Ihre einzigen Aktiva waren jetzt ihre Schauspielkunst – und ihr Geschlecht. Über beide gebot Kennedy. »In zwei Monaten hatte Joseph Kennedy mein ganzes Leben übernommen«, räumte sie später ein. Ihr Ehemann war bald »bei Joe angestellt, und ich war buchstäblich in seinem Besitz. Mein ganzes Leben war in seiner Hand.«

Swanson behauptete, sie habe »ihm vertraut, das Beste daraus zu machen«. Wenn das der Fall war, so war ihr Vertrauen unangebracht.

Kennedy sehnte sich danach, etwas zu sein, was er nicht war, den beschwerlichen irisch-katholischen Bostoner Ballast abzuwerfen, den er zuvor nach New York gebracht hatte – alles das wollte er jetzt opfern, um ein neues Leben als Filmmogul und Gemahl der schönen jungen Gloria Swanson zu beginnen, für den weltberühmte Regisseure wie Erich von Stroheim arbeiteten.

Bis zu dieser Wende in seinem Leben hatte Joseph Kennedy sich niemals mit der Welt des Films befaßt. Trotz seines Geldes, seiner organisatorischen Fähigkeiten und seiner Erfahrung im Bank- und Börsengeschäft fehlte es ihm in Hollywood an Status. Durch seine Verbindung mit Swanson und indem er von Stroheim beschäftigte, hoffte er dieses Manko zu beheben. »Dadurch, daß er seine Karten neu geordnet und ein bißchen geblufft hatte, war es ihm gelungen, eine Runde zu gewinnen«, faßte Gloria Swanson später zusammen. »Nun war es sein Ehrgeiz, im Spiel zu bleiben und die großen Einsätze einzustecken.«

Dies war das Grundmuster, das Joseph Kennedys Leben als schwerreicher und unabhängiger Mann prägen sollte: eine lange Reihe von Unternehmungen, auf die er sich mit der ihm eigenen Energie warf, die aber bei all den Millionen, die er gleichsam nebenbei verdiente, immer in Rückzug oder Schmach endeten. Der unbarmherzige Blick seiner stahlblauen Augen ging durch den feinen Flanell seiner vornehmen Zeitgenossen, so hochgestellt sie auch sein mochten, und sein Geschäftssinn war gesund und zuverlässig – solange ihm kein anderweitiger Ehrgeiz den klaren Blick trübte. »Nimm Boston«, sagte er zu Gloria Swanson. »Die Cabots und die Lodges würden nicht um alles in der Welt ins Kino gehen oder ihre Kinder gehen lassen. Und darum wissen ihre Diener mehr darüber, was in der Welt vorgeht, als sie selbst. Die arbeitende Klasse wird dank Radio und Kino von Tag zu Tag klüger. Die hochnäsigen Bankiers in ihren Prominentenghettos sind es, die den Dampfer verpassen.«

Die hochnäsigen Bankiers waren allerdings klug genug, um sich keinen Phantasien darüber hinzugeben, daß sie bedeutende Filme produzieren könnten. Kennedy beauftragte Stroheim persönlich, ein neues Script zu entwickeln, in dem Gloria Swanson die Hauptrolle spielen würde, und Stroheim war ihm rasch gefällig – »so bereitwillig«, schrieb Swanson, »einen bedeutenden Film für jemanden zu machen, der dafür bezahlen konnte, wie Mr. Kennedy begierig war, den Musentempel in der Gesellschaft eines anerkannten Genies zu betreten«.

Wie Joseph Kennedy, dessen künstlerisches Urteil sich in den Gemäldereproduktionen spiegelte, die seine Frau in ihr Wohnzimmer hängte, und dessen FBO-Filme von Cowboys, Footballspielern und afrikanischen

Gorillas gehandelt hatten, sich vorstellte, daß er über Nacht zu einem kreativen Gönner und Produzenten von Filmkunst werden könne, ist schwer nachzuvollziehen. »Er war ein klassisches Beispiel für jene Leute in der Kunstszene, die viel Verstand und Energie, aber wenig Geschmack und Talent haben«, bemerkte Swanson später. Aber das wurde rückblickend niedergeschrieben.

Zu der Zeit schien Kennedy bezaubert von den großen, blaugrauen Augen, der feinen Nase und dem makellosen Teint der Siebenundzwanzigjährigen. Die Ironie ihres Maugham-Films – der Geschichte eines Priesters, der sich in eine Prostituierte verliebt, die er von der Straße zu holen sucht – entging dem vierzigjährigen Bostoner Iren, der in seinem gemieteten Haus am Rodeo Drive in Hollywood mit Gloria schlief. »Am Ende der Abende, nach unseren intimen Stunden zusammen, ließ Joe mich von einem seiner Reiter nach Haus fahren«, erinnerte sich Swanson zärtlich.

Die Affäre ähnelte in mancher Hinsicht derjenigen in einem französischen Schwank, einschließlich der Ankunft einer ältlichen Tante des Marquis in Hollywood, die, begleitet von einem jungen Liebhaber, sich von ihrer verheirateten Nichte die Sehenswürdigkeiten von Los Angeles zeigen lassen wollte. »Ich hatte zwei verschiedene Existenzen«, schrieb Swanson, »eine mit Henri [dem Marquis] und eine am Rodeo Drive mit Joseph Kennedy, wenn Henri im Ausland war.«

Joe Kennedy hatte ebenfalls zwei Existenzen. Verstrickt in sein Verhältnis mit Gloria, war er abermals abwesend, als seine Frau im Februar 1928 ein weiteres Kind zur Welt brachte. Immerhin erschien er danach an Roses Bett in der Entbindungsklinik in Boston: »Mit drei Brillantarmbändern, die er zur Begutachtung mitgenommen hatte, damit ich wählen konnte«, erinnerte sich Rose. »Eine Freundin von mir war zu Besuch gekommen. Ich legte gleich alle drei Armbänder an, um sie besser vergleichen zu können, und es war, gelinde gesagt, ein einziges Glitzern und Funkeln. Meine Freundin sperrte die Augen auf, wandte sich zu Joe und sagte, nach Luft schnappend: ›Was kannst du ihr nächstes Mal geben, wenn sie das neunte Kind bekommt?‹ Joe schaute mich finster an. ›Ich werde ihr ein blaues Auge geben‹, sagte er barsch und schüttete sich vor Lachen aus.«

Unglücklich in New York, hatte Rose den letzten Monat ihrer Schwangerschaft in Boston verbracht, wo sie ihren Eltern und Freunden nahe war, und ihre sieben Kinder in die Obhut Eddie Moores gegeben, dem Zuhälter ihres Mannes. Nach der Geburt des Kindes – es war ein weiteres Mädchen, das Jean getauft wurde – fuhr Rose nach Paris, was

eine von Jacks Lehrerinnen in Riverdale zu der Bemerkung veranlaßte:
»Jedesmal, wenn Mrs. Kennedy ein Kind bekommt, stellt sie eine weitere
Säuglingsschwester ein und unternimmt eine Auslandsreise.«

Einer Nachbarin vertraute Rose später selbst an, daß sie ihren Ehemann für seine Untreue »zahlen lasse«. »Er mußte mir alles geben, was
ich wollte. Kleider, Schmuck, alles«, bemerkte sie – ohne daran zu
denken, daß ihr Groll zu Lasten ihrer Kinder ging. »Jack erzählte einem
Freund, daß er jedesmal weinte, wenn sie ihre Koffer packte, bis er
merkte, daß sein Weinen sie irritierte und nur bewirkte, daß sie sich noch
mehr von ihm zurückzog«, schrieb der Familienchronist.

Wenn er nicht anderweitig unabkömmlich war, umkreiste Moore als
einer der »vier Reiter« Gloria Swanson in Hollywood wie ein Falter die
Kerzenflamme. Jeder ihrer Wünsche war ihm Befehl, und Kennedys
geschäftlichen Interessen an der Gloria Productions widmete er sich mit
dem gleichen Eifer wie den geschlechtlichen Bedürfnissen seines Chefs.
Jahre später brüstete sich Joe ungeniert vor Jack und dessen Frau mit
seiner Affäre, bedachte sie mit intimen Einzelheiten über Gloria Swansons Körper und machte sich über ihre sexuelle Unersättlichkeit lustig,
die es, wie er behauptete, nicht mit einem Orgasmus in der Nacht
bewenden ließ, sondern deren fünf verlangte; aber zu der Zeit war es Joe
Kennedy, der nicht genug von Gloria Swanson bekommen konnte. Bald
wußte ganz Hollywood Bescheid, trotz seiner Bemühungen, die Affäre
geheimzuhalten.

Sobald Stroheim sein Script fertiggestellt hatte, kehrte Joseph Kennedy nach New York zurück, um es zu lesen. Dort ließ Stroheim ihm
das Drehbuch »auf einem silbernen Tablett präsentieren, das von zwei
als nubische Sklaven in Löwenfelle gekleideten Schwarzen gehalten
wurde«. Kennedy war von der Geschichte begeistert – einer phantastisch
unglaubwürdigen, schaurigen Romanze, die in Deutschland und Ost-
afrika spielte und den Arbeitstitel *The Swamp* (der Sumpf) erhielt.

Mit »Sumpf« war Kennedys Privatleben treffender charakterisiert als
Stroheims neues Filmprojekt. Nachdem er mit dem Zug zu seiner jungen
Geliebten nach Kalifornien zurückgekehrt war, zeigte er ihr stolz das
Drehbuch. Die stoische Loyalität seiner Frau hatte er zuvor mit einem
Brillantarmband erkauft, und nun hatte er die Verheißung eines Kassen-
knüllers. »›Oh, ich sage dir, Gloria‹, sagte er mit feierlichem Stolz und
drückte mir fest die Hand, ›dies wird ein großer, wichtiger Film.‹« Er war
»wie ein Collegestudent, der am liebsten Freudensprünge gemacht hätte,
aber vom Ernst der Sache daran gehindert wurde«.

Immerhin war Kennedy seiner Vorsicht als Bankier treu geblieben und hatte das Drehbuch vorher dem Kulturredakteur der Zeitschrift *Life* gezeigt, der ihm erklärt hatte, es sei »das beste Filmdrehbuch, das je geschrieben wurde«. Zur Absicherung seiner Investition hatte Kennedy überdies zwei Produktionsassistenten angestellt, die den als verschwenderisch berüchtigten Stroheim »an der kurzen Leine« halten sollten. In Wirklichkeit aber plätscherte Kennedy in Wassern, die für einen Bankier zu trübe waren. Hingerissen von Swansons Glanz, Schönheit und Jugend, neben denen sich Roses frigide irisch-katholischen Werte wenig anziehend ausnahmen, wollte Joe Kennedy seinen eigenen Namen in Neonlichtern sehen. »Er mußte es sich selbst und mir beweisen«, kommentierte Swanson. »Er konnte nur daran denken, mich in etwas zu präsentieren, was sein war. Etwas Wichtigem.«

Das nächste wichtige Projekt, das Kennedy ihr vorschlug, war ein Kind. Nach Swanson geschah dies im Herbst 1928, nachdem er sie gebeten hatte, nach New York zu kommen. Später gab sie an, sie sei über den Vorschlag erstaunt gewesen, weil sie klar erkannt habe, daß es ihr öffentliches Image als Filmidol ebenso ruinieren würde wie ihre Karriere – aber die Idee zeigte das Ausmaß an, bis zu dem Joseph Kennedy sich von seinem gesunden Menschenverstand verabschiedet hatte. Er wollte abends allein mit ihr ausgehen, bestand aber auch darauf, daß sie mit ihm nach Haus komme, um seine Frau und Kinder kennenzulernen, die in Riverdale Halloween feierten.

»In diesem seltsamen Vorschlag«, schrieb Swanson später, »war die ganze komplexe Wesensart des Mannes in einem Brennpunkt vereinigt. Solange er die Kontrolle hatte, sah er nichts als unmöglich oder ausgeschlossen an. Ich konnte nicht einmal mit ihm streiten, weil es nichts bewirkt hätte.«

Swansons Tochter aus einer früheren Ehe hieß auch Gloria und feierte ihren achten Geburtstag. Die beiden kamen zu dem Kompromiß, daß Glorias zwei Kinder an der Halloween-Party teilnehmen würden, sie selbst jedoch nicht. Der allgegenwärtige Eddie Moore chauffierte die Kinder zum Haus der Kennedys, wo sie es herrlich fanden. Die kleine Gloria »konnte es nicht fassen, daß eine Familie acht Kinder haben konnte. Besonders gut hatte ihr ein Junge namens Jack gefallen, sagte sie, der ein paar Jahre älter war als sie.«

Der elfjährige Jack interessierte sich mehr für den Vater der kleinen Gloria. Swanson wunderte sich darüber. »Wirklich?« fragte sie ihre Tochter. »Warum?«

»Weil ich ihm erzählt hab, daß Tom Mix zum Mittagessen in sein Restaurant kommt«, antwortete die kleine Gloria.

Es war, wie Swanson später meinte, eine außerordentliche Situation, denn Rose Kennedy und ihre Kinder schienen nicht zu wissen, was sich vor ihren Nasen abspielte. Jack schickte seinem Vater sogar eine Postkarte, in der er ihn bat, »Gloria hallo zu sagen«. Aber ob Gloria Swanson selbst verstand, was sich abspielte, war zumindest fraglich.

Napoleon verläßt seine Josephine

Im Sommer 1928 nannte die in New York erscheinende Zeitung *Journal* Joseph P. Kennedy den »kommenden Napoleon des Filmgeschäfts«, weil er FBO und Pathé verschmolzen hatte und »Sonderberater« der First National Pictures geworden war – mit einem Jahresgehalt von 150 000 Dollar und diktatorischer Vollmacht über Produktion und Verleih.

Weder die Zeitungsredakteure noch Gloria Swanson konnten freilich die Gedanken dieses seltsamen irischen Napoleon lesen. Als der Vertrag im August 1928 unterschrieben wurde, nahm alle Welt an, daß Kennedy alsbald FBO, Pathé und First National Pictures verschmelzen und das daraus entstehende Unternehmen zum Giganten der Filmindustrie machen würde. Der Präsident der First National Pictures sperrte sich jedoch gegen solche Pläne, Kennedys Vertrag wurde gelöst, und er hatte keine andere Wahl, als sich von First National zurückzuziehen. Eine Verschmelzung der Gesellschaften kam nicht mehr in Frage. Kennedy buchte unverzüglich eine Passage an Bord der *Ile de France* zusammen mit seinem FBO-Direktor John Murdock, »um eingehend über die Zukunft ihrer Unternehmen zu beraten«. Nach seiner Rückkehr verschmolz er FBO mit RCA, um die Firma RKO zu gründen, eine Holdinggesellschaft mit einem Eigenkapital von rund 80 Millionen Dollar. Für die vorbereitenden Verhandlungen steckte er ein Honorar von 150 000 Dollar ein, und als der Vertrag unter Dach und Fach war, verkaufte er prompt seine FBO-Anteile für 5 Millionen Dollar. Im Dezember 1928, ein Jahr nach dem Beginn seiner Affäre mit Gloria Swanson, verkaufte er seine Anteile am neuen RKO-Konsortium – das nun von RCA beherrscht wurde – mit einem Gewinn von weiteren 2 Millionen Dollar. Zu Weihnachten war er um mindestens 5 Millionen Dollar reicher, aber auf der Insel Elba, soweit es das Filmgeschäft betraf. Abgesehen von einem nominellen Beratervertrag mit Pathé hatte er sich von allen Beteiligungen und Verpflichtungen im Filmgeschäft getrennt. Der »kommende Napoleon« der Filmindustrie war gekommen – und gegangen.

Ob Gloria Swanson damals erkannte, daß Kennedy der Welt des Films den Rücken gekehrt hatte, ist unklar. Er hatte versprochen, ihr alle geschäftlichen Sorgen abzunehmen und ihre marode Filmproduktion (als Gegenleistung für ihre Gunst) zu sanieren, und sie war auf den Handel eingegangen, überzeugt, daß er in sie verliebt sei. Aber war er es auch noch nach einem Jahr? Er hatte behauptet, daß er sich mit der Produktion eines »wichtigen« Filmes, der seinen Namen mit dem des anerkannten Genies Erich von Stroheim in Zelluloid ätzen würde, in Hollywood einen Namen machen wolle. Doch noch bevor Stroheim mit den Dreharbeiten begonnen hatte, war Kennedy wie ein feiger General vor der Schlacht desertiert. Warum? War die Verlockung eines Verkaufsgewinns von mehreren Millionen übermächtig geworden? Hatte er einen feinen Instinkt, ein Vorgefühl des drohenden Mißerfolges? Oder spürte er, daß er bei all seiner Energie und Geschäftstüchtigkeit ein geborener Einzelgänger war, nicht gemacht für die Beständigkeit und das Geben und Nehmen der Zusammenarbeit mit Kollegen und Untergebenen, das für die langfristige Führung eines Großunternehmens wesentlich ist? Zweifellos lag ihm die Filmindustrie im August 1928 zu Füßen, aber schon wenige Monate später war er wieder ein Außenseiter und hätte mit Freuden seine Beteiligung an der Gloria Productions, Inc. abgestoßen – bloß gab es niemanden, der die Anteile gekauft hätte.

Das war in der Tat der Haken, denn bis zum Januar 1929 hatte er Swanson beinahe eine Dreiviertelmillion Dollar geliehen, und nun zeichnete sich eines der größten Fiaskos in der Geschichte Hollywoods ab – ein trauriger Epitaph zu seinen Träumen von filmhistorischer Größe als Produzent.

Als Stummfilm gedreht, war Stroheims Epos überholt, noch ehe es zur Hälfte abgedreht war. Kennedy selbst hatte zu Stroheim gesagt: »Von der lausigste Tonfilm wird besser sein als der beste Stummfilm.« Die Umbenennung von *The Swamp* in *Queen Kelly* half nicht. Das Budget wurde weit überschritten, und Swanson verlor die Nerven und den Mut. Verärgert über die Regie Stroheims, verließ sie während der Dreharbeiten das Atelier und rief Kennedy an.

»Joseph, komm mal schnell hier raus. Unser Regisseur ist ein Verrückter«, sagte sie ihm. »Du und alle anderen, ihr habt versucht, mich daran zu hindern, *Sadie Thompson* zu machen. Also du kannst mir glauben, *Sadie Thompson* war *Rebecca of Sunnybrook Farm*, verglichen mit dem, was hier aus *Queen Kelly* wird. Der Film ist ruiniert! Und furchtbar! Kommst du jetzt hier raus und fängst an, Entscheidungen zu treffen, oder nicht?«

Kennedy, der sich in Palm Beach aufhielt, mußte versuchen, einen Waffenstillstand zu schließen, was ihm dadurch gelang, daß er Stroheim bat, den Stummfilm fertigzustellen, während Ben Glazier, einer der Produzenten, die Regie einer Tonfilmversion übernehmen würde. Sobald er in Hollywood eingetroffen war, zeigte Gloria ihm die Zehntausende von Metern obsoleten, stummen Zelluloids. Kennedy hatte auf dem Filmgelände einen besonderen Bungalow für Swanson errichten lassen, komplett mit privatem Schlafzimmer. Dort ließ er sich eine Stunde später »in einen Sessel fallen. Er hatte sich von mir abgewandt und rang um seine Fassung. Er hielt den Kopf in den Händen, und kleine, hohe Geräusche entrangen sich seinem starren Körper, wie die eines verwundeten Tieres, das in einer Falle wimmert. Zuletzt fand er seine Stimme wieder. Sie war ruhig und beherrscht. ›Ich habe noch nie in meinem Leben einen Mißerfolg gehabt‹, waren seine ersten Worte.« Gloria Swanson, die seit November 1928 jeden Tag mit Stroheim gefilmt hatte, hatte dies kommen sehen. Joes Frau behauptete dagegen, Stroheim habe »das Drehbuch in einer Weise verändert, von der Joe sich nichts hätte träumen lassen« – und nannte als Beispiel den Fall, wo »Stroheims fruchtbarer Phantasie die anschauliche Szene der Verführung einer Klosternovizin entsprang«.

Diese Szene war jedoch keine Veränderung des Drehbuches. Sie war, ohne daß Rose davon wußte, schon darin enthalten gewesen, als Stroheim es Kennedy zuerst präsentiert hatte. Auf Kennedys Betreiben hatte Stroheim lediglich die Zahl der Szenen verringert, nicht ihren Inhalt verändert. Noch waren es die Änderungen am Drehbuch, die Swanson Sorge bereiteten: es war der sich verstärkende Eindruck einer alles durchdringenden Erotik, der es nach ihrer Überzeugung unmöglich machen würde, den Film an Will Hays, dem Hollywood-Zensor, vorbeizuschmuggeln.

Mehr als ein halbes Jahrhundert später ist es schwierig, die Heuchelei, Doppelmoral und Ängste jener Zeit zu verstehen. Gloria Swanson, klein und zierlich, und noch immer erst neunundzwanzig, war durchaus bereit gewesen, eine sechzehnjährige Jungfrau zu spielen, die mit einer Gruppe von Novizinnen auf einer afrikanischen Wiese steht und einen vorbeireitenden deutschen Prinzen mit einem Hofknicks begrüßt. Sie war auch bereit gewesen, »den Schlüpfer fallen zu lassen und mich bei dem Versuch, herauszusteigen, mit den Füßen darin zu verheddern«, eine Szene, welche die Aufmerksamkeit des Prinzen auf sie lenkt. Sie war schließlich bereit gewesen, »den Schlüpfer zusammenzuknüllen und auf ihn zu werfen«, als sie sieht, daß der Prinz über ihr Mißgeschick lacht. Was ihr zu weit ging, war die Reaktion des Prinzen. Auf Stroheims Verlangen mußte Walter Byron, der Schauspieler, den Schlüpfer nicht nur auffangen, sondern »vor sein Gesicht halten. Die Vorstellung, solch eine Szene in einem Film darzustellen, war 1928 so undenkbar«, erinnerte sich Swanson, »daß einfach nicht darüber zu reden war.«

Zur gleichen Zeit ließ eine andere Schauspielerin in den UFA-Studios in Berlin unter der Regie eines anderen deutschen Genies, Josef von Sternberg, ihren rüschenbesetzten Schlüpfer von der Frisiertoilette in das überraschte Gesicht eines preußischen Schullehrers fallen, der seinen fehlgeleiteten Schülern in den Nachtklub *Blauer Engel* gefolgt war. Sternbergs Produktion, ein Tonfilm mit Marlene Dietrich in der Hauptrolle, sollte in Paris, London und New York die Sensation des Jahres werden. Im Gegensatz dazu wurde Stroheims Stummfilm *Queen Kelly* einfach aufgegeben.

Obwohl Joe Kennedy in seinem Bemühen, den Film vor der Katastrophe zu retten und seine Darlehen an die Gloria Productions, Inc., zu retten, nach jedem Strohhalm griff, war es zu spät. Swanson selbst begann sich mit der Möglichkeit zu beschäftigen, ihre Produktionsgesellschaft mit ihren wachsenden Schulden in Konkurs gehen zu lassen und einen Vertrag mit dem Hollywoodproduzenten Jesse Lasky zu unterzeichnen, für den sie früher schon gearbeitet hatte.

Kennedy war jedoch nicht der Mann, die Flinte ins Korn zu werfen, zumindest nicht ohne Kampf. Er hatte »eine drastische Auseinandersetzung« mit Gloria und bestand darauf, daß »die Sache irgendwie zu Ende gebracht werden müsse, weil zuviel Geld auf dem Spiel stehe und der Prestigeverlust zu groß sein würde, wenn der Film unvollendet bliebe«. Richard Boleslavsky, ein polnischer Emigrant, wurde eingestellt, um Stroheims Fassung zu überarbeiten und einen Tonfilm daraus zu machen. Zu diesem Zweck wurden drei neue Leute engagiert – Sam Wood, Delmar Daves und Laura Crews.

Um Rose zu besänftigen, hatte Joe ihr im Frühling ein Haus in New York gekauft – eine große Zwölf-Zimmer-Villa im Kolonialstil an der Pondfield Road in Bronxville, nahe bei Riverdale. Um Swanson in Hollywood bei Laune zu halten, erklärte er sich bereit, einen neuen Tonfilm zu finanzieren, *The Trespasser* (Der Sünder), worauf er aus Kalifornien nach Boston abreiste, wo sein Vater, an Leberkrebs erkrankt, im Sterben lag. Mitte Mai kehrte Kennedy nach Hollywood zurück und erhielt dort am 18. Mai 1929 das Telegramm mit der Todesnachricht aus dem Diakonissenkrankenhaus in Boston.

Seine Stimmung war düster. Er kehrte nicht einmal zur Beerdigung nach Boston zurück –»ein Quell schmerzlichen Bedauerns für den Rest seines Lebens«, behauptete Rose später –, schrieb aber einen Brief an seinen dreizehnjährigen Sohn Joe jr., um ihm zu danken, daß er ihn vertreten hatte:»Ich habe so gute Berichte über Dich bei Großpapas Beerdigung gehört«, schrieb er am 3. Juni.»Ich bin stolz darauf, Dich als meinen Vertreter dort zu haben. Hilf Mutter aus, und ich werde so bald wie möglich bei Euch sein.« Aber als Gloria harmlos die Dienste ihres Ernährungsexperten anbot, nachdem sie gehört hatte, daß Joes zurückgebliebene Tochter Rosemary im Krankenhaus war, wurde Kennedy zornig.»Ich hatte ihn wütend auf andere Leute erlebt, aber nun richtete sein Zorn sich zum ersten Mal gegen mich. Es war beängstigend. Seine blauen Augen wurden zu Eis, und dann zu Stahl . . . Armer Joe, dachte ich traurig. Er war, in meinen Augen, bereits extrem kompliziert. Bedeutete dies, daß ich nur die Spitze des Eisberges gesehen hatte?«

Sie hatte Kennedys Sehnsucht, einen»wichtigen« Film zu produzieren, richtig gedeutet, schien aber keine rechte Vorstellung von der Schnelligkeit gehabt zu haben, mit der Kennedy jetzt seinen napoleonischen Ehrgeiz abgelegt hatte, noch von den Gewissensqualen, mit denen dieses Liebesverhältnis ihn belastete. Vor allem aber konnte sie den Zorn wegen des Geldes, das er ihrer Produktionsfirma geliehen hatte, kaum ermessen. Obwohl er sie ermutigt hatte, die Arbeit an ihrem neuen Film weiterzuführen, war er so in Sorge, er würde eine weitere Katastrophe sein, daß er der ersten privaten Vorführung absichtlich fernblieb und an seiner Stelle Eddie Moore schickte.

Dieser neue Film, eine Komödie, wurde in einem Monat abgedreht und versprach Kennedy für einen Teil der Verluste zu entschädigen, die *Queen Kelly* verursacht hatte, vorausgesetzt, die Promotion stimmte. Große Premieren wurden in New York, London und Paris arrangiert, und weil er den Film finanziert hatte, bestand Kennedy darauf, daß er und seine Frau Swanson nach Europa begleiteten.

So kam es, daß das Leinwandidol Gloria Swanson im Sommer 1929 mit dem Flugzeug in Hyannis Port eintraf.»Miss Swanson und ihre Begleitung wasserten mit einem Sikorsky-Flugboot am Hafen nahe dem Wellenbrecher und nicht weit vom Sommerhaus der Kennedys. Die Einwohner von Hyannis Port versammelten sich am Strand, als Miss Swanson – zierlich, chic, makellos frisiert und seit ihrer Eheschließung mit dem Marquis de la Falaise de Coudraye ein Mitglied der Aristokratie – von Bord ging«, schrieb ein Lokalreporter.

Für die Kennedy-Kinder war es ein denkwürdiges Ereignis. Gloria hinterließ sogar ihr Autogramm an der Wand der Garage, die der neunjährigen Kathleen Kennedy und ihren Freundinnen als Klubhaus diente. Für Gloria und Rose Kennedy war die Situation hingegen, gelinde gesagt, grotesk. Rose gab vor, von der Affäre ihres Mannes mit Swanson nichts zu wissen, was die letztere später als unglaubhaft betrachtete. »War sie ein Dummchen, fragte ich mich, als ich ihr ungläubig lauschte, oder eine Heilige? Oder bloß eine bessere Schauspielerin als ich?«

Aber wer täuschte wen? Swanson glaubte, daß Kennedy sie über alles liebte. Das hatte er in seiner Weise vielleicht getan – im vergangenen Jahr. Aber in diesem Sommer 1929 waren seine Flitterwochen mit Swanson lange vorbei, und seine Schmeichelei verbarg nur oberflächlich seine Entschlossenheit, mit dem neuen Film genug Geld zu machen, um die mit *Queen Kelly* erlittenen herben Verluste wettzumachen. Zwar brachte Rose Kennedy in ihren Memoiren das Jahr und den Monat durcheinander, und ihr Bericht über das »Stroheim-Fiasko« stammte aus dritter Hand, aber der Kern ihrer Erinnerung war zutreffend: daß ihr Mann ein Vermögen in *Queen Kelly* investiert hatte und seine Verluste nur durch aggressive Werbung für *The Trespasser* glaubte wieder hereinholen zu können.

Swanson gegenüber gab Kennedy vor, er nehme Rose und seine Schwester nur mit, um seiner Frau einen Gefallen zu tun. »Sie ist noch nie in Europa gewesen«, log er, »und ich habe ihr diese Reise versprochen. Bitte, Gloria, sie möchte dich kennenlernen«, beschwatzte er die Schauspielerin. »Wenn er sich zu etwas entschlossen hatte, gab es in der ganzen Welt keinen Hebel, der groß genug gewesen wäre, ihn davon abzubringen«, erinnerte sich Swanson. »Ich hätte den ganzen Tag streiten können, es hätte nichts geholfen ... Er sagte, ich mache ihn sehr glücklich. Er sagte, alles würde wunderbar sein.«

In Wahrheit war Rose viele Male in Europa gewesen, zuletzt allein drei Wochen im Sommer des vorausgegangenen Jahres. Aber Joes Verheißung: »Europa, viele Leute, viel Wirbel, viel Aufsehen« erfüllte sich für Gloria. Wohin sie auch kamen, Gloria Swanson war ein Star, ein Idol. Menschenmengen versammelten sich und gerieten bei ihrem Anblick außer Rand und Band. Rose Kennedy war klein – einen Meter sechzig –, aber Swanson war noch kleiner und hatte Schuhgröße 36.

Für Rose wurde die Reise nach Paris zu einer Ausbildung in Schauspielkunst. Swanson stritt mit ihrem Mann, wenn sie unter sich waren, erschien aber Hand in Hand mit ihm in der Öffentlichkeit – auf Joe Kennedys Drängen. In ihren Memoiren machte Swanson ihn für das Auseinanderbrechen ihrer Ehe verantwortlich und behauptete, seine »inbrünstige Aufmerksamkeit« habe den Marquis gekränkt.

Wenn Henri mir auf der Stelle befohlen hätte, das Filmen sein zu lassen und mit ihm auf dem Gut zu leben, das ihm in Frankreich gehörte, hätte ich ihm gehorcht. Aber er tat es nicht. Er konnte nicht. Joe Kennedy hatte uns beide kompromittiert mit seinen Versprechungen andauernder Sicherheit, die Henri ebensosehr wünschte wie ich. Noch nie hatte ich einem anderen Menschen so sehr vertraut wie Joe. Außerdem liebte ich ihn wirklich. Der Mann faszinierte mich. Ich wußte einfach nicht, was ich tun sollte . . . Ich hoffte, daß Henri die Geduld und Liebe aufbringen würde, zu warten, bis ich mein Leben wieder vereinfachen konnte. Vorerst aber waren unsere drei Leben in einem komplizierten Knoten miteinander verknüpft, und ich konnte ihn nicht lösen. Auch ich mußte warten und hoffen.

Dann aber öffnete Swanson einen an den Marquis adressierten Liebesbrief von Constance Bennett, einem jüngeren Hollywoodstar, und drohte, noch vor der Pariser Premiere ihres Films die Scheidung einzureichen.

Die Reise entwickelte sich nun mehr und mehr zu einer französischen Farce. Der Marquis zog sich in eine andere Suite im Pariser Hotel Ritz zurück, und Swanson weigerte sich, mit ihm in der Öffentlichkeit aufzutreten. Kennedys Suite wurde zu einem Schlichtungsbüro, wo Rose und ihre Schwägerin Margarete »besorgt und bestürzt«, wie Rose sich erinnerte, Joe in seinen Vermittlungsbemühungen unterstützten.

Die eigentliche Farce war natürlich Swansons Hysterie angesichts der Untreue ihres Mannes, während sie selbst mit ihrem Liebhaber reiste – und nicht nur mit ihm, sondern obendrein mit der Ehefrau und der Schwester ihres Liebhabers.

Vielleicht inszenierte Swanson mehr oder weniger unbewußt eine Auseinandersetzung, um Kennedy dahin zu bringen, daß er sich ihr erklärte. Das stünde auch im Einklang mit ihrer Jahre später verbreiteten Behauptung, daß Kennedy um die Erlaubnis der katholischen Kirche nachgesucht hatte, seine rechtmäßige Ehefrau zu verlassen und offen mit ihr zu leben, und daß »Joe nach der Londoner Premiere mehr denn je in mich verliebt war. Zu seiner großen Vernarrtheit kam, daß er mich jetzt als die einzige vertrauenswürdige Person im Filmgeschäft sah, die ihn anleiten konnte.«

In Wirklichkeit war Joe Kennedy mit dem Filmgeschäft längst fertig. Das letzte, was er wollte, war Anleitung. Was er wollte, war sein Geld zurück – und weg. Obwohl spätere Autoren Rose Kennedy wegen ihrer gewollten Unwissenheit oder Gleichgültigkeit angesichts der Affäre verspotteten, war es tatsächlich Rose, die im Aufsteigen begriffen war und Mitleid für die in Illusionen lebende Leinwandgöttin empfand. Während

Reporter »irrtümlich glaubten, daß zwischen den beiden etwas vor-
gehe«, meinte Rose später, »wußte ich, daß ich nie etwas zu befürchten
hatte, und empfand nur Bedauern für die arme kleine Gloria«.

Sie hatte guten Grund, sich in Sicherheit zu wiegen. Obwohl Swanson
im Anschluß an Paris auch London und New York im Sturm eroberte –
einmal mußte sie mit dem Gesicht nach unten über die Köpfe der Menge
weitergereicht werden, um das Erstaufführungstheater zu erreichen –,
war sie erledigt, sowohl als Kennedys Geliebte wie auch als Leinwandidol. Ihre späteren Filme waren Reinfälle, und obwohl ihre Legende
überlebte, war ihr Niedergang traurig.

Unterdessen eilte Rose Kennedy im Gefühl ihres eigenen Triumphes
»zurück zu unseren Kindern nach Bronxville«. Jack hatte sich in der
Schule durch gute Leistungen ausgezeichnet, war im Frühjahr 1928 von
der 5 B in die 5 A aufgerückt, tat sich im folgenden Jahr in der 6 A mit
besonders guten Leistungen in Geschichte hervor und gewann sogar
einen Preis für den besten Aufsatz.

Rose aber war an Jacks Aufsätzen nicht interessiert. In ihrem Leben
begann ein neues Kapitel. In Paris hatte sie an einer Modenschau teilge-
nommen, »fasziniert von den schönen Mannequins, die auf dem Lauf-
steg durch den prunkvollen Salon glitten«, wo Gloria Swanson, deren
Kleiderrechnungen legendär waren, Lucien Lelongs neueste Kreationen
vorgeführt wurden. »Mit Gloria da zu sein, erhöhte natürlich das Erlebnis, denn die Direktricen und Berater umschwebten sie, achteten auf jede
ihrer Launen, und sowohl die Mannequins wie auch die Kundinnen
blickten immer wieder verstohlen auf sie. Sie war die große Berühmtheit.
Verglichen mit ihr, war ich ein Niemand...«

Zur Verblüffung ihrer Kinder war der Niemand jetzt entschlossen, ein
Jemand zu werden.

Eine gespenstische Mahnung

Der Wettstreit mit Gloria hatte zur Folge, daß Rose Kennedy nun einer
Sucht nach teurem Schmuck und *grande toilette* zu frönen begann, die
beinahe derjenigen Wallis Simpsons, der nachmaligen Herzogin von
Windsor, gleichkommen sollte. Mit ihren besonderen Parfüms (deren
Geheimnis sie nicht einmal ihren Töchtern verraten wollte), ihrem
Schmuck von Cartier und ihrer Haute-couture-Garderobe, war Rose
entschlossen, ihre Position wieder geltend zu machen. »Mein besonderes

Interesse an Kleidung entwickelte sich während dieser Periode«, erklärte sie später. »Offensichtlich konnte ich in natürlicher Schönheit nicht [mit Gloria Swanson] konkurrieren, aber ich konnte aus dem, was ich hatte, das Beste machen, indem ich auf Figur und Teint achtete, perfekt frisiert und gepflegt war und immer Kleider trug, die interessant und kleidsam waren.«

Wenn Rose Kennedy dachte, daß eine Garderobe im Stil Gloria Swansons ihr den Eingang in die gesellschaftlichen Kreise New Yorks erleichtern würde, sollte sie grausam enttäuscht werden. Die New Yorker Gesellschaft mied die Kennedys als »irische Micks« – wie einer von Jacks Freunden es freimütig ausdrückte. »Rose Kennedy – eine wirklich liebenswerte Person«, war eine typische Herablassung, »aber was für eine *schreckliche* Stimme sie hat!«

Besonders katholische Kreise waren durch die Swanson-Affäre schokkiert, gleichgültig, was Rose sagte, um sie herunterzuspielen. Und ungeachtet dessen, was Rose in ihren Memoiren schrieb, dauerte es Jahrzehnte, bis die seelischen Wunden verheilt waren. Die Familie Fitzgerald sah Rose jedenfalls als das unglückliche Opfer von Joes gigantischer Selbstsucht und vergab ihm nie. Jahre später kam eine gespenstische Mahnung. »Wir waren auf dem Flughafen LaGuardia«, erinnerte sich eine Stewardeß der American Airlines:

Ich arbeitete auf der Route Boston–New York. Es muß Ende 1944 oder Anfang 1945 gewesen sein. Ein Schwarm von Zeitungsreportern hatte sich eingefunden – sie hatten gehört, daß eine Berühmtheit aus Kalifornien eintreffen würde, und warteten noch immer auf die Maschine von der Westküste, die sich verspätet hatte. Es muß um halb zwei am Morgen gewesen sein. Endlich landete die Maschine, die Treppe wurde herangerollt, eine Limousine fuhr vor, und dieser kleine alte Mann stieg aus. Ich fragte einen Polizisten, wer das sei – und er sagte, es sei John Fitzgerald, der frühere Bürgermeister von Boston. Als Gloria Swanson mit Joe Kennedy aus dem Flugzeug kam, geriet der Bürgermeister außer sich – ging auf ihn zu und machte ihn vor allen Leuten herunter, überhäufte ihn – und sie – mit allen Schimpfwörtern, die man sich denken kann: »Wie kannst du es wagen, du Schweinehund, dich mit diesem Flittchen herumzutreiben, während meine Tochter zu Hause sitzt...« Ich war Anfang zwanzig und hatte keine Ahnung, was es mit alledem auf sich hatte, aber es war sicherlich sehr peinlich, vor den Reportern.

Fitzgerald war damals schon senil, aber die Szene war eine grausame Beschwörung dessen, was vor so vielen Jahren stattgefunden hatte, und zeigte, wie sehr Roses Vater noch immer ihretwegen litt. Oberflächlich gesehen, gewann Rose ihren Mann zurück, als Joe sein Verhältnis mit

Gloria im Herbst 1929 beendete. Aber sie bezahlte teuer dafür: sie war
zu jahrzehntelangem Spott und gesellschaftlicher Isolation verurteilt, die
sie oft in Einsamkeit und Depression stieß und einerseits tiefere Frömmigkeit, andererseits noch längere Aufenthalte im Ausland nach sich
zog, wo sie sich mit Brillantschmuck und der letzten Pariser Mode
ablenkte.

»Wissen Sie, die Kennedys hatten alle Arten von Hauspersonal und
Gouvernanten«, erinnerte sich der Sohn von Roses Hausarzt. »Sie hatten
die ganze Zeit eine festangestellte Kinderschwester, und wenn sie im
Sommer zu ihrem Ferienhaus nach Cape Cod fuhren, nahmen sie das
Personal mit... Ich glaube nicht, daß sie hatten, was ich enge Freunde
nennen würde. Sie hatten eine Menge Bekannte und Geschäftsfreunde,
aber die Kinder als solche hatten meines Wissens keine engen Freunde.
Wenn ein Fest oder eine Party gefeiert wurde, wurden viele Mitschüler
eingeladen, aber ein wirklich enges Verhältnis hatten sie nur unterein-
ander, nicht mit Außenstehenden.«

Der Swanson-Skandal brachte es mit sich, daß die Kennedys von den
tonangebenden Kreisen der Gesellschaft noch weniger akzeptiert wur-
den als zuvor. Aber hinter einem Vorhang ordentlicher katholischer
Erziehung hatten die Kennedy-Kinder immer in gesellschaftlicher Qua-
rantäne gelebt, gezwungen, sich aufeinander zu verlassen. Selbst diese
Zuflucht sollte ihnen bald genommen werden, denn im Gefolge der
Swanson-Affäre mußten sie ein neues Kreuz auf sich nehmen: das
Internat.

TEIL III

INTERNAT

Eine gute Schule

In späteren Jahren verschleierten viele Biographen die Tragödie des Kennedy-Haushalts und putzten die Familie als ein vollkommenes Beispiel amerikanischer Elternschaft und Erziehung heraus. Artikel auf Artikel, Buch auf Buch schilderte, wie Joseph Kennedy seinen Sprößlingen die Notwendigkeit beibrachte, gut informiert zu sein, zu wetteifern und zu gewinnen, während Mrs. Kennedy für ihr Beharren auf gute Manieren, religiöse Observanz und gründliche Zahnpflege in den Himmel gehoben wurde (und sich in ihren Memoiren selbst in den Himmel hob).

Die Fiktion befriedigte offenbar ein Bedürfnis, denn die Wahrheit war zu schmerzhaft, um angesprochen zu werden. Nicht nur waren die Eltern erschreckend oft überhaupt nicht da, die Swanson-Affäre und die allgemeine Verschlechterung in der Beziehung zwischen Mutter und Vater schufen eine emotionale Wüste und erzeugte eine Bitterkeit in ihnen, die bisweilen selbstzerstörerische Züge annahm und unausweichlich ihren Tribut fordern sollte. »Mit acht Jahren wurde ich ins Internat abgeschoben«, schalt eine der Töchter später die Mutter.

Wohlgemerkt, das Los der Kennedy-Kinder unterschied sich nur wenig von dem ungezählter englischer Familien, in denen der gesellschaftliche Status eine Besessenheit und die emotionale Vernachlässigung von Kindern die Norm war; vielleicht erklärt dies, warum die älteren Kennedy-Kinder sich später so gut mit englischen Freundinnen und Freunden verstanden, was schließlich zu einer Serie transatlantischer Liebesverhältnisse und zwei tragischen Ehen führte.

Mit dem Ende der Zwanziger Jahre stellte sich die Frage nach einem geeigneten Internat für die beiden älteren Jungen. Englische Kinder wurden traditionell ins Internat geschickt, weil es als ein Teil ihrer »Ausbildung für das Leben« angesehen wurde. Dieses System, das besonders im 19. Jahrhundert eine enorme Ausdehnung erfuhr, hatte einen bunten Flickenteppich privater Internatsschulen entstehen lassen, jede mit ihrem eigenen Ethos, die eine Elite emotional gehemmter, aber tüchtiger Administratoren für Queen Victorias expandierendes Weltreich produzierten. In den Vereinigten Staaten wurde dieses System durch Internatsschulen wie Groton, Milton und Andover nachgeahmt.

Obschon kein Liebhaber britischer Sitten, war Joseph Kennedy sehr darauf bedacht, daß seine Kinder sich im Leben auszeichneten. Er wollte ihnen helfen, die gesellschaftliche Isolation zu durchbrechen, in der er sich trotz seines Reichtums gefangen fühlte. So hatte er schon im Frühjahr 1929 an Russ Ayres geschrieben, einen ehemaligen Harvardstudenten, den er im Baseball trainiert hatte und der später Geschichtslehrer an der Choate School in Wallingford, Connecticut, geworden war. In seinem Brief hatte sich Joe nach der Möglichkeit erkundigt, seine ältesten Söhne von ihrer gegenwärtigen Tagesschule in Riverdale zu gegebener Zeit für ein oder zwei Jahre auf die Choate School zu schicken, um ihnen eine bessere Chance zu geben, in Harvard aufgenommen zu werden.

Ayres gab den Brief dem stellvertretenden Rektor von Chaote, Wardell St. John. Der schrieb, daß die Schule alljährlich drei oder vier solche Jungen aufnehme, und daß die Kennedys, wenn sie »weiterhin die guten Leistungen zeigen, die sie offenbar gegenwärtig zustandebringen, ziemlich gute Aussichten« hätten, aufgenommen zu werden. Zugleich aber legte er Kennedy nahe, »Ihre Söhne wenigstens drei Jahre in der Schule zu lassen, von der sie ins College übertreten – vier, glauben wir, wären noch besser! Mehr und mehr«, fügte er hinzu, »sehen wir die zusätzlichen Vorteile, die sich für den Schüler ergeben, der eine wirklich ausreichende Möglichkeit hat, in den Geist der Schule hineinzuwachsen und einen festen Platz in der Gemeinschaft seiner Mitschüler zu erwerben.«

Joe Kennedy, zu der Zeit in seinem Büro bei der Pathé Exchange, Inc. in der 45. Straße, antwortete eilig, daß er die erwähnten Vorteile überzeugend finde. »Mein einziges Zögern liegt in der Erkenntnis, daß die Jungen, wenn sie jetzt ins Internat gehen, praktisch für immer aus dem Haus sein werden, denn es sind drei Jahre dort und dann vier Jahre am College, und Sie wissen selbst, wie wenig man danach von ihnen sieht. Es mag eigennützig von mir sein, wenn ich sie noch für wenigstens ein Jahr bei mir behalten möchte«, erläuterte er, kurz bevor er zu einem weiteren Monat mit seiner Geliebten nach Kalifornien aufbrach. »Ich werde die Angelegenheit jedenfalls mit ihrer Mutter besprechen«, schrieb er, »und werde versuchen, zu einer Entscheidung zu kommen und die Anträge auszufüllen, wie Sie vorschlagen.«

Wardell St. John merkte, daß der Fisch angebissen hatte, und nun gab er ein wenig Leine. »Ich möchte Ihnen für Ihren freundlichen Brief vom 20. April in bezug auf Joe und Jack danken. Er gefällt mir, weil er so offen jenen Geist des Zögerns ausdrückt, welcher so natürlich für den Vater und die Mutter ist, die das Elternhaus für ihre Söhne zu einem Ort des

Glückes und der Geborgenheit gemacht haben«, schrieb St. John unschuldig zurück. »Unser Rektor hat oft und mit Recht gesagt: ›Wenn ein
Junge von einem wirklich glücklichen Elternhaus an eine gute Schule
geht, ist er seinem Heim enger denn je verbunden. Wenn es nicht so wäre,
könnte ich mir nicht erlauben, Rektor einer Internatsschule zu sein.‹« Er
lud Mr. Kennedy und seine Frau und die beiden Jungen ein, »uns zu jeder
Ihnen genehmen Zeit zu besuchen und uns und unsere Schule so aus
erster Hand kennenzulernen.«

Dafür war keine Zeit, denn es folgte Kennedys Reise nach Boston,
seine Rückkehr nach Kalifornien und der Tod seines Vaters. Die Monate
in Hollywood und der Plan, drei weitere Monate in Europa zu verbringen, überzeugten Joe Kennedy jedoch davon, daß er nur sehr wenig von
seinen Söhnen sehen würde, selbst wenn sie in der Riverdale Country
Day School blieben. Rose, die für acht Kinder verantwortlich war, zeigte
noch weniger Neigung als ihr Mann, die Jungen als Halbwüchsige im
Hause zu behalten. Obwohl sie einem katholischen Internat den Vorzug
gegeben hätte, erhob sie keine Einwände – Joe zufolge war sie sogar
begeistert. So kam inmitten der Unruhe, die Joe Kennedys Leben in
diesem Sommer 1929 bestimmte – seinem Versuch, sich aus dem monu-
mental teuren Fehltritt mit Gloria Swanson zu befreien –, die schicksal-
hafte Entscheidung zustande, Joe jr. zu Beginn des neuen Schuljahres im
September nach Wallingford an die Choate School zu schicken – wobei
klar war, daß Jack seinem Bruder zu gegebener Zeit folgen würde.

Der Lehrkörper der Riverdale Country Day School war alles andere
als erfreut. Der Rektor der Schule, Frank Hackett, betrachtete Joe jr. als
»einen der allerbesten Jungen, die wir haben«, mit einer »schulischen
Begabung, die weit über dem Durchschnitt liegt – ein Junge, wie Sie sich
keinen besseren wünschen können«, bemerkte er in einem Brief an
Wardell St. John in Choate, »aber aus demselben Grund ist er genau der
Typ des Jungen, der bei uns bleiben sollte«.

Joe jrs. Zeit an der Tagesschule ging jedoch zu Ende. Sein Klassenleh-
rer hatte ihn als einen »mannhaften, charakterlich sauberen Jungen«
gelobt, ».. . einen ausgezeichneten Arbeiter, der mit seinen Leistungen im
oberen Viertel seiner Klasse steht... [Er] hat ein gesundes Empfinden für
Gerechtigkeit und Fairneß. Ich betrachte ihn als einen sehr erfreulichen
Jungen.« Aber als Joe jr. im September 1929 allein in Wallingford eintraf
– seine Eltern waren noch mit Gloria Swanson in Europa –, sah er sich in
der Schülerhierarchie ganz unten und war bald auch am unteren Ende
seiner Klasse. Daß seine Eltern niemals zu Besuch kamen, lernte er
allmählich akzeptieren – »Wir hoffen weiterhin, daß Sie Joe und uns zum

Elterntag werden besuchen können«, schrieb sein neuer Rektor am
31. Oktober an Joseph Kennedy, »obwohl Joe und ich verstehen, wie es
ist.«

Die Situation war tatsächlich kritisch, denn am 29. Oktober, nicht
lange nach der Rückkehr der Kennedys aus Europa, platzte die Wall-
Street-Aktienblase und löste einen Börsenkrach aus, zu dem Kennedy
und andere durch ihre schwindelhaften Kursmanipulationen so un-
rühmlich beigetragen hatten. Klüger als die meisten und mit einer feinen
Witterung ausgestattet, hatte Kennedy einen Kurssturz erwartet und den
größten Teil seiner Anlagen rechtzeitig aus dem Wertpapiermarkt her-
ausgenommen, aber er war vollauf damit beschäftigt, die Auswirkungen
des Schwarzen Montags abzufangen, den Verkauf von Pathé unter Dach
und Fach zu bringen und Swanson loszuwerden, so daß ihm einfach
keine Zeit für den Elterntag blieb. So fiel Rose Kennedy die Aufgabe zu,
aus ihrem neuen Haus in der Pondfield Road in Bronxville an den Rektor
zu schreiben, ihm für seinen ersten Bericht über Joe jr. zu danken und ihr
Bedauern darüber auszudrücken, daß Joe jr. »in seinen Leistungen nicht
den Anforderungen entspricht... Ich werde Joe schreiben und ihn drängen, besser zu arbeiten, und ich bin überzeugt, daß er sich anstrengen
wird, da er sich noch nie mit einem geringen Ansehen in seiner Klasse
zufriedengegeben hat. Ich habe den Schulbericht an seinen Vater weiter-
geschickt, der in Kalifornien ist.« Gleichzeitig betrieb sie auch für die
behinderte Rosemary, ihre älteste Tochter, die Unterbringung in einem
Heim.

Joe jr. war bestürzt über die Ermahnungen seiner Mutter. Als er im
November für kurze Zeit nach Bronxville zurückkehrte, war er voller
Rauflust – wie Jack in einem seiner frühesten erhaltenen Briefe an seinen
Vater (der noch immer mit Swanson in Kalifornien war) behauptete:
»Als Joe nach Haus kam, erzählte er mir, wie stark er ist und wie hart.
Das erste, was er machte, um mir zu zeigen, wie stark er ist, war, krank zu
werden, so daß er das Thanksgiving-Dinner nicht essen konnte. Sehr
männlicher Junge. Dann zeigte er mir, wie der Indianerringkampf geht.
Dann warf ich ihn auf den Rücken.« Wie Jack seinem Vater ferner
berichtete, war Joe jr. von einem Oberstufenschüler bei einer »Keilerei«
erwischt und summarisch bestraft worden. »Wie die ihn verhauten! O
Mann, er war ganz voller Striemen... Was hätte ich nicht dafür gegeben,
ein Oberstufenschüler zu sein! Sie müssen da oben ziemlich starke
Burschen haben, wenn man die Striemen sieht.«

Jacks Leistungen in Riverdale ließen derweil nach. »Anerkennens-
wert, Jack, 75 von 100 möglichen Punkten – in Zukunft aber solltest Du

Dich um mehr bemühen«, schrieb ihm sein nachsichtiger und verständnis-
voller Rektor Frank Hackett im Februar 1930 in sein Zwischenzeugnis.
Aber Jacks Tage in der Riverdale Country Day School näherten sich dem
Ende. Auch er sollte auf ein Internat geschickt werden. Aber nicht nach
Choate.

Canterbury

Im Mai 1929, während ihr Mann mit Swanson in Kalifornien war, hatte
Rose Kennedy ihren zweiten Sohn für 1931 in Choate angemeldet. Eine
Hausmitteilung an Wardell St. John vom Frühjahr 1930 hält jedoch
einen Anruf von Rose fest, mit dem sie sich erkundigte, ob Jack schon im
Herbst 1930 nach Chaote kommen könne, und die Schule ersuchte,
»Jack die Aufnahmeprüfung zu ermöglichen, ohne daß er herkommt.
Die Prüfungsunterlagen zu schicken, wenn Beaufsichtigung durch einen
Lehrer arrangiert werden könne. Sie sagte, wir sollten die Entscheidung
über Jacks Eintritt im kommenden September noch nicht als endgültig
betrachten; sie seien sich noch nicht sicher, meinten aber, der Junge solle
die Aufnahmeprüfung machen. Joe ist dieses Jahr in der dritten Klasse,
also sollte Jack in die zweite eintreten. Beiliegend die Prüfungsbogen für
Englisch und Arithmetik und der Otis-Test für die zweite Klasse, falls Sie
auf den Wunsch eingehen wollen.«

Jack legte die Aufnahmeprüfung für das Choate-Internat im Juni 1930
unter Aufsicht in Hyannis Port ab. Dann aber änderte Rose Kennedy
wieder ihre Meinung. Der Sohn des Rektors von Choate (der später
selbst Rektor wurde) erinnerte sich, daß die Kennedys zwar erfreut
waren, daß Joe jr. sich allmählich in Choate einlebte und wieder bessere
Leistungen zeigte, aber Rose hatte das Internat wegen seiner protestantischen Ausrichtung – der Rektor, George St. John, war ein ordinierter
Geistlicher der Episkopalkirche – immer mit einer gewissen Reserve
betrachtet. Auf Anraten ihres Pfarrers beschloß Rose plötzlich in Abwesenheit ihres Mannes, Jack auf ein katholisches Internat in Connecticut
zu schicken, weiter landeinwärts als Choate: ein Ort ganz nach Roses
jetzt versteinertem Herzen, auf einem steilen, kalten Hügel am Rand der
Kleinstadt New Milford gelegen, geleitet von einem römisch-katholischen Priester. Es hatte weniger als hundert Schüler, und seine unfreund-
lichen, einzeln stehenden Häuser waren um eine große steinerne Kirche
in der Mitte gruppiert. Der Name des Internats lautete ironischerweise
Canterbury.

Am 24. September 1930 traf der dreizehnjährige Jack Kennedy in der Canterbury School ein. Er war einer von zweiunddreißig neuen Schülern.

War das Familienleben der Kennedys in Bronxville schon hart und lieblos, so zeigte sich das Internatsleben der Canterbury School von einer ungleich rauheren Seite. In der Pondfield Road hatte Jack wenigstens gelegentlich eine Mutter, selbst wenn sie keine mütterliche Wärme verströmte. Sein Vater, obschon die meiste Zeit abwesend, war wenigstens ein gelegentlicher Vater. Vor allem aber fand er im Kreis seiner Geschwister Trost und Nestwärme. Innerhalb des etwas spießigen, reglementierten Kennedy-Clans war er der Bücherwurm, »der Intellektuelle«, ein witziger Junge mit einer originellen Ausdrucksweise; ein Mitglied der Familie und doch einer, der sie distanziert sehen konnte; ironisch, oft frühreif spöttisch; unpünktlich, nachlässig in der Kleidung, ständig in Schwierigkeiten mit den Nachbarn; vor allem schon als Junge entschlossen, er selbst zu sein, statt sich der mütterlichen Schablone anzupassen.

Nun sah er sich dank Roses unerwarteter Entscheidung in einem fremden Institut in den bewaldeten Hügeln von Connecticut, umgeben nicht von seinen eigenen Brüdern und Schwestern, sondern von Vätern und Brüdern ganz anderer Art.

»Es ist nicht schlecht hier, aber am ersten Abend hatte ich ziemlich Heimweh«, räumte Jack in einem Brief ein. Die Handschrift war kräftig, mit weiten Wortabständen und hoch gestrichenen t's. Seine Bemerkungen, ob über sich selbst oder die Schule, waren ähnlich entschieden und zeigten ein betontes Selbstgefühl. »Das Schwimmbecken ist großartig, obwohl die Footballmannschaft ziemlich schlecht aussieht«, urteilte der neue Schüler. »Wir haben eine Menge Religion, und die Aufgaben sind ziemlich schwer. Man kann hier nur heraus, um [die Spiele] Harvard gegen Yale und die Army gegen Yale zu sehen. Nachts ist es eisig und tagsüber ziemlich kalt.«

Er hatte nicht die richtige Schulkleidung. »Bitte schick mir eine graue Hose wie Joes«, schrieb er an seine Mutter. »Die kann ich mit meiner blauen Jacke und den neuen schwarzen Schuhen tragen, und dann kann ich nächstes Mal in New York einen grauen Anzug anpassen. Meine Größe haben sie in N. Y. bei Sac's [sic]. Bitte schick mir auch meine grauen Knickerbocker, bis andere kommen.«

Ohne auf Jacks Bitte einzugehen, schickte Rose ihm einen Schulanzug, den er prompt mit der Bemerkung zurückgehen ließ, daß ihm die Farbe nicht gefalle und daß das Material »ziemlich kratzig« aussehe. »Ich hatte

ziemlich Heimweh, aber jetzt ist es o. k.«, schrieb er in einem anderen
Brief und fügte hinzu, er würde »ganz fromm sein, nehm ich an, wenn ich
nach Haus komme«, da er jeden Morgen und Abend an Gottesdiensten
und Andachten teilnehmen mußte. Die Internatsschüler von Canterbury
kamen fast ohne Ausnahme aus katholischen Häusern, und wenn der
klösterliche Geist der Schule auch seiner Mutter zusagen mochte – die
das Internat, in das sie ihren Sohn gesteckt hatte, nur einmal besuchte –,
war er für Jack eher eine Plage. »Es geht hier oben alles ziemlich gut, und
ich hab ein paar Mal 95 und 92 und 85 und 73 Punkte bekommen.
Naturwissenschaft ist ziemlich schwer, aber gestern hab ich 90 darin
bekommen. Wir haben am Dienstag religiöse Gespräche und am Mitt-
woch Katecismus [sic]. Viele Sachen sind mir geklaut worden«, meldete
er. »Meine Trainingsbluse, 5.00 Dollar, Briefmarken für 1.50 Dollar,
Füllhalter, Kissen und 35.00 Dollar mit vielem anderen Zeug.«
    Das Leben auf den Hockey- und Footballplätzen war ähnlich hart:
»Meine Nase, mein Bein und andere Teile meiner Anatomie haben so viel
abgekriegt, daß es anfängt, komisch zu sein. Ich versuch in der Schulzeitung mitzumachen. Schaut in die nächste Dienstagsausgabe über das
Spiel der Unterstufenmannschaft. Alles Liebe, Jack.«
    Mit dem Einbruch des Winters gab es »viel Schnee und Rodeln«. Jack
kaufte sich sogar einen Schlitten. »Hab Schlitten auf 3.00 Dollar runter-
gejudet, und vielleicht geht er noch weiter runter«, prahlte er im antisemitischen Tonfall der Schule in einem Brief an seinen Vater. »Benziger
[der Besitzer des Schlittens] ist mehr als blöd... Entschuldige Eile, aber
gleich läutet die Glocke.«
    Das Schlittenfahren erwies sich indessen als ebenso gefährlich wie
Football. Einer seiner Schulkameraden sauste mit sechzig Stundenkilo-
metern einen Hang hinunter und prallte unten gegen eine Mauer. Jack
fand den Jungen, wie er »am Boden lag und sich den Bauch hielt. Wir
hoben ihn auf, er wurde ohnmächtig, und so legten wir ihn auf meinen
Schlitten und zogen ihn fünfhundert Meter einen Hügel hinauf und dann
dreihundert Meter zur Schule. Er war ganz grau, und als wir ihn hinauf-
trugen, fiel er wieder in Ohnmacht. Eine Stunde später kam er ins
Krankenhaus, und er hatte ein weißgraues Gesicht. Ich glaube, vielleicht
wurde er gestern operiert, aber ich bin nicht sicher. Er hatte innere
Verletzungen, und ich mochte ihn gern. Das ist so ziemlich alles. Liebe
Grüße an alle, Euer Jack.«
    Alle Briefe, die Jack nach Haus schrieb, waren durchdrungen von
einem Element rastloser Unruhe, vielleicht ein Erbe seines geschäftigen
Großvaters Fitzgerald, der so lebhaft und individualistisch war. »Bitte

schick mir den Literary Digest«, schrieb er seinem Vater aus der Abge-
schiedenheit des Internats, »weil ich bis weit danach nichts von dem
Marktzusammenbruch wußte; oder eine Zeitung«, fügte er hinzu.

Joseph Kennedy mochte ein rücksichtsloser Spekulant sein, aber Jacks
Heimweh beunruhigte ihn. Er war über die Internatswahl seiner Frau
nicht glücklich. So begann er mit Wardell St. John über die Möglichkeit
zu korrespondieren, daß Jack nach Weihnachten nach Choate wechselte.
Rose wollte davon nichts wissen. Auch sie habe Heimweh gehabt, als sie
nach Holland in die Klosterschule geschickt worden sei, aber sie habe
durchgehalten. Sie sei entschieden dafür, daß Jack sein erstes Jahr in
Canterbury durchhalten solle, und die Leitung von Choate stimmte
widerwillig zu. »Als wir nichts hörten, nahmen wir an, daß Jack nach
Canterbury zurückkehren würde...«

»Dies ist eine bessere Lösung, obwohl wir Jack gern bei uns begrüßt
hätten«, schrieb Wardell St. John am 20. Januar 1931. »Jedenfalls«,
versicherte er Kennedy, »ist Jack für den nächsten Herbst fest vorge-
merkt.«

In die Einsamkeit von Canterbury zurückgekehrt, strengte Jack sich
an. Englisch fiel ihm leicht, nicht zuletzt, weil im Unterricht sein Lieb-
lingsautor, Sir Walter Scott, gelesen wurde, und brachte ihm mit 95
Punkten die beste Note, gefolgt von 93 in Mathematik, 80 in Geschichte,
78 in Naturwissenschaften und 68 in Latein (mit Fremdsprachen tat er
sich immer schwer).

Diese Anstrengungen erlitten indes einen Rückschlag, denn seine von
Natur aus anfällige Gesundheit ließ ihn, sei es aus psychosomatischen,
sei es aus rein physischen Gründen, wieder einmal im Stich. Ein Missio-
nar besuchte die Schule und hielt einen Vortrag über Indien – »einen der
interessantesten Vorträge, die ich je gehört hab«, schrieb der Dreizehnjährige –, »aber als er das Confiteor betete, wurde mir schwindlig. Ich
fiel einfach in Ohnmacht, und alles wurde schwarz, und ich fiel hin, und
Mr. Hume [der Rektor] hob mich auf. Jetzt bin ich in Ordnung«,
versicherte er seinem Vater, und fügte, typisch für ihn hinzu, daß sein
Bruder Joe »schon zweimal in der Kirche ohnmächtig geworden ist, also
werd ich es wohl überleben.«

Freilich zeigte sich bald, daß Jacks gesundheitliche Probleme von einer
anderen Art waren als die seines älteren Bruders. Jack nahm ab, und
seine Konzentrationsfähigkeit ließ nach. »Gestern wurde ich gewogen,
ich hab ein Pfund verloren und bin überhaupt nicht gewachsen«, schrieb
er seiner Mutter im Frühjahr 1931. »Ich glaub, das einzige, was mit mir
nicht stimmt, ist, daß ich ziemlich müde bin.«

Ein paar Monate davor hatte er geprahlt, daß »ich vielleicht nicht in der Lage bin, mich an Dinge wie Fahrkarten, Handschuhe und so weiter zu erinnern, dafür kann ich mich an Dinge wie *Ivanhoe* erinnern, und als wir letztes Mal eine Prüfung darüber hatten, bekam ich 98«. Diese Zeiten waren jedoch vorbei. »Er kann bessere Leistungen erbringen«, berichtete sein Rektor, nachdem er in Latein nur 55 Punkte bekommen hatte, die seinen Durchschnitt auf 77 drückten. »Tatsächlich sollte sein Durchschnitt um einiges über 80 liegen«, beklagte sich Dr. Hume. Jacks Vater sprach ein ernstes Wort mit dem Jungen, und ein geläuterter Jack schrieb seiner Mutter, daß er sich »ein wenig Sorgen wegen meiner Arbeit mache, weil er sagte, daß ich großartig angefangen hätte und dann abgesackt wär. Ich geb zu, daß ich nicht mehr als gewöhnlich gearbeitet hab und ziemlich gute Zensuren bekommen hab.«

In Sorge um Jacks Gesundheit ließ Joe Kennedy ihn die Osterferien in Palm Beach verbringen. »Ich hoffe, meine Noten werden besser, weil das die beste Art und Weise ist, mich für die Reise zu bedanken, nehm ich an«, schrieb Jack seinem Vater am 15. April. Er erhielt allerdings keine Gelegenheit, seine schulischen Leistungen zu verbessern, denn kaum war er nach Canterbury zurückgekehrt, als sich die Bauchschmerzen wieder einstellten. »Ein Chirurg und eine Krankenschwester wurden eingeflogen, um sich seiner anzunehmen«, erinnerte sich ein Lehrer. Der Chirurg, Dr. Verdi, hielt eine Blinddarmoperation für erforderlich, die im nahen Krankenhaus von Danbury ausgeführt wurde. Normalerweise eine Routineoperation, erwies sich der Eingriff als eine traumatische Erfahrung für den Jungen, und angesichts seiner langsamen Genesung wurde am 2. Mai beschlossen, ihn nicht zur Canterbury School zurückzuschicken, sondern ihn zur Rekonvaleszenz nach Hause kommen zu lassen und ihm Privatunterricht zu geben. Obwohl Jack seine Arbeit tat und die vorgeschriebenen Zwischenprüfungen für das Jahr bestand, bedeutete dies das Ende seiner Schulzeit auf dem katholischen Internat. »Es war keines von seinen besseren Jahren«, räumte Rose später ein.

Wieder schrieb Joe Kennedy an die Choate School, und wieder wurden Unterlagen für die Aufnahmeprüfung nach Hyannis Port geschickt. Mit einem Intelligenzquotienten, der nach dem Otis-Test 119 erreichte, und guten Ergebnissen in Englisch und Algebra, hatte Jack keine Schwierigkeiten, die Aufnahmebedingungen zu erfüllen – außer in Latein. Rose entschuldigte sich und versicherte Wardell St. John, Jack würde »hier jeden Tag mit einem erfahrenen Lehrer arbeiten, und ich hoffe – und werde dafür sorgen –, daß er den Anforderungen für das erste Jahr Latein dann gerecht wird«.

Wardell St. John erwiderte, er sei »besonders froh, daß Jack sich in
diesem Sommer auf Latein konzentrieren wird. Wir werden ihm am
2. Oktober gern Gelegenheit geben, die Lateinprüfung zu wiederholen,
denn es liegt uns ebenso wie ihm selbst daran, daß er die dritte Klasse
ohne Rückstand beginnen kann. Ich denke, Jack wird die Arbeit daran
einfach als etwas anzusehen haben, was getan werden muß, auch wenn
der Gegenstand vergleichsweise wenig bietet, was die Phantasie beflü-
geln kann. Vielleicht erwächst eine gewisse Inspiration aus dem Bewußtsein, daß man jede Arbeit nach besten Kräften tun sollte – wenn ich auch
mit Jack darin übereinstimme, daß Englisch und Geschichte an sich viel
interessanter sind. Trotz des Lateins wünschen wir Jack einen guten
Sommer. Wir meinen sogar, daß etwas Arbeit während der Sommermo-
nate schon unter dem Gesichtspunkt der Selbstüberwindung gewinn-
bringend ist.«

Wardell St. Johns Brief kennzeichnete den Stil würdiger Blasiertheit,
der für Choate charakteristisch war – eine Schule, mit der Jack Kennedy
eine seltsame Haßliebe verbinden sollte: das Schlachtfeld seines jugendlichen Ich.

Choate

Sich den ganzen Sommer im Belmore Tutoring Studio mit Nachhilfestun-
den in Latein abzuplagen, war für Jack das Fegefeuer. Gleichwohl zeigte
sich Bruce Belmore, sein Nachhilfelehrer, beeindruckt von dem Vierzehnjährigen und schrieb Wardell St. John, daß Jack »ein feiner Junge«
sei. »Er wird Choate Ehre machen.«

Joe jr. machte dem Internat mittlerweile nicht nur Ehre, sondern war
der Stolz seiner Eltern, die nach Roses Worten im Begriff waren, eine
»goldene Phase« in ihrem sonst so holperigen Eheleben einzuleiten.
Wenn man Swanson glauben will, hatte Joe seine amourösen Fangarme
lediglich nach einer neuen Schauspielerin ausgestreckt, Nancy Carrol;
aber die Gefahr einer Beziehung, die zum Auseinanderbrechen der Familie führen konnte, hatte abgenommen. »Als Joe erkannte, wie nahe er
daran gewesen war, seine Familie zu zerstören«, erinnerte sich ein
Freund, »beschloß er, daß er seine Begegnungen mit Frauen von nun an
auf einer beiläufigeren Ebene halten würde.« Im Frühsommer 1931
schlief er andererseits das letzte Mal mit Rose: das führte zu einer
neunten und letzten Schwangerschaft. Das Kind, im folgenden Februar
geboren – Rose war einundvierzig –, war ein Junge, für den Jack den

Taufnamen George Washington Kennedy vorschlug (weil er an Washingtons Geburtstag zur Welt gekommen war), der statt dessen aber auf den Namen von Joes treuem Helfer und Vertrauten, Edward Moore, getauft wurde.

Im Sommer 1931 trat zunächst Joe jr. ins Rampenlicht der Familie, als er stolz den Rolls Royce auf den Flugplatz von Hyannis auf Cape Cod steuerte, um Russell Boardman zu begrüßen, dessen Flugzeug *Cape Cod* kurz zuvor den längsten Nonstopflug in der Geschichte unternommen hatte: achttausendachthundert Kilometer in neunundvierzig Stunden. Vor Tausenden von Zuschauern, an der Spitze von sechs Musikkapellen, einem Trommlerzug und sechzig geschmückten Festwagen fuhr Joe jr. den berühmten Flieger und seinen Copiloten durch die Straßen von Hyannis Port zu einem großartigen Bankett. Vielleicht keimte bei diesem Anlaß in Joes Brust der Wunsch, eines Tages selbst ein Fliegerheld zu werden.

Mit sechzehn war Joe jr. zu einem großen, stämmigen Burschen herangewachsen, von wachem Verstand, schlagfertig und entschlossen, den Vorstellungen seines Vaters zu entsprechen. »Joe hat sich zu einem der ›großen Jungen‹ der Schule entwickelt, auf die wir uns verlassen«, vertraute die Frau des Rektors Mrs. Kennedy ein paar Tage nach dem Beginn des neuen Schuljahres mit. Jack hingegen hatte die Mitteilung verlegt, die ihn benachrichtigte, wann er zu seinem dritten Versuch, die Aufnahmeprüfung zu bestehen, erscheinen sollte. Er bat seine Mutter, sich für ihn bei der Schule zu erkundigen, und erschien am 2. Oktober 1931 in Choate, wo er die Lateinprüfung wiederholte und diesmal bestand, so daß er in die dritte Klasse aufgenommen wurde.

»Alle mögen Ihren Jungen«, schrieb die Frau des Rektors bald an Mrs. Kennedy, »und er erobert sich rasch einen festen Platz im Leben der Schule.« Jack sei mit den anderen neuen Schülern »heruntergekommen, um Eis zu essen, miteinander vertraut zu werden und zu Klavierbegleitung zu singen«, schrieb sie Mrs. Kennedy. Ihr Mann, George St. John, war ebenso fürsorglich um das Wohlergehen des neuen Kennedy besorgt und bemerkte, daß Jack »im Speisesaal nicht weit von mir am Tisch sitzt, wo ich ihm dreimal am Tag ins Auge sehe, und er fühlt sich wohl«.

Wenige Wochen später änderte sich der Ton des Rektors. Jacks eckiger Kopf schien nicht in das runde Choate-Loch zu passen, das ihm zugewiesen war. Der für sein Internatsgebäude zuständige Lehrer, Earl Leinbach, berichtete: »Jack hat eine einnehmende Persönlichkeit und wird von allen Jungen im Haus freundschaftlich aufgenommen, aber Regeln sind nicht gerade sein Fall.«

Das war sehr gelinde ausgedrückt. Jack war mit Godfrey Kauffmann, dessen Vater Eigentümer der Tageszeitung *Washington Star* war, in dem alten Holzhaus untergebracht, das als »Schulhaus« bekannt war. Kauffmann ärgerte sich über Jacks Unordentlichkeit nicht weniger als Jacks älterer Bruder. Nur durch eine Kommode voneinander getrennt, standen ihre Betten zu nahe beisammen, um Bequemlichkeit zu bieten – zumal Kauffmanns Bett am Fenster stand, während Jacks an den Kleiderschrank stieß, der sich rapide in einen Abfallhaufen verwandelte. Kauffmann hatte seinen antiken, eichenen Schreibtisch und einen dazu passenden Drehsessel mit ins Internat gebracht, außerdem ägyptische, mit Applikationsstickerei verzierte Wandbehänge. »Es gab einen kleinen Teppich oder Vorleger – oder vielleicht zwei«, erinnerte er sich, »denn ich weiß noch genau, daß wir den Raum nach einem größeren Streit aufteilten, mit seinen Sachen auf einer Seite und meinen auf der anderen.«

Jacks Besitztümer waren mit Ausnahme seiner Lieblingsbücher minimal, da er aus einer Familie kam, die zwar Geld, aber weder Kunstgegenstände noch antike Möbel besaß. »Wegen ihrer explosiven Temperamente baten Jack und Godfrey mehrfach darum, getrennt zu werden«, erzählte Leinbach, und schließlich blieb ihm nach einem zweitägigen Dauerstreit der beiden Jungen nichts übrig, als die Sache einer höheren Autorität vorzutragen, was, wie Kauffmann sich erinnerte, »die Meinungsverschiedenheit ziemlich abrupt beendete«.

Leinbach hatte diesen Streit beigelegt, aber seine Mühen mit Jack Kennedy begannen erst. Leinbach hatte im Weltkrieg als Geheimdienstoffizier gedient, lehrte Mathematik, trainierte die Footballmannschaft und war mit einer schönen Blondine aus South-Carolina verheiratet, die von allen Jungen bewundert wurde. Leinbach war im Krieg »bei einem Spionageunternehmen hinter den deutschen Linien in Gefangenschaft geraten, soviel ich weiß«, erzählte ein weiterer Sohn des Rektors, Seymour St. John. »Er sollte als Spion erschossen werden, aber in einer Weise, die ich nie ganz verstanden habe, scheint es ihm gelungen zu sein, seine Bewacher zu entwaffnen und zu fliehen. Er war ein Mann, dem ich das zutrauen würde. Leinbach mochte Jack, er hatte Jungen gern, das war seine Grundeinstellung.«

Diese Grundeinstellung sollte von großer Bedeutung für einen talentierten Jungen sein, der nur wenig Mutterliebe erfahren hatte. Der Rektor berichtete später gern von Leinbachs »Genius« in der Behandlung junger Menschen, aber das Geheimnis lag wohl eher in Jacks Respekt vor dem soldatischen Mut seines Lehrers und seiner Dankbar-

keit für dessen Zuneigung. Am Ende des ersten Monats meldete Leinbach eine »allmähliche Besserung« im Benehmen des Jungen und bemerkte, daß es »Jack schwerfällt, sich ruhig zu verhalten, weil er von
Natur aus aktiv und impulsiv ist, aber er hat reagiert und ist jetzt
ausnehmend kooperativ. Er ist in jeder Hinsicht ein feiner Kerl.«

Das Lob war etwas voreilig, denn Jacks Leistungen im Unterricht
ließen sehr zu wünschen übrig. In der dritten Klasse gab es keinen
Geschichtsunterricht, und das gefürchtete Latein unter Mr. Warren
nahm viele Stunden des Lehrplanes ein, desgleichen Französisch, und
keines der beiden Fächer war geeignet, »seine Phantasie zu befeuern«.
Obwohl Jack im Englischen gute Leistungen bot, war der Rektor unzu-
frieden. »Jacks Resultate reichen noch nicht an den Standard heran, den
wir für ihn gesetzt haben... Sein Problem ist noch immer das der Aufmerksamkeit«, schrieb er an Joe Kennedy, der ihm antwortete, daß er
»die Bemerkungen seines Lehrers zu Jacks Fortschritten im ersten Monat
mit großem Interesse gelesen habe. Ich stimme Ihnen völlig zu. Ich
glaube, daß Jack große natürliche Fähigkeiten hat, aber nachlässig in
ihrer Ausbildung ist. Wenn er nicht ziemlich strikt überwacht wird,
könnte sich das im Laufe der Zeit gegen ihn auswirken.«

Dies blieb Joseph Kennedys Standpunkt während der nächsten vier für
Jack prüfungsreichen Internatsjahre, ein Standpunkt, der sich nahtlos
Rose Kennedys vierzehnjährigen Bemühungen um eine Erziehung zu
Ordnung und Disziplin anfügte. Während Rose Kennedy sich damit
zufrieden gab, ihre Kinder aus der Ferne mit formelhaften Warnungen
und Ermahnungen über Gesundheit, Haltung, Zähne, Sehkraft und
Eßgewohnheiten zu traktieren, war Joseph Kennedys Zugang zu elter-
licher Anleitung noch einfacher: er wurde nicht müde, seinen Kindern
einzutrichtern, daß es im Leben darauf ankomme, sich mit anderen zu
messen und zu gewinnen. »Nicht ein einziges Mal in mehr als zweihun-
dert Briefen«, räumte der Familienchronist ein, »trug er seinen Kindern
irgendwelche moralischen Grundsätze als Leitlinien ihres Denkens und
Handelns vor. Im Gegenteil, er betonte ihnen gegenüber allein die Wichtigkeit des Gewinnens um jeden Preis und des Vergnügens, erster im Ziel
zu sein.«

Aber wie sollte Jack als erster ans Ziel kommen, wenn Joe jr. auf
Choate bereits eine Starrolle spielte?

Schwarzes Schaf

Wie in Canterbury wurde Jack auch in Choate bald krank. Im November 1932 lag er im Krankenzimmer des Internats, und als er zum Erntedankfest nach Hause kam, war sein Vater unangenehm überrascht. »Jack sieht ein wenig dünn aus«, klagte er in einem Brief an den Rektor. »Vielleicht ißt er noch immer nur die Dinge, die ihm besonders gut schmecken«, fügte er hinzu, eine Bemerkung, der bald ein Sturzbach von Sendschreiben folgte, die Rose Kennedy an die Frau des Rektors richtete und in denen sie darauf bestand, daß Jack regelmäßig Lebertran zu sich nehme.

Nach den Weihnachtsferien ins Internat zurückgekehrt, wurde Jack erneut krank und mußte wieder ins Krankenzimmer verlegt werden. »In seinem lavendelfarbenen Bademantel und dem lavendelfarbenen und grünen Pyjama sah Jack höchst malerisch aus und schien sich für einen angenehmen Aufenthalt einzurichten«, meldete Clara St. John der Mutter des Jungen. »Ich sagte Jack, daß Mr. St. John ihm eine gute Note geben würde, wenn er entdeckte, daß Jack all seine Schulbücher mit ins Krankenzimmer genommen hatte.«

Der Aufenthalt zog sich hin. Inzwischen diskutierte Mrs. Kennedy Jacks Gesundheit mit ihrer Kinderschwester. »Sie und ich erinnern uns, daß er vor ungefähr drei Jahren etwas ähnliches hatte«, schrieb sie Mrs. St. John. »Damals hatte er Mumps, und der Arzt dachte, es wäre eine Erkältung, die sich festgesetzt hatte. Ich schreibe Ihnen dies in der Hoffnung, daß es dem Arzt helfen könnte, die Krankheit zu diagnostizieren.«

Das tat es nicht. Auch Keplers Malz, Roses bevorzugtes Hausmittel, versagte. »Seien Sie nicht entmutigt, wenn ich Ihnen schreibe, daß Jack noch immer im Krankenzimmer ist«, entschuldigte sich Clara St. John bei Mrs. Kennedy. »Ich bin von Anfang an offen und ehrlich mit Ihnen gewesen, und es geht ihm jetzt nicht schlechter, und wir sind in keiner Weise um ihn besorgt, aber er hat noch immer einen Husten, und es scheint nicht zweckmäßig, ihn in sein Zimmer zurückkehren zu lassen, wo er zu den Mahlzeiten bei jedem Wetter hinausgehen muß (es hat fast immer geregnet!) und nicht Stunde für Stunde beobachtet werden kann.«

Schließlich wurde Jack entlassen, obwohl der Arzt zu keiner Diagnose gelangt war. »Endlich kam ich aus dem Krankenzimmer, und der Doktor sagte, daß ich nicht Mumps habe«, schrieb Jack einem Freund in Lawrenceville. Und Rose Kennedy zuliebe instruierte Mrs. St. John den Leiter von Jacks Internatshaus, dem Jungen »Keplers Malz zu geben, bis er voll ›Pep‹ ist«. Rose wiederum hatte inzwischen Nachricht von Jack bekommen und war so alarmiert, daß sie sofort an die Schule schrieb:

> Liebe Mrs. St. John,
> ich entnehme Jacks letztem Brief, daß es ihm viel besser geht, und er sagte auch etwas darüber, daß er im Erfrischungsladen der Schule ißt, um sich »aufzubauen«. Ich war ein bißchen besorgt über diese Andeutung, weil der Erfrischungsladen für mich gewöhnlich Süßigkeiten bedeutet, und Jack kennt keine Besonnenheit; tatsächlich hat er für meine Begriffe niemals genug Gemüse gegessen.

Rose Kennedy befand sich zu dieser Zeit im letzten Monat ihrer Schwangerschaft und war unpäßlich, während ihr Mann sich mit Geschäftskumpanen und anderen Frauen die Zeit in Florida vertrieb. So flossen viele Frustrationen in diese Sendschreiben ein, die, wie St. Johns Sohn später sagte, »meine Mutter an den Rand des Wahnsinns brachten«.

Jack war nicht der einzige Gegenstand von Roses Nörgelei; sie war auch aufgebracht über die wachsende Beliebtheit ihrer zwölfjährigen Tochter Kathleen bei den Jungen. Die lebhafte Kathleen »hing stundenlang am Telefon und wurde von Jungen, die sie zur Samstagnachmittagsvorstellung ins Kino einluden und so weiter von ihren Schularbeiten und anderen Pflichten abgelenkt. Meine Antwort auf die Situation war, daß ich sie ins Internat schickte«, erklärte Rose, und sie bestand darauf, daß Kathleen in eine der Internatsschulen der Ordensschwestern vom Herzen Jesu geschickt wurde, wo sie selbst, freilich erheblich älter als Kathleen, so unglücklich gewesen war.

Unterdessen empfand Jack den ständigen Leistungs- und Konformitätsdruck als unerträglich. Immer öfter suchte er Zuflucht im Krankenzimmer, obwohl ihm dies wenig elterlichen Trost eintrug. »In jenen Jahren machte ich mir oft Sorgen um seine körperliche Gesundheit, und sein Vater mit mir«, schrieb Rose über Jack. »Doch zur damaligen Zeit waren wir beide die Vorstellung gewohnt, nehme ich an, daß er dann und wann mit irgendeiner Krankheit oder einem kleinen Mißgeschick bettlägerig war. Was uns genausoviel oder noch mehr Sorgen bereitete, war sein mangelnder Fleiß in der Schule; oder sagen wir besser, seine mangelnde Energie und Beharrlichkeit, auch in den Fächern etwas zu leisten, die ihn nicht zufällig interessierten.« Während Joe jr. »überhaupt keine Probleme« hatte, mit dem »sehr durchstrukturierten« System der Choate School zurechtzukommen, »konnte oder wollte Jack sich nicht anpassen. Was er wollte, war ihm wichtiger als das, was die Schule von ihm wollte.«

Das Ergebnis war ein weiteres Bündel enttäuschender Zeugnisse und Beurteilungen. »Jacks Problem bleibt, mit der Ausnahme des Englischen, im wesentlichen dasselbe«, schrieb Mr. St. John an Mr. Kennedy. »Jack möchte Erfolg haben und ist unglücklich über seine Resultate. Es bleibt jedoch eine Tatsache, daß ihm gegenwärtig Beständigkeit und Konzentration fehlen, um seine Arbeit wirklich zufriedenstellend zu tun. Aber die Fähigkeit ist durchaus vorhanden – es ist nur eine Frage der Reife.«

Jack verbrachte die Osterferien zu Haus, war aber kaum ins Internat zurückgekehrt, als er an einer seltsamen »Schwellung« des Halses erkrankte und eine weitere Woche im Krankenzimmer der Schule lag. Diesmal wurde seine Erkrankung als »nicht infektiöse Parotitis« – Mumps diagnostiziert. Seine schlechten Noten in Französisch und Latein bereiteten St. John jedoch mehr Sorgen. »Lernt Jack jetzt fleißiger und beharrlicher?« fragte der Rektor den Hausleiter Leinbach.

Dieser antwortete geduldig, daß er jeden Schritt seines Lehrplanes mit Jack durchgearbeitet habe. »Jeden Tag muß er bei mir Nachhilfeunterricht in einem Fach nehmen, wo er Schwierigkeiten hat. Jeden Abend lasse ich ihn seine französischen und lateinischen Vokabeln wiederholen. Er darf sein Zimmer während der für Hausaufgaben vorgesehenen Zeit nicht verlassen. Ich habe mit ihm Algebra gemacht. Es bleibt nichts unversucht. Die Schwierigkeit liegt in Jacks Unreife und seiner Unfähigkeit, sich wirklich zu konzentrieren. Was das ganze Problem schwierig macht, ist Jacks gewinnendes Lächeln, seine charmante Persönlichkeit... Man kommt nicht daran vorbei, daß er *wirklich* amüsant ist.«

Jacks Ruf als Witzbold und Clown kam offenbar in dieser Zeit zustande. Offensichtlich suchte er eine Identität, die sich von der seines pflichtbewußten älteren Bruders und den Vorstellungen seiner Mutter abhob. Als Rose frische Orangen aus Florida schickte, um Jack die Süßigkeiten abzugewöhnen, gebrauchte er sie bloß als Wurfgeschosse, mit denen er Passanten bombardierte. Ein Teil von ihm sehnte sich noch immer nach dem »Waisenhaus« daheim in Bronxville, und in einem Brief bat er sogar, daß ihm erlaubt werde, für den jüngsten Bruder Edward den Taufpaten zu machen, da sein älterer Bruder für die Schwester Jean Taufpate gewesen war. Seine Briefe waren immer voller Bezüge auf seine jüngeren Geschwister, denn wenigstens sie blickten zu ihm auf und waren mit ihm in das Familiengeheimnis eingeweiht: den unerklärten Krieg zwischen ihren Eltern mit seinen manischen und repressiven Rückwirkungen.

»Wir waren wirklich organisiert. Es war außerordentlich, wie sie uns alle – ich glaube, das richtige Wort ist: disziplinierte«, sagte Eunice später über ihre Mutter. In Bronxville gab es ein Badezimmer im Erdgeschoß, und nach dem Frühstück »gingen wir im Gänsemarsch hinein und richteten uns her. Dann kamen wir genauso heraus und unterzogen uns einer Inspektion auf Flecken an unseren Kleidern und allgemeine Sauberkeit.« Wenn aber Joseph Kennedy zu Hause war, wurde Rose unsichtbar: »Sie ließ ihn die Dinge in die Hand nehmen.« Joe Kennedy »mochte es nicht, wenn die Kinder im Haus blieben«, erinnerte sich Eunice. »Soweit ich mich erinnern kann, blieb ich das erste Mal in meinem Leben tagelang drinnen, als ich über dreißig war und einen Säugling hatte und im Haus bleiben mußte... Und ich dachte, wie komisch, manche Leute bleiben den ganzen Tag zu Hause und lesen.« Wenn Joseph Kennedy »entdeckte, daß die Kinder faul herumlagen und sich entspannten«, erzählte Kathleen einem Biographen später, »scheuchte er sie mit dem Befehl auf: ›Geht und *tut* was!‹«

Er war »immer ziemlich barsch«, sagte Jack einmal. »Ich glaube nicht, daß seine Gesundheit gut war, er lebte immer in einer nervösen Anspannung, er spekulierte und so weiter. Also war er immer etwas gebieterisch... Immer betonte er den Wettbewerb, daß wir stets vorn sein müßten... Ich meine damit, er wollte uns eigentlich stets in Aktion sehen.«

In der recht unintellektuellen Atmosphäre der Familie war es kein Wunder, daß Jack von seinen Geschwistern als Außenseiter betrachtet wurde. Eunice drückte es so aus: »Jack war der Beste in allen intellektuellen Dingen und nahm sie für sich allein in Anspruch.« Er war auch der Witzbold der Familie: stets zu Scherzen aufgelegt, respektlos, nachlässig und stets verspätet, unfähig oder unwillig, sich wie die anderen Kinder Roses besessener Betonung von Ordnung, Sauberkeit und guten Manieren zu beugen.

Die Internatsschule, wenngleich in ihrem Beharren auf denselben Werten und ihrer Manie für Regeln noch schlimmer als Rose, lieferte Jack wenigstens eine Menge Ziele für seinen Spott – und ein größeres Publikum als zu Hause.

Einmal stahl Jack ein lebensgroßes, ausgeschnittenes Aufstellplakat von Mae West aus dem Kino in Wallingford und legte es in sein Bett, um am nächsten Morgen die Reinemachefrau zu erschrecken. Zu den Gottesdiensten erschien er mit der gleichen Verspätung wie zum Unterricht. Im Frühjahr 1932 spitzte sich die Lage zu: Das Zwischenzeugnis war schlecht, und es wurde wahrscheinlich, daß Jack die Versetzung verfehlen würde. Rose war wütend, wie Mrs. St. John Jacks Studienleiter berichtete: »Ich bekam einen leidenschaftlichen Anruf von Mrs. Kennedy, in dem sie verlangte, die Dinge müßten so geregelt werden, daß Jack diesen Sommer keinen Nachhilfeunterricht nehmen müsse. Sie sagte, daß es ihr mit neun Kindern unmöglich sei, die zusätzliche Bürde auf sich zu nehmen. Mrs. Kennedy hofft inständig, daß Jack diesen Sommer nicht für die Schule arbeiten wird, weil das ein großes Hindernis für die Pläne der Familie sein würde.« Mrs. St. John verständigte gleichzeitig Jacks Hausleiter. »Wollen Sie so gut sein, und dies in einem Gespräch mit Jack hervorheben?« Sogar der Schulsekretär drängte Mr. Leinbach, er solle »mit Jack Kennedy sprechen und ihn wenn möglich ansporren, sein Schuljahr gut zu beenden, damit er in den Sommerferien nicht zu arbeiten brauche. Seine Mutter rief Mrs. St. John eigens an, um sie zu bitten, daß dies nach Möglichkeit vermieden werde.«

Jacks Studienleiter blieb jedoch fest. »Jack Kennedy hat einen hohen Intelligenzquotienten und ist einer der unzuverlässigsten Jungen in der dritten Klasse«, erwiderte er unheilverkündend. »Ich sehe nicht, wie wir durch irgendein Mittel garantieren können, daß er diesen Sommer keinen Nachhilfeunterricht benötigen wird. Wir könnten sie von all ihren Sorgen befreien, wenn sie ihn den Sommer über hierließe.«

Wie sich herausstellte, war sein Verbleiben im Internat während der Sommerferien unvermeidlich. Trotz der Anstrengungen seiner Lehrer versagte Jack in den Schlußexamen für Französisch und Latein. Der Französischlehrer, Mr. Davis, mochte Jack. In einer Anspielung auf sein ungekämmtes, buschiges Haar gab er ihm den Spitznamen »Le Petit Chou«, aber nichts, was er tat, konnte Jacks Interesse an der französischen Sprache wecken. »Außer körperlicher Gewalt gibt es tatsächlich kaum etwas, was ich nicht versucht habe!« klagte er in einer Hausmitteilung an den Rektor. »Seine Arbeiten sind chaotisch, und unweigerlich vergißt er Bücher, Bleistift oder Papier.«

In Mr. Leinbachs Beurteilung klangen jetzt ähnlich verzweifelte Töne an. »Impulsive Regungen bestimmen jede seiner Handlungen, aber selten sind sie boshaft – nur die Launen und Einfälle eines Halbwüchsigen. Dies verleiht seinem schulischen Antrieb Unbeständigkeit, mit daraus folgender Mittelmäßigkeit«, schrieb Leinbach. »Seine Aufmerksamkeit auf eine ihm zugewiesene Aufgabe zu konzentrieren und dabei zu bleiben, fällt ihm äußerst schwer, weil er von flüchtigen Einfällen ganz anderer Art übersprudelt.«

»Wann immer Jack ein sauberes Hemd oder einen Anzug will«, fuhr Leinbach fort, »muß er jedes Hemd oder Anzug aus dem Schrank ziehen, und dann ›hat er nicht die Zeit‹, sie wieder einzuräumen. Sein Zimmer wird jeden Tag morgens und abends inspiziert, und immer finde ich den Boden bedeckt mit Gegenständen jeder Art. Wenn er mich hereinkommen sieht, fängt er sofort an, alles in Ordnung zu bringen. Er tut es bereitwillig und bemerkt oft: ›In diesem Haus läßt man mir auch gar nichts durchgehen.‹«

Gegenüber Jacks Vater räumte der Rektor den Mißerfolg ein. »Wir haben es mit einem wirklichen Problem zu tun, einem größeren als wir in einem Jahr bewältigen konnten. Wir haben uns die größte Mühe gegeben, aber das Maß an Erziehung und Selbsterziehung, welches Jack braucht, um leistungsfähig zu werden, ist zuviel für uns gewesen. Wenn Jack mein Junge wäre, würde ich ihn vom 7. August bis zum 15. September zur Sommerschule hierlassen. Ich bin der Überzeugung, daß Jack jetzt lernen muß, daß Arbeit, die nicht während des regulären Schuljahres getan worden ist, im Sommer nachgeholt werden muß.«

Mr. Kennedy stimmte zu. Der stellvertretende Leiter der Sommerschule schrieb am 30. Juli direkt an Jack und forderte ihn auf, sich am 7. August mit den anderen Kandidaten einzufinden, »um die Lehrpläne aufzustellen und am nächsten Morgen pünktlich mit der Arbeit zu beginnen«.

Jacks Traum von Sommerferien am Cape Cod, vom Segeln mit dem neuen Starboot, das sein Vater gekauft und zu Ehren von Edwards Geburt *One More* getauft hatte, war wie eine Seifenblase zerplatzt. »Ich freue mich, daß du kommen wirst«, fügte der stellvertretende Leiter hinzu, »denn ich glaube, du brauchst wirklich, was die Sommerschule zu geben hat.«

Was die Sommerschule zu geben hatte, war indessen nicht, was Jack Kennedy wollte. Obwohl er von nun an sicher ging, nie wieder durchzufallen, dachte er keineswegs daran, sich zu ändern.

Eine verpaßte Gelegenheit

Im Januar und Februar 1933 lag Jack die meiste Zeit mit seltsamen, grippeähnlichen Symptomen im Krankenzimmer des Internats. Er hatte auch Schmerzen im Knie, was seine Mutter in Bronxville ohne zu zögern dem Umstand zuschrieb, daß er »in den letzten zwei oder drei Jahren darauf bestanden hatte, billige Schuhe mit Gummisohlen zu tragen«. Seymour St. John, der Sohn des Rektors, erinnerte sich, daß »die Berichte über Jack während des Winters sich wie ein Auszug aus einem Krankenhausregister« ausnahmen. »Zwischen Rose Kennedy und meiner Mutter flog die Korrespondenz hin und her. Augen, Ohren, Zähne, Knie, Rist, vom Kopf bis zu den Zehenspitzen bedurfte Jack ärztlicher Fürsorge.«

Auch Jacks Vater schrieb. Ihm ging es allerdings nicht um Jacks Gesundheit, er beanstandete in einem Brief an seinen Sohn, »daß für den Monat März eine Rechnung über 10.80 Dollar für das Bügeln eines Anzuges aufgeführt ist. Das kommt mir sehr hoch vor, und wenn ich auch möchte, daß Du ordentlich aussiehst, denke ich doch, daß es nicht notwendig sein würde, Deine Kleider so oft bügeln zu lassen, wenn Du etwas mehr Zeit darauf verwenden würdest, sie aufzuheben und in den Schrank zu hängen, statt sie am Boden liegen zu lassen.«

Joseph Kennedy war enttäuscht. Er hatte Gouverneur Franklin D. Roosevelts Präsidentschaftskandidatur mit beträchtlichen Mitteln unterstützt. Nach all der Aufregung um Roosevelts Nominierung, Wahl und Amtseinführung, hatte der neue Präsident Kennedy jedoch keinen Posten in seiner neuen Administration angeboten. So wandte Kennedy sich wieder seiner Spezialität zu, dem Aktienmarkt. Innerhalb weniger Monate war er in den berüchtigten Libby-Owens-Ford-Börsenskandal verwickelt. Dies war ein Manöver, das es bewußt darauf anlegte, zwei gleichnamige Gesellschaften im Bewußtsein der Anleger zu vermengen. Es brachte Kennedy im Sommer 1933 ein weiteres Vermögen ein. »Während des Wahlkampfes hatte er sich immer wieder klar für die Notwendigkeit ausgesprochen, das Börsensystem zu reformieren, um den Kleinanleger zu schützen«, berichtete der Chronist der Kennedy-Familie traurig. »Nun aber, da Roosevelt ihm die kalte Schulter zeigte, war er fähig, alles zu ignorieren, was er zuvor gesagt hatte, um nur in seinem Eigeninteresse zu handeln«, gleichgültig gegen »die Auswirkung seiner Profitmacherei auf den kontinuierlich fallenden Aktienmarkt.«

Unterdessen kämpfte Jack darum, einen weiteren Sommer Nachhilfeunterricht zu vermeiden. Seine Zeugnisse für das Schuljahr 1932–1933 waren tatsächlich die besten, die er in Choate je erreichen sollte: 81 Punkte in Englisch, 71 in Algebra, 73 in Französisch und 69 in Latein (ein gefürchtetes Fach, das er aufgeben konnte, sobald er die Eintrittsprüfung für die College-Oberstufe mit 75 Punkten in Latein und 82 in Algebra bestanden hatte).

Jacks Lehrer waren erfreut. Er hatte eine »ausgezeichnete Examensarbeit« in Englisch geschrieben, trotz chronischer Rechtschreibfehler. Auch seine Algebra war »ein Fortschritt für ihn insofern, als sie sauber, genau (nicht ein Flüchtigkeitsfehler) und intelligent gelöst wurde«, bemerkte Mr. Leinbach. »Er kann eine bewundernswerte Zähigkeit an den Tag legen, wenn er sich vor einem Hindernis sieht. Er folgt meinen Schritten, bis er die Schwierigkeit versteht und in den Griff bekommt. Ich erwarte stetige Fortschritte... Jack hat angestrengter denn je gearbeitet und den Erfolg verdient.«

Der Französischlehrer beklagte sich dagegen, daß Jack »ständig Fragen stellt, die in keinem Zusammenhang mit dem behandelten Stoff stehen, um den Schwierigkeiten französischer Grammatik aus dem Wege zu gehen«. So beurteilte die Schule Jacks Fortschritte insgesamt zurückhaltend, besonders im Vergleich mit den beispielhaften Leistungen seines älteren Bruders, der im Juni seine Ausbildung mit einem Glorienschein beendete, als er die begehrte Harvard Trophy gewann, die dem Schulabgänger zugesprochen wurde, der schulische und sportliche Leistungen am besten vereinte.

»Es muß Sie sehr stolz machen, wie es auch uns stolz macht, daß Joe diesen Preis gewonnen hat«, schrieb St. John an Mr. und Mrs. Kennedy, die wieder einmal verhindert gewesen waren, dem großen Tag beizuwohnen. »Ich wünschte, Sie hätten am Samstag hier sein können, um Ihre beiden Jungen an den Leichtathletikwettbewerben teilnehmen zu sehen und mitzuerleben, wie Joe mit hundertzwanzig anderen Schulabgängern zur Preisverleihungszeremonie aufmarschierte. Er ist einer der Burschen, auf die wir uns vollständig verlassen konnten, und der Gedanke, daß er uns verläßt, schnürt uns die Kehle zu.«

Im Gegensatz dazu schauderte es einigen Oberstufenlehrern bei dem Gedanken, daß Jack Kennedy zu ihnen kommen würde. Auch er selbst war nicht begeistert über die Aussicht auf zwei weitere Jahre Knechtschaft im Internat. »Wir sehen uns im nächsten Herbst – was zu verdammt früh ist, um ein Trost zu sein«, schrieb er seinem Klassenkameraden K. LeMoyne (»Lem«) Billings Ende Juni aus Cape Cod.

Zur Belohnung für seine guten Leistungen im Internat durfte Joe jr. nach England reisen, wo er auf Anraten des Bundesrichters Felix Frankfurter ein Jahr an der London School of Economics unter Professor Harold Laski studieren sollte. Jacks Eltern begleiteten Joe jr. und nahmen als Gäste den Sohn des Präsidenten, James Roosevelt, und seine Frau mit. In einem letzten Versuch, der, wie er es sah, weiterer Einkerkerung im Internat zu entgehen, bat Jack um Erlaubnis, seine Eltern auf ihrer Europareise zu begleiten. Vielleicht aus einem Schuldgefühl über die siebzehn Auslandsreisen, die sie seit dem Ende der Swanson-Affäre ohne ihre Kinder unternommen hatte, erklärte Rose sich bereit, Mr. St. John anzurufen und seine Meinung zu erbitten.

»Sagte, sie frage sich, was wir davon hielten, wenn Jack die ersten fünf Wochen der Schule fernbliebe«, notierte Mr. Owen, der Schulsekretär, am 23. September. »Es scheint, daß die Kennedys mit James Roosevelt und Frau nach Europa reisen, um dort mit bedeutenden Leuten zusammenzukommen – Mussolini etc. Mrs. Kennedy meint, es wäre zu dumm, wenn Jack solch eine Gelegenheit versäumte. Fahren in drei oder vier Tagen.«

Roses Anfrage brachte die Schule in eine schwierige Lage. »Es wäre wirklich schade, wenn Jack jetzt fünf Wochen Unterricht versäumen würde, nachdem wir so viele Schwierigkeiten hatten, ihn in Schwung zu bringen. Ich versprach Mrs. Kennedy, daß ich die Sache mit verschiedenen Lehrern besprechen würde, die Jack unterrichtet hatten, und daß ich sie am nächsten Tag zur Mittagszeit anrufen würde«, berichtete Mr. Owen dem Rektor, der verreist war. Nach den Gesprächen rief er »Mrs. Kennedy am Sonntagmittag an. Ich versuchte ihr beide Seiten der Medaille zu zeigen und ließ sie ihre eigene Entscheidung treffen. Sie wollte mit Mr. St. John oder Mr. Steele sprechen, aber mir war völlig klar, daß sie lediglich eine zustimmende Antwort von ihnen wollte, während ich wirklich meine, daß sie die Entscheidung selbst treffen sollte – oder wenigstens sie und Mr. Kennedy.«

Jack war sehr niedergeschlagen, als entschieden wurde, daß er nicht mitreisen würde, um so mehr, als er erfuhr, daß sein Vater vor der Abreise einen Brief an den Rektor geschrieben hatte, in dem er Mr. St. John nahelegte, Jack energisch zur Arbeit anzuhalten. »Ich meine, es kommt jetzt grundsätzlich darauf an, die absolute Notwendigkeit zu beachten, daß er voll in die schulischen Pflichten und Aufgaben eingespannt bleibt... Er hat noch immer eine Neigung, in Einzelheiten nachlässig zu sein, und ist tatsächlich nicht sehr entschlossen, Erfolg zu haben.«

Mr. Kennedys Brief hatte ernste Wirkungen, denn St. John schrieb prompt zurück, daß Jack nun in den Westflügel der Schule übersiedeln und in die Obhut J. J. Mahers kommen würde, der in der Schule als strenger Zuchtmeister bekannt und gefürchtet war. »Es gibt keinen besseren Mann auf Erden«, versicherte St. John Mr. Kennedy. »Maher hat meine drei Söhne aufgezogen, und unsere ganze Familie steht für immer in seiner Schuld.«

Ernste Krankheit

Für viele Internatsschüler war J. J. Maher ein Gott. »Er war ein äußerst disziplinierter Mann«, erinnerte sich St. Johns Sohn. »Er lebte in Bridgeport, kam in den frühen 20er Jahren mit einem Stipendium ans Internat, war ein hervorragender Sportler, guter Basketballspieler, ging nach Harvard, spielte in der Universitätsmannschaft und kam dann als Lehrer ans Internat zurück. Meine Familie hatte ihn sehr gern – in den Sommermonaten blieb er als unser Familientutor bei uns in Rhode Island. Wie ich sagte, er war persönlich diszipliniert, und ich hatte ihn *sehr* gern.«

Jack Kennedy hingegen verachtete Maher. Das cholerische Temperament, die ständige Nörgelei und das von ihm als tyrannisch empfundene Wesen des Lehrers erinnerten Jack an seinen Vater. Was er brauchte, waren nicht Ermahnungen, sondern Zuneigung. Hervorragende Pädagogen wie Miss Fiske in Boston und Mr. Leinbach im Internat – in seiner gutmütigen, aber gespreizten Art sogar Mr. St. John – brachten ihm diese Zuneigung entgegen, ohne die Jack nichts leisten konnte. Mr. Maher war aus anderem Holz geschnitzt. Seymour St. John erinnerte sich:

> Ich glaube, wenn Maher merkte, daß jemand gegen ihn aufmuckte, war sein einziges Rezept Disziplin und Härte. Er ließ sich niemals gehen, hielt auf Selbstdisziplin und war felsenfest entschlossen, diejenigen zu disziplinieren, die es nötig hatten. Er wußte, daß sein Stockwerk, sein sogenannter Korridor, den Ruf eines sehr disziplinierten Korridors genoß. Die Jungen waren pünktlich, sie waren ordentlich und wußten, das war die Regel. Sie taten ihre Arbeit. In diese Umgebung wurde Jack Kennedy geworfen – und er wollte nichts damit zu tun haben. Er war nicht ordentlich, er war nicht pünktlich, er war in diesem Alter ein liederlicher Junge. Er machte seine Arbeit nicht wirklich – er tat nur so, als ob er sie machte, arbeitete aber nie wirklich daran... Ich glaube, J. J. Maher erreichte den Punkt, wo er Jack Kennedy nicht leiden konnte. Ich glaube nicht, daß er es je an ihm ausließ, aber es war kein gutes Verhältnis.

Das war es gewiß nicht, und es verschlechterte sich nach Mr. Kennedys Rückkehr aus Europa im November 1933. Joseph Kennedy hatte sein Vorhaben, Mussolini zu besuchen, aufgegeben. Statt dessen war es ihm gelungen, im Hinblick auf das bevorstehende Ende der Prohibition die Alleinvertriebsrechte für Haig & Haig, Gordon's Dry Gin, Pinchbottle und andere britische Spirituosen in den Vereinigten Staaten zu erwerben. James Roosevelt hatte ihm Türen geöffnet, die ihm sonst verschlossen geblieben wären. Von diesem Coup begeistert, stattete er der Choate

School einen Besuch ab. Was er dort vorfand, war allerdings nicht nach seinem Geschmack: ein abgemagerter, schlampig gekleideter Sechzehnjähriger tollte mit einer Bande Gleichaltriger herum, ohne auch nur einen Abglanz jener ernsten Haltung von Selbstdisziplin und Verantwortungsbewußtsein zu zeigen, die seinen älteren Bruder für den Erfolg im Leben prädestinierte.

»Ich kann Ihnen nicht sagen, wie unglücklich ich war, als ich Jack sah und mit ihm sprach. Er scheint ohne jedes Gefühl für Pflicht und Verantwortung zu sein«, klagte Joe Kennedy in einem Brief aus New York dem Rektor. »Seine sorglose, gleichgültige Haltung läßt für seine künftige Entwicklung nichts Gutes erwarten.«

Mr. St. John war verblüfft und widersprach:

> Gestern führte ich ein längeres Gespräch mit Jack, und da Sie mir die Erlaubnis gaben, ließ ich ihn Ihren Brief lesen. Ich hoffe sehr, daß meine Überzeugung, Jacks Entwicklung betreffend, Sie nicht beunruhigen wird und daß Sie nicht eine oberflächliche Überzeugung darin sehen werden. Tatsache ist, daß ich in Verbindung mit Jack weder ernsthaftes Unbehagen noch Sorgen empfinden kann. Je länger ich mit ihm lebe und arbeite, je mehr ich mit ihm spreche, desto mehr Vertrauen setze ich in ihn. Ich würde bereit sein, eine Wette abzuschließen, daß Sie auf Jack innerhalb von zwei Jahren ebenso stolz sein werden wie auf Joe.

St. John war fest davon überzeugt, daß Jack hinter der schlampigen Fassade »einen scharfen, eigenwilligen Verstand« hatte. »Es ist ein Verstand, der schwieriger zu zügeln ist als Joes, auch für Jack selbst. Wenn er lernt, den rechten Platz für Humor zu finden und seine individuelle Betrachtungsweise der Dinge zu seinem Vorteil zu gebrauchen, statt einen Nachteil daraus zu machen, wird seine natürliche Gabe eines individuellen Standpunktes und einer geistreichen Ausdrucksweise hilfreich für ihn sein. Gegenwärtig wäre ihm mit einem konventionellen Verstand und einer beharrlicheren und reiferen Wesensart mehr gedient; aber wir müssen Jungen wie Jack eine Periode der Anpassung zugestehen.« Jacks »natürliche Klugheit« stecke in einem unreifen Körper und fühle sich von akademischen Förmlichkeiten und Pflichten belastet, denen sich zu beugen, einem so begabten Kind nicht leicht falle. »In der Arbeit, die Jack jetzt leistet, ist er in meinen Augen keineswegs sonderlich brillant. Er muß für das, was er bekommt, härter arbeiten, als wir denken. Englisch und Geschichte fallen ihm leicht. Französisch, und besonders Geometrie, fallen ihm dagegen schwer.«

St. John war jedoch ein zu guter Pädagoge, um zu glauben, daß Jacks »Problem« in seiner schulischen Arbeit liege. »Ich fragte Jack, ob er eine

Gelegenheit gehabt habe, ausführlich mit Ihnen zu sprechen, als Sie hier waren, und er sagte, es sei wirklich nicht sehr viel Zeit gewesen. Er sagte, Sie hätten mehr mit einigen seiner Lehrer gesprochen als mit ihm, und als Sie mit ihm sprachen, seien Sie natürlich ›ziemlich böse‹ gewesen.«

Das traf sicherlich zu. Es erboste Mr. Kennedy, daß Jack so wenig zielbewußt war. Seinem Sohn Joe jr. in London schrieb er, Jacks neuer Geschichtslehrer habe ihm gesagt, daß Jack »einen Sinn für Geschichte habe, wie er nur wenigen gegeben ist, aber sie sagen alle, daß ihm jedes Verantwortungsgefühl abgeht und es jammerschade wäre, wenn er es mit dem Verstand, den er hat, nicht so weit bringen würde, wie er sollte. Wenn Dir irgendwas einfällt, was ihm Deiner Meinung nach helfen kann«, bat Mr. Kennedy, »dann tu es unbedingt.«

Joseph Kennedy war nicht nur wegen seines zweiten Sohnes frustriert. Trotz seines neuen geschäftlichen Erfolges war ihm die Erfüllung seines höheren Ehrgeizes, ein Ministeramt in der Regierung Roosevelt, versagt geblieben. Ein Jahr war nun seit Roosevelts triumphaler Wahl verstrichen, und noch immer war vom Weißen Haus kein Ruf gekommen. »Ich lese und höre die ganze Zeit von Ihnen«, hatte er im Frühjahr an Roosevelts Sekretärin und Geliebte geschrieben, »und ich kann mir denken, wie glücklich Sie sind, daß für Ihren Chef und das Land alles so gut gegangen ist. Ich vermisse das Zusammensein und Lachen mit Ihnen, aber vielleicht wird das eines Tages wiederkommen.«

Im Laufe der Zeit sah Kennedy sich selbst mehr und mehr als den einzigen unbelohnten Architekten von Roosevelts Wahlsieg – der erste, der Roosevelt finanziert hatte, und der Mann, der auf dem Parteitag der Demokraten 1932 in Chicago William Randolph Hearsts entscheidenden Einfluß in Roosevelts Lager gebracht hatte. Sogar Rose Kennedy war sich der Unzufriedenheit ihres Mannes bewußt. »Die Monate nach der Wahl schienen wirklich sehr lang«, schrieb sie später. Schuld war in ihren Augen Roosevelts Stabschef Louis Howe, »ein runzliger kleiner Mann, scharfsinnig und rachsüchtig«, der »den größten Teil seines Lebens als Roosevelts persönlicher Assistent und politischer Sekretär verbracht hatte, ihm völlig ergeben und eifersüchtig und mißgünstig gegen jeden war, von dem er dachte, er könnte ihm in seiner Eigenschaft als Mitwisser und Hauptvertrauter zum Rivalen werden.« Wie sie es sah, war Howe einfach eifersüchtig auf Joes Freundschaft mit Roosevelt. »Ich kann verstehen, warum Howe sich von Joe bedroht fühlte, denn obwohl Joe brüsk und kurz angebunden sein konnte, konnte er auch absolut bezaubernd sein und kam mit seinem Sinn für Humor bei Präsident Roosevelt glänzend an.«

Darin täuschte sich Rose genauso wie ihr Mann. Zwar hatte Roosevelt
Joes finanzielle Unterstützung angenommen und sich seiner im Wahlkampf bedient, doch hinderte ihn das nicht daran, Kennedy als irischen
Aufsteiger zu verachten. Nur war er zu klug, seine Gefühle zu zeigen. »Joe
war bitter enttäuscht« über die Entscheidung des Präsidenten, ihn nicht
zum Finanzminister zu ernennen, schrieb Rose. »Mein Vater errichtete
sein Finanzimperium mit einem Sekretär und einem Telefon«, erinnerte
sich Kennedys Tochter Eunice stolz. Doch sie und Rose erkannten nicht,
daß Joseph Kennedys einsame, verschwiegene Arbeitsweise, die ihm als
einem brillanten Spekulanten, Börsenschwindler und Finanzjongleur
zustatten kam, ihn an der Spitze eines großen Verwaltungsapparates
wahrscheinlich zu einem hoffnungslosen Versager gemacht hätte.

In Choate wurde Jacks sich anbahnender Konflikt mit Maher durch
Krankheit aufgeschoben. Im Januar 1934 lag Jack wieder im Bett –
diesmal war es ernst. Mrs. St. John schrieb an Jacks Mutter, wie plötzlich
es gekommen war. »Wir rätseln noch immer über die Ursache von Jacks
Problem. Er sah gar nicht gut aus, als er nach Weihnachten zurückkam,
doch schien sein Befinden sich danach zu bessern, und so war es ein
großer Schock für uns, daß wir ihn so krank vorfanden, als wir am
Samstagnachmittag aus Florida zurückkehrten.«

Was für Jack als einer der gewohnten erholsamen Aufenthalte im
Internatskrankenzimmer begonnen hatte, wurde zu einem Alptraum.
Am 4. Februar, als Mrs. St. John ihn besuchte, erzählte sie ihrem Mann,
sie hätte »noch nie jemanden so bedauert wie ihn, als ich gestern ins
Krankenzimmer kam und ihn so elend vorfand«. Sie hatte sich vorgenommen, ihn wieder zu besuchen und ihm vorzulesen, aber »bevor sich
eine Gelegenheit dazu ergab, hörte ich, daß Du ›zur Beobachtung‹ nach
New Haven gebracht worden bist«, schrieb sie Jack in einer eiligen
Notiz. »Ich hoffe von ganzem Herzen, daß die Ärzte in kürzester Zeit
herausfinden werden, was die Beschwerden verursacht, und es dann
noch schneller aus dem Weg räumen werden.«

Diesmal konnten billige Schuhe mit Gummisohlen allerdings nicht für
Jacks Krankheit verantwortlich gemacht werden. »Tatsächlich war er
ziemlich dicht am Abkratzen«, sagte Jacks Freund LeMoyne Billings. In
der Internatskapelle wurde für ihn gebetet, und Gerüchte machten die
Runde. »Einmal wurde es als Leukämie diagnostiziert, aber offensichtlich konnte es das nicht gewesen sein..., war irgendein sehr ernstes Blut-
leiden«.

Die jähe Verschlechterung seines Zustandes ängstigte nicht nur die
Ärzte, sondern das ganze Personal von Choate. Der schlampige und

verantwortungslose Junge, dessen Anpassungsprobleme die Lehrer ver-
zweifeln ließen, schien plötzlich eine Art Held zu sein, und als
Mr. St. John einige Tage später seinen Halbjahresbericht mit Jacks Beurteilung vorbereitete, wurde er gefühlvoll und schrieb Mr. Kennedy:
»Jack ist auf dem rechten Weg. Das einzige, was er braucht, ist einfach
die Wiederherstellung seiner Gesundheit, und dann wird er jeden von
uns mit seiner Arbeit wie mit seiner Freundschaft und seinem Verständnis froh machen. Jack ist einer der besten Jungen, die wir je hatten – einer
der fähigsten und interessantesten. Ich könnte noch vieles über Jack
schreiben!« In einem PS fügte er hinzu: »Wir hoffen inständig, daß es
Jack mit jeder Stunde besser gehen möge. Zu sehen, wie traurig alle sind,
wenn Jack krank ist, beweist, was für ein feiner Kerl er ist.«

»Jacks Humor hat ihn keinen Augenblick verlassen, selbst dann nicht,
als er sich am elendsten fühlte«, berichtete Mrs. St. John, als die Krise
überstanden war. (Rose war in der neuen Strandvilla der Familie in Palm
Beach geblieben, die ihr Mann im vorausgegangenen Sommer für
115 000 Dollar erworben hatte.) »Als er sich über den Ausschlag beklagte, der ihn am Sonntag ganz bedeckte, sagte Mr. Moore zu ihm:
›Siehst du, Jack, die Ärzte freuen sich, daß das Zeug endlich an die
Oberfläche gekommen ist, statt drinnen zu bleiben.‹ Darauf erwiderte
Jack: ›Mann, müssen die Ärzte heute einen glücklichen Tag haben!‹«

Am 6. Februar 1934 bekam Jack »nach einer Zeit, die ihm schrecklich
lang vorgekommen sein mußte, seine erste Mahlzeit und sagte zu mir:
›Gut, daß sie beschlossen haben, mir Frühstück zu geben; hätten sie es
nicht getan, hätte die Schwester bei einem der nächsten Besuche in mein
Bett geschaut und mich gar nicht mehr sehen können!‹«

Die Ärzte zerbrachen sich die Köpfe über die Krankheitssymptome,
ohne zu einer Diagnose zu kommen, aber das focht Jack nicht an. »Wenn
das vor fünfzig Jahren passiert wär, würden sie einfach sagen: ›Na, der
Junge hat Ausschlag gehabt, aber das hat er jetzt überstanden‹«, sagte er
zu Clara St. John. »Jetzt aber müssen sie alle paar Minuten eine Blutkör-
perchenzählung machen und mich hierbehalten, bis sie dem entspricht,
was die Ärzte für richtig halten.«

»Um aller zukünftigen Fälle willen hoffe ich, daß wir herausfinden
werden, was Jack fehlt«, schrieb Mrs. St. John an Mrs. Kennedy, »aber
einstweilen... dürfen Sie versichert sein, daß wir mit Ihrem Jungen in
ständiger Verbindung bleiben werden, und daß es uns unsagbar leid tut,
daß Sie diese letzten Tage tiefer Sorge ertragen mußten – hundertfach
verstärkt durch die räumliche Trennung von Jack.«

Ein vollständiger Individualist

Wenn Rose sich in Palm Beach Sorgen um Jack machte, dann hatte sie
eine seltsame Art, es zu zeigen. In vier Jahren war sie siebzehnmal im
Ausland gewesen, aber die Reise nach Connecticut, wo Jack einen weiteren Monat im Krankenhaus lag, war ihr zuviel. »Heute morgen brachte
ich ihm Plattenspieler und Schallplatten ins Krankenhaus«, berichtete
Clara St. John im Februar 1934 nach einem Krankenbesuch. Umgeben
von Büchern und Schallplatten, war Jack nicht unglücklich: Seit die
Familie von Brookline nach Bronxville umgezogen war und die neue
Villa in Palm Beach hatte, ähnelte das Zuhause oft einem Hotel; abwe-
sende Eltern, wechselndes Personal, Geschwister, die kamen und gingen.
»Sie hatten kein richtiges Zuhause mit eigenen Zimmern, wo sie Bilder
an den Wänden oder Erinnerungsstücke auf den Regalen hatten«, be-
richtete Lem Billings. »Wenn sie in den Ferien aus ihren Internaten nach
Hause kamen, suchte sich jeder ein Zimmer, das gerade frei war. Welches
Zimmer hab ich diesmal?« pflegte Jack seine Mutter zu fragen – wenn sie
da war.

Internat, Krankenhaus, Stadt- und Ferienhaus: alle waren auswech-
selbar, härteten Jacks äußere Schale und machten sein Denken nur um so
eigenwilliger. Er hatte immer »seine eigenen Gedanken gedacht« und
»die Dinge auf seine Art getan«, um die Worte seiner Mutter zu gebrauchen. In zunehmendem Maße gab er diesen unabhängigen Gedanken
nun Ausdruck, um seine Freiheit in der Welt eines Halbwüchsigen zu
verteidigen, die von Autoritäten wie J. J. Maher überwacht und regle-
mentiert wurde.

Jack war hocherfreut, als entschieden wurde, daß er den Rest des
Wintersemesters als Rekonvaleszent in Palm Beach verbringen sollte,
blieb ihm auf diese Weise doch die nörgelnde Aufsicht durch Mr. Maher
erspart. Aus Florida schrieb er Clara St. John bald einen Brief, um »Ihnen
für Ihre vielen Freundlichkeiten zu danken, als ich im Krankenhaus war.
Ich werde nie imstande sein, sie zu vergelten, also werde ich mich damit
begnügen müssen, Sie meine Dankbarkeit wissen zu lassen.«

Auf einer Ebene *war* Jack dankbar, aber es gab auch nervöses Bangen,
als er nach Ostern ins Internat zurückkehrte. »Das Wetter ist hier oben
furchtbar gewesen, jeden Tag Regen, und ich vermisse die Sonne von
Palm Beach sehr«, schrieb er seinem Vater. »Mr. Maher kam aus dem
Urlaub zurück und guckt finsterer denn je.«

Mit Hilfe eines Privatlehrers hatte Jack in Palm Beach seine Kenntnisse in Englisch, Geschichte, Chemie und Französisch aufgefrischt. Aber wenn er nicht gerade im Krankenzimmer war, erregte er Anstoß bei Mr. Maher. »Ich glaube, Mr. Maher war nicht ganz phantasievoll genug, um Jack zu bewegen, das zu tun, was er von ihm wollte«, erzählte Seymour St. John. »Er versuchte es wohl, aber zu der Zeit brauchte Jack, glaube ich, einen anderen Typ von Tutor – er brauchte eher einen Leinbach als einen Maher.«

Maher seinerseits konnte mit ihm nichts anfangen. »Jack ist ein so vollständiger Individualist in Theorie und Praxis, daß die gewöhnlichen Appelle an Gemeinschaftsgeist und Rücksichtnahme (bis hin zu der Bitte, den anderen Jungen nicht auf die Füße zu treten) wirkungslos bleiben«, klagte er bald in seiner Beurteilung:

> Zu sagen, daß ich Jack verstehe, ist mehr ein Ausdruck übertriebener Hoffnung als eine Feststellung von Tatsachen. Obschon jungenhaft in seiner Art und manchmal kindisch in seinem Benehmen, ist sein Kopf alt. Zuerst war seine Einstellung: Du bist ein Lehrer und Hausleiter, und ich bin ein lebhafter junger Bursche mit einem flinken Verstand und einem Sack voller Tricks. Du wirst mir den Spaß verderben, wenn ich dich lasse, also sieh zu, ob du mich fangen kannst.
>
> Als er entdeckte, daß niemand sein albernes Spiel sonderlich aufregend fand und daß er den Einfaltspinsel nur zu seiner eigenen Unterhaltung spielte, verlor die Sache ihren Reiz. Und nun beginne ich zum ersten Mal ein wenig zu hoffen, daß Jack gelernt hat, zwischen Freiheit und Zügellosigkeit zu unterscheiden.

Das war Wunschdenken. Trotz Jacks jüngster Erkrankung (spekulativ als »Hepatitis« diagnostiziert), hatte er nicht die Absicht, zwischen Freiheit und Zügellosigkeit zu unterscheiden. Lem Billings schrieb:

> Ich habe nie jemanden mit solch einem wundervollen Humor gekannt – der Fähigkeit, einen zum Lachen zu bringen und sich wohlzufühlen. Er hatte eine sehr scharfe Zunge, wenn er wollte. Ich glaube, daß Menschen, die ihn gut kannten, ihn auch gern hatten. Andere möglicherweise nicht, weil er, wie gesagt, eine scharfe Zunge hatte und sich über andere lustig machen konnte... Jungen, die wie er voller Spaß und Lebensfreude sind, können nicht umhin, ihre Lehrer zu irritieren. Er war bei den Lehrkräften nicht sehr beliebt. Wir nahmen einige der Regeln, die nach unserem Gefühl unwichtig waren, wie zum Beispiel Pünktlichkeit beim Unterricht und zu den Mahlzeiten und Ordnung im Zimmer nicht allzu ernst.

»Jack war immer zu Streichen und Unfug aufgelegt«, erinnerte sich Hugh Wynne, ein anderer Klassenkamerad. »Witzig, unberechenbar – du wußtest nie, was er als nächstes tun würde. Die Lehrer wußten es ganz bestimmt nicht – und das war das Problem.«

Diejenigen, die Jack am besten kannten, waren jedoch überrascht, wie klug er hinter der Fassade des Witzboldes war, und wie belesen für einen Sechzehnjährigen. »Er las eine Menge über Geschichte«, erinnerte sich Billings. »Überhaupt las er während der Schulzeit im allgemeinen ziemlich viel... Er interessierte sich enorm für Geschichte, und ich glaube, dieses Interesse behielt er sein Leben lang. Aber er war auch sehr daran interessiert, was gegenwärtig in der Welt geschah. Ich erinnere mich an keinen anderen Jungen, der die *New York Times* abonniert hatte, aber Jack hielt sich die Zeitung und las sie jeden Tag. Er hielt sich auf dem laufenden.« Ein anderer Mitschüler stimmte dem zu: »Seine Schulbücher schlug er freiwillig nicht auf, trotzdem war er der bestinformierte Junge seines Jahrgangs.«

Vierzig Jahre später räumte sein Schulfreund Horton rückblickend ein, daß Jacks Zeugnisse in Choate »sehr mittelmäßig« waren, daß dies aber seinem Intellekt nicht gerecht geworden sei. Jack besaß, so Horton, »einen ausgezeichneten Verstand, der in den Schularbeiten, die wir zu tun hatten, keine Herausforderung sah. Er las sehr viel, wenn auch nicht übermäßig, und was er las, schien er besser als wir anderen zu behalten.«

Harold Tinker, Jacks Englischlehrer, stimmte dem zu. »Als wir einmal die Klasse verließen«, berichtete Horton, »rief Dr. Tinker Jack zu sich. Wir hatten einen Aufsatz geschrieben. Er sagte Jack, er solle nach dem Studium Journalist oder etwas ähnliches werden, weil er für einen Jungen seines Alters einen sehr flüssigen, reifen Stil habe.«

Joe jr. besaß diese Gabe nicht. Er war, wie Russ Ayres es einmal ausdrückte, »ein Mann der Tatsachen, nicht der Phantasie«. Aber er hatte die Schule durch seinen Ernst, sein Verantwortungsgefühl und seine Erfolgsbesessenheit beeindruckt. »Ich bewundere Deine Fähigkeit sehr, zu jeder Zeit eine Aufgabe zu übernehmen und sie dann bis zum Ende zu bringen«, hatte Joseph Kennedy ihm geschrieben, als Joe jr. sein Studium in London aufnahm, und er freute sich über die guten Beurteilungen, die er bald von Professor Harold Laski, dem Direktor der London School of Economics, erhielt.

Hätte Laski gewußt, welch lobende Worte über den Nationalsozialismus Joe jr. in seinen Briefen nach Hause fand, nachdem er die Osterferien in Deutschland verbracht hatte, wäre er von seinem Studenten vielleicht nicht so beeindruckt gewesen. In seinen Sonntagnachmittagsseminaren, die er zur Teestunde bei sich abhielt, hatte der berühmte Politikwissenschaftler, ein intellektueller Exponent der Linken und später für kurze Zeit Vorsitzender der Labour Party, Joe jr. vor »Nazi-Brutalitäten« gewarnt. Sobald er jedoch mit einem Gefährten, dessen

Reisespesen auch von Mr. Kennedy übernommen wurden, in Hitlers neuem Reich war, kümmerte Joe jr. sich nicht weiter um Laski, sondern applaudierte in seinen Briefen an den Vater den Maßnahmen der Nationalsozialisten. »Das deutsche Volk war bedrückt, uneins, verzweifelt und ohne Hoffnung«, schrieb er. »Da kam Hitler. Er sah die Notwendigkeit eines gemeinsamen Feindes, der zum Sündenbock gemacht werden mußte. Jemand, von dem befreit die Deutschen das Gefühl haben würden, sie hätten die Ursache ihrer mißlichen Lage hinausgeworfen. Es war ausgezeichnete Psychologie, und es war Pech, daß es den Juden angetan werden mußte. Diese Abneigung gegen die Juden war jedoch wohlbegründet«, versicherte Joe jr. seinem Vater, denn die Juden beherrschten »Wirtschaft und Banken, die Zeitungen, das Rechtswesen etc.«. Die »Brutalität« nationalsozialistischer Maßnahmen gegen die Juden sei »notwendig... um sich die uneingeschränkte Unterstützung des Volkes zu sichern, die notwendig war, um dieses gegenwärtige Programm durchzuführen... Es war eine schreckliche Sache, aber in jeder Revolution muß man mit Blutvergießen rechnen. Hitler schafft einen Geist in seinen Leuten, um den man sie in jedem Land beneiden könnte... Dieser Geist könnte sehr rasch in einen kriegerischen Geist umschlagen, aber Hitler hat die Dinge gut unter Kontrolle. Gefährlich könnte es nur werden, wenn Hitler etwas zustieße und einer seiner verrückten Minister an die Macht käme.«

Joes Antisemitismus und seine jugendliche Bewunderung Hitlers – »Ich bin überzeugt, daß ich, wenn ich Deutscher wär, die geringe Mühe aufwenden würde, die erforderlich ist, um den Arm [zum Hitlergruß] zu erheben« – war vielleicht ebenso ein Versuch, seinen antisemitischen Vater zu beeindrucken wie seine eigenen Gedanken wiederzugeben. Er war schließlich ein unerfahrener Neunzehnjähriger, ein Millionärssohn auf seiner ersten längeren Auslandsreise. Aber er war auch ein junger Mann, der, so Prof. Laski, »sein Herz an eine politische Laufbahn gehängt hatte« und entschlossen war, »nichts geringeres zu werden als der erste katholische Präsident der Vereinigten Staaten«.

Joe jr. und Prof. Laski wußten nicht, daß dies ein Ehrgeiz war, den der Boston-irische Millionär selber hegte. Die Karriere seines Sohnes konnte warten. Am 28. Juni 1934 belohnte Präsident Roosevelt ihn endlich für seine Unterstützung im Wahlkampf des Jahres 1932. Er konterte alle Einwände mit den Worten: »Es braucht einen Dieb, um einen Dieb zu fangen«, und ernannte Joseph P. Kennedy zum ersten Vorsitzenden einer neuen Behörde zur Regulierung und Überwachung des Wertpapiermarktes: der Securities and Exchange Commission, kurz SEC. Zur allgemeinen Verblüffung sollte der sattsam bekannte, mit allen Wassern gewaschene Börsenschwindler und Spekulant Joseph P. Kennedy zum Reformator des Wertpapiermarktes werden.

Heiße Nummer

Während sein älterer Bruder sein Jahr an der London School of Economics mit einer von Professor Laski geleiteten Reise durch die Sowjetunion abschloß, hatte Jack sich auf Sommerferien mit Segeln und Sonnenbaden auf Cape Cod gefreut, und das um so mehr, als er seinen Klassenkameraden K. LeMoyne Billings dorthin eingeladen hatte. Billings kam aus einer guten protestantischen Familie, die in Pittsburgh ansässig war, aber sein Vater war kurz zuvor gestorben und hatte nach den Verheerungen des großen Börsenkraches und der Wirtschaftskrise nur ein bescheidenes Vermögen hinterlassen. Lem sollte seine Einführung in Hyannis Port nie vergessen: »Ich erinnere mich an das erste Mal, als ich bei Jack war – wir wohnten draußen am Kap. Ich weiß nicht mehr, was ich tat, aber ich erinnere mich, daß etwas ihn weckte, und er schrie: ›Gottverdammt, Billings, halt's Maul.‹ Nun, damals kannte ich ihn noch nicht so gut, und ich war wütend! Ich dachte sogar daran, abzureisen. Ich fand, daß ich mit jemandem, der so mit mir redete, nicht in einem Haus bleiben konnte.«

Billings' Empörung verlor sich bald, als er merkte, daß sich hinter Jacks nächtlicher Verwünschung nichts Persönliches verbarg, sondern daß hinter der munteren, spaßliebenden Fassade ein ziemlich nervöser, angespannter Halbwüchsiger steckte, der »es nicht ertrug, Leute im Zimmer zu haben, die Geräusche wie Schnarchen machten, die ihn aufweckten. Ich hatte wirklich die Nase voll, aber das war eben seine Art, und schließlich schliefen wir wieder ein, und damit hatte es sich.«

Wie sich zeigte, war Jack noch immer nicht gesund. Kaum hatte er sich für die Sommerferien eingerichtet, als er wieder krank wurde und ins Krankenhaus mußte. Diesmal wurde beschlossen, ihn in die berühmte Mayo Clinic nach Rochester, Minnesota, zu schicken, um eine Serie von Untersuchungen vornehmen zu lassen, die, wie man hoffte, endlich klären würden, was ihm fehlte. Als eine von Joseph Kennedys Freundinnen, Kay Halle, Jack im Krankenhaus besuchte, berichtete sie anschließend, sie habe ihn im Bett angetroffen, »sehr blaß, was die Sommersprossen auf seiner Nase noch stärker heraustreten ließ. Er war so von

Büchern umgeben, daß ich ihn kaum sehen konnte. Ich war sehr beeindruckt, denn dieser Junge, nicht viel mehr als ein Kind, las *Die Weltkrise*
von Winston Churchill.«

Diesen Eindruck teilte sie mit allen, die den jugendlichen Invaliden
besuchten. »Es sieht jetzt so aus, als sollte ich erst in ungefähr 12 Tagen
hier herauskommen«, schrieb er Billings bald aus der Mayo Clinic. »Ich
würde sagen, daß Rochester das verdammteste Loch ist, das ich je
gesehen habe. Ich wollte, ich wär wieder in der Schule.«

Der Gedanke, daß Billings sich am Strand von Hyannis Port des
Lebens erfreute, während er selbst sich wochenlanger medizinischer
Torturen unterziehen mußte, erbitterte Jack, selbst als er hörte, daß
Billings sich unter Mr. Kennedys Dusche verbrüht hatte und für drei
Wochen ins Krankenhaus mußte. Billings' Mißgeschick war seine eigene
Schuld; Jacks war es nicht. Aus Rochester sandte Jack seinem Schul-
freund eine Serie heftiger, unglücklicher und oft obszöner Briefe. Wenn
er mit Tränen in den Augen über Jacks Schulberichten und Beurteilungen
saß, mochte der Rektor von Choate Jack als »einen der besten Jungen«
betrachten, aber er hatte kaum eine Vorstellung von dem Aufruhr der
Gefühle, den Jack durchmachte. Zu den Problemen eines talentierten,
aber desorientierten, richtungslosen und oft kränkelnden Jungen kamen
nun noch die der Sexualität. Der Ausdruck phallischer und analer
Obszönitäten war, wie Masturbation, ein normaler Aspekt des Heranwachsens, besonders in einem Internat. »Ich habe noch nie einen intelligenten, witzigen Jungen gesehen, der nicht in irgendeinem Stadium
seiner frühen Entwicklung als keck oder dreist betrachtet worden wäre«,
hatte St. John im vergangenen Herbst bemerkt, als er Jacks Benehmen
verteidigt hatte, doch nicht einmal St. John konnte voraussehen, welche
Prüfungen ihn noch erwarteten. In Rochester, wo er seine Sommerferien
verbringen mußte und unter ständigen Bauchschmerzen litt, wurde Jack
einer Abfolge von demütigenden Tests und Untersuchungen unterzogen,
die einen reifen Erwachsenen aus der Fassung gebracht hätten, ge-
schweige denn einen Siebzehnjährigen. »Ich leide hier schrecklich und
hab die ganze Zeit Bauchschmerzen«, klagte er in einem Brief an Billings.
»Ich bekomme noch immer Bohnen und Mais als Hauptnahrung und
kriegte einen Einlauf von einer schönen Blondine. Das, mein Süßer, ist
das höchste an billigen Nervenkitzeln.«

Wie im Februar trotzten seine Symptome jeder Diagnose. »Sprach
gestern abend mit Daddy... 20 Minuten lang versuchte er rauszubrin-
gen, was mir fehlt, und 20 Minuten lang versuchten wir um die Tatsache
rumzureden, daß wir's nicht wissen.« Nicht einmal die Nachricht von

Billings' Verbrühung konnte Jacks Mitgefühl wecken. »Pech, das mit
Deinen Verbrennungen, aber um auf ein viel interessanteres Thema
zurückzukommen... meine Gedärme haben ihren Dienst völlig eingestellt, und die einzige Weise, in der ich abladen kann, ist, daß jemand
mich von oben bis unten oder von unten bis oben durchpustet. Sollte
Samstag in einer Woche entlassen werden. Verbrenn dies, wenn Du
damit fertig bist und laß es um Gottes willen nicht rumliegen, denn wenn
Du's tust, werd ich all Deine Briefe einpacken und versiegeln, um sie dem
ungeborenen Kind Deiner Schwester zu schenken, wenn es einundzwanzig wird: dann kann es sehen, was für ein schmutziger Scheißer sein
gottverdammter Onkel war.«

Zwei Jahre zuvor hatte Mrs. Kennedy die Notwendigkeit betont, die
Internatsschüler der Choate School zu lehren, wie man ordentliche
Briefe mit der richtigen Anrede schreibt. An Briefe, die mit »Lieber
Kacker!« begannen, hatte sie wohl kaum gedacht.

In gewissem Maße aber war das der Punkt: Jacks halbwüchsige Zotigkeit zielte zum Teil auf die sterilen Konventwerte seiner Mutter. Wenn er
Billings grausige Beschreibungen seiner medizinischen Heimsuchungen
nach Hyannis Port schickte, bereitete ihm das einen ausgesprochenen
Kitzel. Als er erfuhr, daß mehrere seiner Briefe Billings nicht erreicht
hatten, schrieb er in gespielter Besorgnis: »Ich hoffe beim Teufel, daß
niemand sie liest, weil sie denken würden, ich wär ein Schmutzfink...
Gott, was ich hier durchmache! Ich hab 8 Pfund verloren und werd
immer noch weniger«, schrieb er am 21. Juni. »Ich werd es ihnen zeigen.
Niemand kann rausbringen, was mir fehlt. Sie reden nur rum, was für'n
interessanter Fall ich bin. Wär doch komisch, wenn sich schließlich
herausstellte, daß mir nichts fehlt. Das hält mich nachts manchmal
wach... Werd wahrscheinlich noch 'ne Woche hier sein.«

Aber eine Woche später waren die Ärzte einer Lösung nicht näher
gekommen und überwiesen ihn in das in der Nähe gelegene St. Mary's
Hospital. »Hörte heut gerade, daß ich bis zum 4. [Juli] wohl nicht hier
raus komm. Scheiße!« begann er. »Ich hab in 3 Tagen 18 Klistiere
bekommen!!! Ich bin blitzsauber. Sie verpassen mir Klistiere, bis es wie
Trinkwasser herauskommt, von dem sie alle schlürfen«, informierte er
seinen Freund und schilderte dann »die aufreibendste Erfahrung meines
Lebens«:

Sie machten mir 5 Einläufe, bis ich innen weiß wie Schnee war. Dann setzten sie
mich auf ein Ding wie 'nen Friseursessel. Aber statt darin zu sitzen, kniete ich
auf etwas, das einer Fußstütze ähnelt, und hatte den Kopf da, wo der Sitz ist.

Sie (eine Blondine) zog mir die Hose runter!! Dann kippten sie den Stuhl, bis ich mit dem Kopf nach unten hing. Der Arzt, umgeben von Schwestern, steckte mir zuerst den Finger in den Arsch. Ich wurde rot, denn du weißt, wie es ist. Er machte mit dem Finger suggestiv hin und her, und sie lagen alle am Boden, als ich sagte: ›Sie haben 'nen guten Schwung!!‹ Dann zog er den Finger zurück. Und dann steckte mir der Blödmann ein 12 Zoll langes und 1 Zoll dickes Eisenrohr in den Arsch hoch. Drinnen hatten sie 'ne Lampe und schauten sich um. Dann bliesen sie eine Menge Luft in mich, um meine Gedärme aufzupumpen. Ich fühlte mich natürlich großartig, wär Dir auch so gegangen, wenn ein Haufen Fremder Dir ins Arschloch gucken würden... Ich war trotzdem ein bißchen froh, als sie sich satt gesehen hatten. Mein armes, ramponiertes Rektum schaut mich in diesen Tagen sehr vorwurfsvoll an.

Befand sich in der Schule sein Geist im Belagerungszustand, war es jetzt in Rochester sein Körper. Vaterlos und gleichfalls im Schatten eines erfolgreichen älteren Bruders, beobachtete Billings fasziniert, wie Jack mit sich selbst und seinem Geschick umging. An der Oberfläche erinnerte Jack mit seinem Charme an seinen Großvater Honey Fitz, der so einschmeichelnd geistreich und selbstironisch sein konnte. Überdies verliehen ihm sein buschiges, meistens zerzaustes Haar und die graublauen Augen in dem breiten Gesicht mit seinem festen Kinn einen offenen, fesselnden Ausdruck. In seinem Inneren sah es jedoch anders aus; wer länger mit ihm zusammen war, spürte, daß er von Dämonen verfolgt war.

»Umringt von Krankenschwestern«, wurde Jack immer neuen Tests unterzogen. Er wurde der Liebling des Krankenhauspersonals. Obwohl sein Gewicht auf 55 Kilo sank, war er weniger daran interessiert, was ihm medizinisch fehlte, als an den Auswirkungen der endlosen Einläufe und einer Diät aus Mais und Bohnen auf sein entscheidendes Organ oder, wie er es nannte, sein »Gerät«. »Meine Vitalität wird langsam ausgezehrt«, lamentierte er in einem Brief an Billings. »Ich bin nur noch ein Schatten meiner selbst, und mein Penis sieht aus, als ob er durch eine Wringmaschine gedreht worden wäre.« Eine Krankenschwester hatte Jack versprochen, nach der allgemeinen Bettruhe zu ihm zu kommen, entschied sich wahrscheinlich wegen seines Alters aber gegen das Unternehmen, was Jack bekümmerte. Am aufschlußreichsten aber war eine Anekdote über einen Kinobesuch, die er Billings erzählte:

Gestern abend saßen Ed und ich nebeneinander im Kino, als dieser Kerl und sein Mädchen sich neben uns setzten. Er legte den Arm um sie, und das war mir peinlich, denn Du weißt, wie ich in solchen Dingen bin. Aber wie dem auch sei, Du kannst Dir nicht vorstellen, wie widerlich dieses Mädchen roch. Sie stank. Ich gab Ed ein Zeichen, daß ich den Platz mit ihm tauschen wollte. Wir taten es.

Das Mädchen sah mich an, dann flüsterte es dem Kerl etwas zu. Der nahm den Arm herunter und stand auf. Ich, unerschrocken, starrte zurück. Das Mädchen zog ihn am Arm, und er setzte sich wieder. Es war sein Glück, denn er war nur ungefähr einsneunzig groß, und ich hätte ihn glatt in den Mittelgang auf den Arsch geschleudert.

»Ich glaub, von unserem Autounfall hab ich Dir schon geschrieben, also werd ich das lassen. Das sind alle Neuigkeiten, Du blinde Ratte [Billings litt unter starker Kurzsichtigkeit]. Schreib!« befahl er seinem Apostel.

Seine ständigen Magenschmerzen und die medizinischen Tests machten ihn reizbar und ungeduldig, aber die Briefe verrieten auch ein ruheloses, suchendes Selbst, das mit dem sauber-optimistischen »feinen Kerl«, den er in der Öffentlichkeit zeigte, unvereinbar war. Er war besessen von seiner Sexualität und wollte es mit den verlockenden blonden Krankenschwestern treiben, die ihn betreuten; aber seine Abscheu gegen Frauen, die sich parfümierten und seine Abneigung gegen normale Zärtlichkeitsbeweise sprachen Bände. Die Kälte seiner Mutter und ihre Besessenheit von Schmuck, Kleidern und Schönheitspflege gaben ihm eine lebenslange Abneigung gegen solche frigiden Kunstgriffe, während er seine gebrochene Psyche in einem Leben fruchtloser Schürzenjägerei vergrub, in ständigen sexuellen Eroberungen, die seine Libido befriedigten, ihm aber niemals Zufriedenheit brachten.

Außer im Zustand geschlechtlicher Erregung haßte er es, berührt zu werden, haßte die bloße Vorstellung liebender Zuneigung zu einer Frau, die dauernde Bindung und Zärtlichkeit hätte mit sich bringen müssen. Vor seinem Freund mochte er sich in die Brust werfen und posieren, spucken und sich verächtlich geben, aber Lem Billings wußte, wieviel davon unecht war, und wieviel die Frustration und Ratlosigkeit eines hilflosen Jungen. Geboren und aufgewachsen in einer unglücklichen Ehe, eingesperrt in einer emotional blockierten, gesellschaftlich isolierten und manisch kompetitiven Familie, gab es keinen Ausweg.

»Noch immer in diesem gottverdammten Ofen, und es sieht nach einer weiteren Woche aus«, schrieb er Billings am 30. Juni. »Die Schwestern sind sehr verlockend. Den ganzen Tag kommen sie rein, und ich kann Dir sagen, Krankenschwestern sind beinahe so schmutzig wie Du, Du schweinischer Scheißer. Verzeihung, Onkel Ike, Onkel Ben und Mrs. Billings«, fügte er hinzu, falls der Brief in Pittsburgh, wohin Billings zurückgekehrt war, irrtümlich von einem anderen Familienmitglied geöffnet werden sollte. »Ich hatte heute nur zwei Einläufe, also fühl ich mich irgendwie voll. Endlich haben sie was gefunden, was mir fehlt. Ich weiß nicht was, aber wahrscheinlich was Ekelerregendes wie Hämorrhoiden

oder eine Krankheit meines vitalen Organs. Was soll ich sagen, wenn
jemand mich fragt, was ich habe?«

Aber die Ärzte hatten trotz aller Untersuchungen nicht gefunden, was
ihm fehlte. Mr. Kennedy berichtete dem Rektor des Internats: »Im Frühsommer schickten wir ihn in die Mayo Clinic, wo er ungefähr einen
Monat blieb. Sie untersuchten ihn gründlich und kamen zu der Überzeugung, daß sie nicht in der Lage seien, zu diagnostizieren, was Jacks
Krankheit während des Winters verursacht hatte und was die Fortdauer
dieses Zustandes in abgeschwächter Form verursacht. Zuletzt schickten
sie ihn heim und schrieben mir einen Brief, in welchem sie deutlich
machten, daß Jack, sollte sich die leiseste Tendenz zu einem Rückfall
zeigen, für ungefähr ein Jahr von der Schule genommen und nach Möglichkeit in den Süden geschickt werden müsse. Natürlich bereitet mir dies
große Sorgen, und für Jack ist es furchtbar.«

Wie um die Ärzte der Mayo Clinic zu narren, verschwanden Jacks
Magenprobleme plötzlich, als er zu Hause war, und er war im Nu zu
unanständiger Vitalität zurückgekehrt, wenigstens was die Zotigkeit
seiner Korrespondenz betraf. »Auf Deinen letzten Brief, der das schmut-
zigste Sendschreiben war, das ich je in Händen hielt«, kritzelte er im Juli
an Billings, »schreibe ich Dir den schmutzigsten aller schmutzigen Briefe.
Du Scheißkerl! Das ist der erste einer langen Liste von Namen, die Du in
diesem Brief finden wirst.« Er gab Billings eine zotendurchsetzte Schilderung vom Leben in Cape Cod. »Trox Box kommt runter, das sieht rosig
aus. Mimi ist wieder da, unternehmungslustig wie immer, alle zwölf
Zoll!« Und er sagte, daß er im September ins Internat zurückkehren
würde. »Ich nehm an, daß ich dieses Jahr wieder in dieses Loch zurückkommen werde, weil ich hier abscheulich gesund und robust geworden
bin. Joe kam vor ungefähr drei Tagen zurück und ist 'n Kommunist.
Schöner Scheiß, was?« kommentierte er die Rückkehr seines Bruders aus
der Sowjetunion. Selbst das neue Amt seines Vaters als Leiter der SEC
war von geringem Interesse, verglichen mit dem sonnigen Sandstrand am
Cape Cod im Hochsommer – und Jacks Entdeckung, daß die Mädchen
ihn mochten. »Ruth Zingly telefonierte aus Cleveland mit dem Mädchen
von nebenan, um zu fragen, wie es mir geht. Ich kann nichts dafür. An
meinem guten Aussehen kann es nicht liegen, weil ich nicht viel hübscher
bin als alle anderen. Es muß meine Persönlichkeit sein«, prahlte er
ironisch. »Ich springe jetzt in einer fleischfarbenen seidenen Badehose
am Strand herum und erwerbe die Schokoladenbräune, die dieses Jahr in
Newport und Hyannis Port der letzte Schrei ist. Heiße Nummer.«

Dads Vorstellung von einem Scherz

Billings war in diesem Sommer Zeuge des seltsamen Verhältnisses zwischen Jacks Eltern geworden. »Wenn Mr. Kennedy da war, dominierte seine Persönlichkeit, während die seiner Frau schrumpfte. Dann ließ sie ihn die Dinge in die Hand nehmen.« Seit seiner Berufung an die Spitze der SEC war Joseph Kennedy jedoch nur selten zu Hause, und Roses Versuche, in seiner Abwesenheit Ordnung zu halten, indem sie ihre eigenen häuslichen Regeln vorschrieb, erregten nur Jacks Geringschätzung. Sein Vetter, Joey Gargan, erzählte später, daß Jack und seine Mutter »oft in aneinander gerieten, soweit es Fragen der Ordnung und Disziplin im Haus betraf, weil er sich nicht gut einfügte«. Roses längst zur Gewohnheit verinnerlichter Wunsch, ihre Kinder auf eine gesellschaftliche Welt vorzubereiten, die sie selbst nicht akzeptiert hatte, kam Jack verrückt und lächerlich vor. »Tatsächlich überwachte sie uns beinahe ständig«, erinnerte sich Roses verwaister Neffe. »Auftreten und Benehmen: ›Tragt keine weißen Socken zum Anzug. Tragt schwarze Schuhe zu blauen oder grauen Anzügen, keine braunen Schuhe. Die Hemdsärmel müssen kurz genug sein, daß die Manschette einen Zoll aus dem Ärmel schaut. Sagt nicht hallo zu anderen Leuten, wenn ihr sie grüßt oder anredet.‹« Beim Abendessen gab es endlose »Anweisungen über gute Tischsitten beim Essen, das richtige Besteck und die Haltung beim Essen, und daß den Damen zuerst serviert wird... War eine Mahlzeit vorbei, mußten die Damen und insbesondere Tante Rose zuerst das Speisezimmer verlassen. Das waren gute Manieren. Aber Jack vergaß sie sehr oft. Er hatte eine interessante Unterhaltung, oder seine Gedanken waren anderswo, oder er vergaß einfach die Reihenfolge des Aufstehens und Hinausgehens. Dies geschah so oft, daß Tante Rose nach der Mahlzeit meistens sehr schnell aufstand und zur Tür ging. Und dann konnte es leicht passieren, daß eine Art Wettlauf zwischen ihr und Jack entstand, wer die Tür zuerst erreichen würde. Sie hielt es Jack häufig vor, dann sagte er: ›Ach ja, Mutter, tut mir leid‹... Aber ein paar Tage später passierte es wieder.«

Wenn er sich nicht über seine merkwürdig gewordene Mutter lustig machte (Rose lief sogar im Haus mit großen, an die Bluse gehefteten Notizen herum), ignorierte Jack sie, so gut es ging. Oft bevölkerte er die Häuser am Cape Cod oder in Bronxville mit Schulfreunden wie Herb Merrick, »Rip« Horton, Smokey Wilde und Hugh (»Bud«) Wynne. »Er hatte, wie mir schien, unzählige Freunde«, erinnerte sich Rose, »denn während der Ferien und an besonderen Wochenenden, wenn er nach Haus kam, hatte er unweigerlich einen, gewöhnlich zwei, drei, vier oder mehr Schulfreunde bei sich. Wir wußten nie, wen wir zu erwarten hatten oder wie viele. In der Familie wurde es zu einem Scherz, zu einer Redewendung in Kurzform, die Heiterkeit hervorrief: ›Jacks Überraschungen.‹«

Einer von Jacks Schulfreunden, Paul Chase, berichtete später, daß Jacks Familie ihm zuerst wie eine Musterfamilie vorgekommen sei, mit neun lebendigen, übersprudelnden Jungen und Mädchen, die um ihren Platz an der Kennedy-Sonne wetteiferten. Mit der Zeit sah Chase jedoch, daß darunter etwas faul war im Staate Dänemark, daß die Märchenbuchfassade ein beinahe psychotisches Drama verbarg, in welchem Mrs. Kennedy von der beherrschenden, rücksichtslosen Persönlichkeit ihres Mannes in den Schatten gestellt wurde, und daß die Spannung dieser unausgesprochenen Feindseligkeit zwischen den Eltern alles durchdrang. Das Wettbewerbsdenken, das Mr. Kennedy unter seinen neun Kindern erzeugte, war ungemein faszinierend. Zu Hause benahm er sich wie ein Seehundwärter im Zoo, der seinen Schützlingen aus einem Eimer Fische zuwirft und abwechselnd Aufforderungen und Verwünschungen ausstößt, wenn sie danach springen. »Mr. Kennedy predigte wirklich, daß Gewinnen alles war«, erinnerte sich Chase. Beim Segeln vor Hyannis Port »bat Jack mich mehrere Male, bei ihm mitzusegeln, wenn er keinen anderen finden konnte. Einmal verloren wir mit ziemlich großem Rückstand und bekamen nach unserer Rückkehr einen halbstündigen Vortrag vom ›Alten‹. Er sagte, er habe das Rennen beobachtet und sei sehr ärgerlich über uns beide. Es habe keinen Sinn, behauptete er, in ein Rennen zu gehen, wenn man nicht sein möglichstes tue, um zu gewinnen, und darin hätten wir elend versagt. Er war wirklich wütend auf uns.«

Rip Horton stimmte dieser Beobachtung zu. »Er war einfach unglaublich kompetitiv. Wenn wir Monopoly gegen ihn spielten, machte er uns fertig. Alle drei, Lem, Jack und ich taten uns gegen ihn zusammen, und er machte uns fertig. Aber das geschah hauptsächlich, um seine Jungen anzustacheln.« Das gleiche war bei Tisch der Fall, wo Mr. Kennedy seine älteren Söhne zu Diskussionen über »Tagesereignisse, Innen- und Außenpolitik« anregte. »Ich war fasziniert, weil ich mich für Politik interessierte«, sagte Horton, »aber wenn ich Mr. Kennedy eine Frage stellte, Sie können es mir glauben, behandelte er mich wie ein Stück Dreck, ignorierte mich einfach« – eine Erfahrung, die alle Freunde machen sollten, die Jack mitbrachte.

Obwohl es ihm nicht einmal gelungen war, sich die Loyalität seiner bezahlten Untergebenen über längere Zeit zu erhalten (alle seine »Reiter« bis auf Eddie Moore hatten ihn nach der Swanson-Affäre verlassen), konnte Joseph Kennedy der Versuchung nicht widerstehen, seine eigenen Kinder zu manipulieren. Wie ein guter Tierabrichter seine Schützlinge nicht nur drillt und anfeuert, sondern auch belohnt, hielt er sie genauso bei der Stange, wie er es einst mit Gloria Swanson getan hatte, indem er sie mit der Erklärung überraschte, er habe für jedes seiner Kinder ein Treuhandvermögen von einer Million Dollar auf ihre Namen eingerichtet, über das sie mit einundzwanzig Jahren frei verfügen könnten. Und mit der gleichen Unberechenbarkeit, die seine Börsenmanöver so erfolgreich gemacht hatte, konnte er seine Kinder in Atem halten. Er beanstandete Jacks Wäschereirechnungen, aber dann, wie Paul Chase sich erinnerte, »forderte der Alte uns nach einem besonders feinen Abendessen auf, alle unter unsere Dessertteller zu schauen. Als wir es taten, fand jeder eine Fünfzigdollarnote. Dann sagte Mr. Kennedy uns, daß wir alle als seine Gäste in Bradleys Spielkasino gehen würden. Warum wir in unserem Alter da überhaupt reingelassen wurden, ist mir heute noch nicht klar.«

In eklatantem Widerspruch zu den sittenstrengen Erziehungsgrundsätzen seiner Frau stand übrigens auch Joseph Kennedys väterliches Beispiel im Umgang mit dem anderen Geschlecht. Einmal kam Jack von der Schule nach Haus und fand sein Bett bedeckt mit Sexmagazinen, alle aufgeschlagen, um die weibliche Anatomie aus allen Perspektiven zu zeigen – ein Vorfall, den der spätere Pfarrer Seymour St. John später mit einem verständnislosen Seufzer erzählte. Hoffte Mr. Kennedy damit der übertriebenen Prüderie seiner Frau entgegenzuwirken? »Ich glaube, das ist Dads Vorstellung von einem Scherz«, soll Jack bemerkt haben, als er die ausgebreiteten Hefte sah. Was immer das Motiv war, es trug sicherlich zu Jacks emotionaler Konfusion bei und konnte ihn in einer abschätzigen, ausbeuterischen Einstellung zu Frauen nur bestärken.

Im Internat suchte Jack mehr und mehr Zuflucht in seinem Freundeskreis. In einer loyalen Gruppe Gleichgesinnter fand er eine Art kollektiver Sicherheit – in dem Gefühl, wie Billings es später ausdrückte, das Choate jetzt, nachdem sein Bruder vom Schauplatz abgetreten war, »*ihm* gehöre«.

Wenn, dann war es ein sehr anderes Choate als das, in dem sein älterer Bruder triumphiert hatte. »Ich habe noch immer Deinen Rasierpinsel, den ich zurückgeben werde, wenn ich meine Leinenjacke wiederkriege,

Du Schleimscheißer«, hatte Jack Ende Juli 1934 an Billings geschrieben.
»Hast Du schon mal 'ne Frau aufs Kreuz gelegt? Du Hund.«

Nun, in ihrem letzten Schuljahr, sollten Jack und Billings einen Raum
im Westflügel teilen – entdeckten aber zu ihrem Schrecken, daß er
unmittelbar neben dem Zimmer lag, das von Jacks Nemesis, Mr. Maher,
bewohnt wurde. »Wir sind oben in Mr. Mahers Korridor und gleich
neben ihm, und er hört alles, was wir sagen, kommt rein und macht seine
Bemerkungen dazu«, klagte Jack seinem Vater. »Wir hausen praktisch
mit ihm zusammen, das ist schlimmer als alles, was wir erwartet hatten.«

Wenn dies Mr. Mahers Methode war, Jack Kennedy zu beaufsichtigen
und zur Arbeit anzuhalten, sollte er tief enttäuscht werden. Billings
berichtete von dem unvermeidlichen Zusammenstoß.

Kurz nachdem Jack aus den Sommerferien ins Internat zurückgekommen war,
schleiften wir seinen Kabinenkoffer die Treppe hinunter, um ihn im Keller
unterzubringen. Wir veranstalteten einen ziemlichen Lärm dabei. Unser Hausleiter, Mr. Maher, kam aus seinem Zimmer. Er erinnerte uns daran, daß jetzt
die Zeit für Schularbeiten sei, und der Lärm andere Schüler beim Lernen stören
würde. Er befahl uns, den Kabinenkoffer wieder hinaufzutragen und am
nächsten Morgen in den Keller zu bringen. Also standen Jack und ich um sechs
Uhr früh auf, zogen den Kabinenkoffer hinaus und polternd die Treppe hinunter. Mr. Maher kam im Bademantel aus seinem Zimmer gestürzt, mit irrem
Blick, und wollte wissen, was wir uns dabei dachten. »Aber Mr. Maher«, sagte
Jack unschuldig, »Sie sagten uns doch, wir sollten ihn am Morgen runter-
bringen.«

Jack wußte recht gut, wie hart am Wind er segelte. Aber seine Krankheit
und die Torturen im Krankenhaus, gefolgt von unerwartet robuster
Gesundheit, verstärkten seinen sorglos-unbekümmerten Lebenshunger,
den nicht einmal der strengste Zuchtmeister des Internats, J. J. Maher,
bändigen konnte. Dieser schluckte seinen Zorn hinunter und berichtete
dem Rektor im Oktober 1934, daß Jacks Verhalten sich gebessert habe.
»Haltung anfangs schlecht; schlampig, selten pünktlich; hat aber Besserung gezeigt und gibt sich wirklich Mühe. Arbeitet am besten ... wenn
man nicht zu hart und zu oft auf ihm herumhämmert.«

Ein paar Wochen später schlug der Tonfall des Hausleiters von Hoffnung in Verzweiflung um. »Wird an Nachlässigkeit und fortgesetzter
Verspätung nur von seinem Stubenkameraden Billings erreicht. Alle
Zwangsmethoden versagen«, berichtete Maher. »Jacks Leistungen sind
nicht so gut, wie er sie von sich selbst erwarten sollte«, räumte George
St. John ein, als er Jacks Vater das Zwischenzeugnis nach Washington
schickte. Dort hatte der neue Vorsitzende der SEC in der vergeblichen

Erwartung, daß seine Familie zu ihm ziehen würde, den herrschaftlichen Landsitz Marwood gemietet, ein Haus mit nicht weniger als dreiunddreißig Zimmern auf einem 125 Morgen großen Grundstück am Potomac. »Er hatte einen schlechten Anfang, war nicht bereit, nachlässige Gewohnheiten zu korrigieren. Es war eine Haltung, die Jacks nicht würdig war«, bemerkte St. John, aber er war »beinahe allzu bereit, alles zu vergeben, wenn ich an die ernste Erkrankung denke, die er durchgemacht hat.«

Jack wurde eine Kopie von Mahers Bericht gezeigt, und zusammen mit seinen Herbstnoten blieb das nicht ohne Wirkung auf ihn. »Fürchtete er sich vor seinem Vater?« überlegte Billings später. »Das tat er, wenn er etwas angestellt hatte«, denn der alte Kennedy hatte »eine scharfe Zunge und einen scharfen Blick. Jack wollte keinem von beiden ausgesetzt sein.«

»Lieber Dad: Ich dachte, ich sollte Dir gleich schreiben«, entschuldigte sich Jack am ersten Sonntag im Dezember 1934 in außerordentlich sauberer Handschrift. »LeMoyne und ich haben darüber gesprochen, wie schlecht wir in diesem Quartal abgeschlossen haben, und wir haben definitiv beschlossen, alles Herumalbern zu lassen. Ich erkenne wirklich, wie wichtig es ist, daß ich dieses Jahr gute Arbeit leiste, wenn ich nach England will.« (Er wußte, wie sehr sein Vater wünschte, daß er in die Fußstapfen seines Bruders trat und ein Jahr bei Professor Laski in London studierte, bevor er an die Universität ging.) »Wenn ich es recht überleg, glaub ich wirklich, daß ich mich selbst darüber getäuscht habe, wieviel richtige Arbeit ich getan habe.«

In Wahrheit dachte Jack gar nicht daran, sich zu bessern. »Tatsächlich war es ihm zu der Zeit ganz gleichgültig, ob die anderen Schüler ihn achteten oder ob er bei ihnen beliebt war«, erinnerte sich Billings. »Er wollte möglichst viel Spaß haben, er war interessiert an den Fächern, die ihm lagen, und zu Tode gelangweilt von denen, die ihm nicht lagen. Er war sehr hinter Mädchen her, er interessierte sich für Sport. Er hatte zweifellos einen Sinn für Humor, und wenn ihm danach war, machte er sich über andere lustig. Ich glaube, aus diesem Grund mochten ihn viele Jungen nicht. In Choate war er ganz gewiß nicht der Junge, von dem man sagen würde, er sei einer der führenden Jungen, wie sein Bruder einer gewesen war.«

Einige Beobachter fanden Billings' Unterwürfigkeit gegenüber Jack bemitleidenswert und nannten ihn den »armen Lem«, sowohl wegen seiner relativen Armut (nach dem Tode seines Vaters hatte er ein Stipendium bekommen) wie auch aufgrund seiner Bereitwilligkeit, auf jeden von Jacks Einfällen einzugehen. Doch in einer Welt, die Jack als eine endlose Reihe von Einschüchterungsversuchen und Disziplinierungen seitens der Eltern, Lehrer und Ärzte begriff, war Billings' Großherzigkeit und seine Bereitschaft, sich Jacks sprunghaftem, unreifem Protest anzuschließen, ein rührender Treuebeweis. Wenn ein Junge wie Billings ihm durch das sprichwörtliche Dick und Dünn folgen und an ihn glauben konnte, dann mußte das Leben, *sein* Leben, wichtig sein, überlegte Jack – nicht in den Begriffen des Internats oder in denen seines Vaters, sondern in seinen eigenen Begriffen.

Aufstand der »Mucker«

Auch nach dem Unzug ihres Mannes nach Marwood weigerte sich Rose Kennedy, ihm nach Washington zu folgen. Erschöpft von seiner anstrengenden Arbeit an der Spitze der SEC, suchte Mr. Kennedy einen Kompromiß und traf Vorbereitungen, den Weihnachtsurlaub 1934 mit seiner Familie in Palm Beach zu verbringen. Jacks schlechte Leistungen und seine Aufsässigkeit machten es St. John jedoch unmöglich, ihn vorzeitig in die Ferien gehen zu lassen. »Ich verstehe Ihren Wunsch, Jack so bald wie möglich nach Palm Beach abreisen zu lassen«, schrieb St. John an Mr. Kennedy und beeilte sich zu versichern, daß das Lehrpersonal »in jeder Weise, die sich für Jack als zweckmäßig erweist, mit Ihnen zusammenarbeiten wird.« Nichtsdestoweniger wollte St. John vermeiden, daß Jack »den Eindruck gewinnt, er sei durch mildernde Umstände aus einer Situation herausgekommen«. Zwar durfte Jack das Internat schließlich am 20. Dezember verlassen, doch wurde dem jungen Missetäter zu seinem Verdruß befohlen, schon vor dem Beginn des neuen Quartals zur Schule zurückzukehren.

Mr. Kennedy war von Jacks Benehmen in Palm Beach ähnlich enttäuscht wie Mr. St. John. »Ich stimme Ihnen zu, daß ihm noch immer die angemessene Einstellung zu seinen Problemen fehlt«, schrieb er an St. John. »Ich habe immer geglaubt, daß er einen guten Verstand hat. Leider hat er auch eine ganz unreife Einstellung zu seinen Aktivitäten, und obwohl ich dieses Jahr eine enorme Verbesserung bemerkt habe, bin ich nach wie vor der Meinung, daß er in erster Linie die Förderung und Übung der Fähigkeit nötig hat, ordentliche Arbeit zu leisten.«

Die Wendung war unheilverkündend, als glaubte Joseph Kennedy, daß Jacks »Problem« sich auflösen würde, wenn man Jack zu tun zwang,

was er nicht tun wollte. Mr. Kennedy nahm immerhin einen Teil der
Schuld auf sich. »Wir haben möglicherweise ebensosehr wie alle anderen
dazu beigetragen, ihn zu verwöhnen, indem wir Hauslehrer und Haushälterinnen und Hausmädchen hinter ihm herschickten«, bekannte er,
aber der Gedanke, daß Jack gegen eine Jugend mit Haushälterinnen und
Hausmädchen anstelle von Eltern rebellierte, kam ihm nicht in den Sinn.
Am 7. Januar 1935 kehrte Jack ins Internat zurück.

Er war weder bekehrt noch eingeschüchtert. »Während des Winter-
quartals«, erzählte Seymour St. John, »mußte J. J. Maher einräumen,
daß er am Ende seines Lateins war.« »Eineinhalb Jahre lang habe ich von
gutem Zureden bis zu strenger Zurechtweisung alles versucht, um nur
ein paar gewöhnliche Gesichtspunkte über ein normales Zusammenleben in der Gemeinschaft in Jacks Kopf hineinzubringen, und ich fürchte,
ich muß mein eigenes Versagen ebenso wie seines einräumen«, teilte
Maher dem Rektor noch im Januar mit. »Jack ist pünktlich nur unter der
Keule; ordentlich praktisch nie. Er hat wenig Sinn für sportliche Anstän-
digkeit (nicht einmal für jene niedrige politische Form von Fairneß, die
sich mit ›eine Hand wäscht die andere‹ umschreiben läßt). Unglücklicherweise muß alles für Jack laufen, oder er spielt nicht.« Er beklagte,
daß Jacks »Krankheit im vorigen Jahr und die daraus folgende körperliche Verfassung die Teilnahme an Sportarten verhindert, die eine so
notwendige Eigenschaft vermitteln können«.

Das war das klassische britische Internatsrezept: körperliche Übung
und kalte Duschen. Maher bekannte sich auch dazu: »Ich hatte viel Spaß
mit meiner morgendlichen ›Duschmannschaft‹, zu deren regulären Mitgliedern auch Lem und Jack gehören, aber sobald eine Situation sich vom
Allgemeinen zum Besonderen verändert, ist es für niemanden eine Frage,
wie sie reagieren werden.« Maher empfahl, die beiden zu trennen. »Da
ich überzeugt bin, daß sie einander durch ihr Zusammenleben nicht
helfen, und da ich glaube, daß sie eine geachtete Stellung als verläßliche
Oberstufenschüler unter den Jungen meines Korridors nicht wiedergewinnen können, sollten sie getrennt und in Häuser jüngerer Schüler
geschickt werden, um dort einen neuen Anfang zu machen, Verantwortung zu übernehmen und eine andere Haltung zu finden.«

Auch Seymour St. John beklagte im Namen des Lehrkörpers Billings'
beflissene Teilnahme an Jacks Unfug:

Josh Billings, LeMoynes Bruder, war ein sehr guter Freund von mir. Auch er
war der älteste Sohn, Kapitän der Footballmannschaft von Princeton, und
machte alles richtig. Und dann kam LeMoyne, der zweite Sohn, ein großer,
gutaussehender Junge, der seine Arbeit zur Zufriedenheit verrichtete, aber

keinen wirklichen Halt hatte. Und als er Jack Kennedy fand, dachte er einfach, dies sei der Halt, den er suchte, dies sei das Rechte für ihn. Und er war Jack Kennedy ein guter Freund, der *alles* für ihn tat. Egal, was Jack sich in den Kopf setzte, er war mit von der Partie und machte den Handlanger. In diesen letzten zwei Jahren, in denen Jack sich nicht gut entwickelte, waren die beiden unzertrennlich. Jack mochte Billings, er schätzte es sehr, jemanden zur Verfügung zu haben, der bei all seinen Scherzen, Dummheiten oder was immer mitmachte. Aber nie gab es einen LeMoyne, der die Selbständigkeit aufbrachte, zu sagen: »Ich finde, das ist keine gute Idee.« Wenn es Jacks Idee war, war es *immer* eine gute Idee.

Jacks nächste Idee war, Rip Horton zufolge, daß Jack und Billings ihre Jungfräulichkeit an dieselbe Prostituierte verlieren sollten. Horton selbst hatte schon ein Mädchen gehabt, wie er später vertraulich mitteilte. Nun war es Zeit für Jack und Billings. »Sie setzten sich in ein Taxi und fuhren zu einem Bordell in Harlem. Zuerst sahen sie einen pornografischen Film, dann gingen sie mit den Mädchen. Es kostete ungefähr drei Dollar. Nachher kamen Billings und Jack in schrecklicher Panik zurück und bildeten sich ein, sie hätten sich mit einer Geschlechtskrankheit angesteckt. Sie gingen in ein Krankenhaus und besorgten sich alle möglichen Medikamente und Cremes, und dann weckten sie mitten in der Nacht einen Arzt, der ihnen helfen sollte.«

Im Laufe der Zeit begann sich Jacks Spottlust auf eine ganze Clique auszubreiten und rief eine antiautoritäre Respektlosigkeit ausgerechnet unter den Jungen hervor, die als Oberstufenschüler den Geist der Schule verkörpern und den Jüngeren mit gutem Beispiel vorangehen sollten. Wieder mußte Maher dem Rektor melden, daß »weder Jack noch sein Stubenkamerad ihre Pflichten akzeptiert haben. Es ist zu spät, glaube ich, als daß sie ihre verlorene Position zurückgewinnen könnten, weil sie in ihrer albernen, kichernden Unzertrennlichkeit von Anfang an demonstriert haben, daß das Wohl der Gemeinschaft hinter ihrer eigenen Bequemlichkeit und ihrem Gutdünken zurücksteht.«

Das »Wohl der Gemeinschaft« war freilich eine Frage der Auslegung. Für Maher wie für St. John bedeutete Gemeinschaft die Gesamtheit der Schule, vom Rektor bis zum jüngsten Schüler. Für Jack bedeutete sie die Freunde, die er um sich versammelte. Ein Mädchen aus diesem Freundeskreis, Olive Cawley, erzählte später, Jack sei »witzig, gescheit, spitzbübisch« gewesen. »Er war immer von Spannung und Aufregung umgeben. Wenn die Gruppe unterwegs war, hatte Jack das Sagen: Wohin es gehen sollte, was sie tun würden. Seine Freunde waren die Satelliten, besonders LeMoyne.«

Jacks Weigerung, Maher zu gehorchen, und seine offenkundige Mißachtung des Schulethos verwirrten den wohlmeinenden St. John. »Jack
und LeMoyne die Leviten lesen«, schrieb er in einer Notiz. »Sie haben es
nötig. Können wir sie trennen? Nicht machbar. Würde ein Drüsenspezia-
list helfen, diese seltsame Unreife zu überwinden?« grübelte er. In einem
Brief an Jacks Vater nahm St. John diesen Gedanken wieder auf: »Jack
ist der unreifste, verantwortungsloseste Oberstufenschüler in diesem
Haus. Wäre er mein Sohn, ich glaube, ich würde ihn zu einem Drüsen-
spezialisten bringen.«

Ironischerweise sollte sich dies als die eigentliche Ursache von Jacks
Gesundheitsproblemen herausstellen – nur war eine Diagnose zu der
Zeit nicht möglich. Die Ursache von Jacks »Unreife« war hingegen wohl
psychologischer, nicht pathologischer Natur. Da er im schulkonfor-
men Leistungswettbewerb nicht hoffen konnte, die Spitzenposition zu
erreichen, die väterliche Erziehung und sein ausgeprägtes Ego ihm vor-
schrieben, wich er in eine Gegenposition aus, um sich hier hervorzu-
tun.

St. Johns Besorgnis hatte sich unterdessen verstärkt, er predigte den
Schülern die Notwendigkeit, Choates Idealen zu dienen, und bezeich-
nete jene Schüler, die dieses Schulethos vermissen ließen, als »Mucker«
(ein Ausdruck ethnischer Geringschätzung für ungelernte irische Arbeiter).

»Das Wort fiel zuerst in dem Winter in einer der Aulapredigten vor den
versammelten Schülern«, berichtete Seymour St. John, der Sohn des
Rektors. »Mit kaum verhüllten Anspielungen auf eine kleine Intrige, an
der Kennedy beteiligt gewesen war. Und dann, in einem Augenblick
diabolischer Inspiration, bildeten Jack und ein Dutzend Freunde, um die
Schulautorität zum Gespött zu machen, den ›Muckers' Club‹.« Lem
Billings, ein Mitbegründer von Jacks Klub, sah nichts Diabolisches in der
Entstehung:

Wir hatten einen Raum, der sehr nahe beim Speisesaal war. Zwischen dem
Abendessen und der Andacht lagen ungefähr zwanzig Minuten, in denen es
wenig zu tun gab. Zufällig hatten wir ein ziemlich gutes Grammophon, und so
fanden wir uns dort zusammen. In seinen Predigten hatte der Rektor ständig
die Bezeichnung »Mucker« für diejenigen gebraucht, die nach seiner Ansicht
die übelsten Elemente unter den Schülern waren, und gesagt, ungefähr fünf
Prozent der Jungen an seiner Schule seien »Mucker«, und wenn er wüßte, wer
sie seien, würde er sie hinauswerfen. Nun, da haben wir ein Beispiel für eine
törichte, aber normale jungenhafte Einstellung – sofort gründeten wir einen
Klub, den wir den »Muckers' Club« nannten.

»Warum waren wir so aufsässig?« überlegte Rip Horton viele Jahre später. »Vielleicht wollten wir uns nicht anpassen, mit der Schule identifizieren, wie es erwünscht war. Jeder von diesen Burschen hatte Sinn für Humor. Jack hatte einen sehr, sehr beißenden Witz. Es machte uns einfach Spaß, herumzublödeln und Leute zu ärgern, um ihre Reaktionen zu sehen. Keiner von uns trank oder rauchte ... Wir waren bloß in mancher Weise gegen die Schulorganisation.«

Die Mitgliedschaft war exklusiv. »Nur Mitglieder des Muckers' Club durften nach dem Abendessen in unseren Raum«, erinnerte sich Billings, denn dann wurden die nächsten Streiche besprochen. Rip Horton, der sich als das »kultivierteste« Mitglied betrachtete (sein Großvater hatte die große Molkereigesellschaft gegründet, aus der schließlich die Firma Kraft hervorging), wurde zum Klubsekretär gewählt. Seine Familie hatte ihm während der Prohibition Karten für verschiedene Lokale geschenkt, in denen illegal Alkohol ausgeschenkt wurde, und seine Kenntnis der New Yorker Nachtklubs war für einen Siebzehnjährigen erstaunlich.

Der Muckers' Club wuchs stetig, bis er kraft seiner Mitgliederzahl den offiziellen Schülerrat zu verdrängen und zur Oppositionspartei innerhalb des Internats zu werden drohte. »Eines Abends, als ich durch den Korridor zu meiner Stube ging, hielt Jack mich an. Aus heiterem Himmel sagte er: ›Du bist Mitglied unseres Klubs – des Muckers' Club.‹ ... Ich wußte nicht, ob es sechs oder acht oder zehn Leute waren, erinnere mich aber, daß die Hauptthese lautete, wir seien so wichtige und populäre Leute, daß der Rektor uns nicht alle hinauswerfen könne«, erinnerte sich ein Mucker.

Nach einigen Desertionen (manche Schüler, wie Hugh Wynne, fühlten sich in Sorge um ihre Stipendien oder Geldgeber zu Wohlverhalten genötigt) stabilisierte sich die Mitgliederzahl des Choate Muckers' Club bei dreizehn Mitgliedern. Es wurde beschlossen, ein goldenes Vereinsabzeichen zu schaffen, das die Mitglieder anstecken konnten. »Wir ließen eine kleine goldene Schaufel machen, auf der die Initialen des jeweiligen Mitglieds und die Buchstaben CMC für Choate Muckers' Club eingraviert waren; und wir trugen diese Abzeichen mit Stolz zur Schau«, erinnerte sich Horton.

Die Abzeichen waren für jene Tage kostspielig. »Ungefähr zwölf Dollar, wenn ich mich recht entsinne«, sagte ein anderer Mucker, Paul Chase. »Sie wurden in Wallingford von einem Juwelier handgefertigt.« Stolz auf sein Abzeichen, prahlte Chase gegenüber seinem Stubenkameraden mit dem neuesten Mucker-Streich. »Ich sagte ihm, daß wir einen Haufen Pferdemist in den Saal schaffen würden, wo der Frühjahrstanz stattfinden sollte, um uns dann mit unseren Schaufeln und dem Misthaufen auf dem Tanzboden fotografieren zu lassen. Anscheinend nahm er mich ernst und verständigte den Rektor.«

Als dieser davon erfuhr, war er bleich vor Wut. Der Frühjahrsball war die wichtigste Wochenend-Tanzveranstaltung des Schuljahres. Viele Mädchen aus gutem Hause wurden von ihren wohlhabenden Eltern zu diesen Veranstaltungen begleitet, um »passende« Partner kennenzulernen. In einer Zeit, die gekennzeichnet war von einer schweren Wirtschaftskrise, in der die Zahl der eingeschriebenen Schüler auf den niedrigsten Stand seit 1928 gesunken war und sogar die Existenzberechtigung einer solchen teuren Eliteschule inmitten verbreiteter Armut in Zweifel stand, nahm sich St. John die Angelegenheit tief zu Herzen. In den Aufzeichnungen, die er damals machte, beschrieb St. John die dreizehn Mucker als »eine ungeheuer egoistische, vergnügungssüchtige Gruppe – in allgemeiner Opposition zu den hart arbeitenden soliden Leuten in der Schule, seien es Lehrer oder Schüler. Das Emblem dieser Gruppe ist eine Schaufel. Es wurde angeregt, daß sie sich beim Frühjahrstanz fotografieren lassen sollten, wobei jeder sein Mädchen auf einer Schaufel ziehen sollte, um sich dann neben einem Misthaufen aufzustellen, um zu zeigen, daß die Schaufeln benutzt wurden.«

Als er diese Notizen machte, hatte St. John bereits gehandelt. Am selben Tag verlas er im Speisesaal die Namen der Klubmitglieder, »und es war interessant, das leise anerkennende Gemurmel zu hören, das durch den Saal ging, als ich die Namen auf der Liste verlesen hatte«. Alle dreizehn wurden aufgefordert, sich in seinem Arbeitszimmer einzufinden. Dort erklärte er der ganzen Gruppe, »daß ich einen oder alle miteinander relegieren würde, es sei mir gleich, welchen, wenn es dazu käme, daß der Geist unserer Schule leichtfertig aufs Spiel gesetzt würde... Ich las ihnen das ›Aufruhrgesetz‹ vor und suchte ihnen gleichzeitig zu zeigen, daß ich für sie sei, für jeden einzelnen von ihnen, vorausgesetzt, sie identifizierten sich aufrichtig mit der Schule. Die drei Mitglieder der Gruppe, die ich als die wahrscheinlichsten Kandidaten für eine Verweisung von der Schule betrachte, seien Ralph Horton, Jim Wilde und Jack Kennedy.«

St. Johns Aufzeichnungen wurden erst am folgenden Tag gemacht. Nach Maurice Shea wurden die Jungen jedoch tatsächlich relegiert. »Ich mache ihm keinen Vorwurf daraus. Er dachte, daß wir nicht ganz die Jungen seien, die er für würdig befand, den Stempel einer Eliteschule wie Choate zu tragen. Also wurden wir alle in sein Arbeitszimmer gerufen, und wenn ich mich recht erinnere, nahm er sich jeden einzelnen von uns vor, konfrontierte uns mit unseren Fehlern und erklärte, daß irgendwann zwischen fünf und sechs Uhr ein Zug gehe, und daß wir diesen Zug nehmen sollten; wie seien nicht mehr Schüler seines Internats.«

Auch Paul Chase erinnerte sich an die Relegation. »Zur Mittagszeit las der Rektor unsere dreizehn Namen vor, begleitet von leisem Pfeifen aus der Schar der versammelten Schüler. Er bestellte uns gleich nach dem Essen in sein Arbeitszimmer. Dort beendete er eine ziemlich lange Gardinenpredigt mit der Feststellung, daß er uns für ungeeignet halte, weiter die Schule zu besuchen, weshalb er uns vom Internat relegiere.« Rip Horton bestätigte gleichfalls, daß die Schüler relegiert wurden: »In diesem Stadium der Entwicklung entließ Mr. St. John uns alle aus der Schule – warf uns hinaus ... Unsere Familien wurden verständigt.«

Die dreizehn Mucker waren niedergeschlagen. So sehr sie die Schule verspotteten, sogar haßten, der Verweis von der Schule war ein Schandfleck, der ihre Zukunftsaussichten beeinträchtigten konnte. Die Aufnahme in eine Universität – insbesondere in die Eliteuniversitäten der sogenannten »Ivy League«, Princeton, Yale, Harvard, Columbia, Dartmouth und Pen – war abhängig von der Beurteilung im Abgangszeugnis des Kandidaten, die vor allem auch das Verhalten in der Schule betraf (die sogenannte Bescheinigung der Ehrenhaften Entlassung). Noch schlimmer war die Schande, den Eltern ihre Verweisung von der Schule erklären zu müssen.

Wurden die Jungen tatsächlich relegiert? Es scheint, daß St. John, sobald sein Zorn verraucht war, seine Entscheidung noch einmal überdachte, was zur Entstehung verschiedener späterer Gerüchte führte. »Es müssen irgendwelche finanziellen Erwägungen im Spiel gewesen sein«, überlegte Horton; er vermutete, daß Jack Kennedys Vater sich für die Jungen eingesetzt und »danach zwei ausgezeichnete Projektoren für die Samstagabend-Filme gestiftet« habe.

Die Filmprojektoren waren jedoch schon zwei Jahre vorher geliefert worden; überdies war St. John nicht leicht zu kaufen, wie Maurice Shea berichtete. »Ich kann mir nicht denken, daß es Mr. Kennedy gelungen sein sollte, die Wogen zu glätten. Es gibt da eine Geschichte von einem Jungen, keinem Mucker, der von der Schule gewiesen wurde. Damals hatte Choate kein Schwimmbecken. Seine Mutter kam und sagte, wenn ihr Sohn ins Internat zurückkehren dürfe, würde sie dafür sorgen, daß es innerhalb des nächsten Jahres ein neues Gebäude mit einem Hallenbad geben würde. Und wie es hieß, habe der Rektor darauf erwidert: ›Choate benötigt ein Schwimmbecken, aber Ihren Sohn benötigt es weniger.‹«

Shea konnte sich nur erinnern, daß »Mr. St. John irgendwann zwischen zwei und fünf Uhr, als der Zug mit den relegierten Schülern Wallingford verlassen sollte, sich erweichen ließ oder seine Meinung änderte und uns noch eine Chance gab«.

Es ist wahrscheinlicher, daß einige Lehrer sich beim Rektor für die Missetäter einsetzten. LeMoyne Billings jedenfalls schrieb die Begnadigung der Mucker dem mäßigenden Einfluß anderer Lehrer zu. »Schließlich waren alle dreizehn Schüler der Oberstufe. Keiner von uns hatte jemals wirklich *ernste* Schwierigkeiten bereitet. Einige Lehrer, die der Sache gelassener gegenüberstanden als Mr. St. John, überredeten ihn zum Nachgeben.«

Anscheinend gab es Bemühungen auch von außen. »Unsere Eltern sprachen mit dem Rektor«, berichtete Rip Horton. Gegen das Versprechen, den Muckers' Club aufzulösen und sich »strikt an die Bestimmungen der Internatsordnung und die Anweisungen der Leitung zu halten, wurden wir wieder aufgenommen, ohne das Internat wirklich verlassen zu müssen. Zur Strafe mußten wir über Ostern dableiben und durften nicht mit den anderen Schülern nach Haus fahren.«

Im Falle des irischen Erzmuckers war Mr. St. John allerdings nicht bereit, es damit bewenden zu lassen. Er hatte bereits Jacks Weihnachtsferien beschnitten; es hatte nicht geholfen. »Schließlich kam es soweit«, erzählte er später, »daß ich mir sagte: ›Gut, ich habe jetzt zweierlei zu tun, nämlich die Schule zu leiten und Jack Kennedy und seine Freunde zu kontrollieren.‹« Also telegrafierte er Mr. Kennedy.

Wie weit der Rektor über die Familienverhältnisse seines widerborstigen Schülers unterrichtet war, wissen wir nicht. Nach einer anonymen Quelle aus dem Internat war George St. John voreingenommen gegen irisch-katholische Emporkömmlinge wie die Kennedys, deren plötzlicher Reichtum zu vielen Gerüchten Anlaß gab. Der Rektor sandte sein Telegramm sowohl an Joseph P. Kennedys Büro in New York wie auch an die SEC in Washington: »Bitte nehmen Sie jede mögliche Anstrengung auf sich, um am Samstag oder Sonntag zu einer Besprechung mit Jack und uns, in der wir eine Notwendigkeit sehen, nach Choate zu kommen.«

Rose hielt sich zu der Zeit bei ihren Eltern in Boston auf und hatte am vorausgegangenen Samstag im Namen ihres Mannes nichtsahnend ein Telegramm an den Rektor geschickt und ihn gebeten, »Jack die Erlaubnis zu erteilen, daß er am nächsten Samstag nach New York kommen kann, um Vater und Schwestern zu sehen und über Nacht bei ihnen zu bleiben. Sagen Sie Jack, er möge mich im Hotel Bellevue Boston verständigen. Danke.« St. John war in seiner Weigerung kurz angebunden:

»Mr. Steele hat mir Ihr Telegramm gezeigt. Ich hatte gerade Mr. Kennedy telegrafiert und ihn gebeten, am Sonntag zu einer Besprechung mit Jack und uns, die ich für notwendig halte, nach Choate zu kommen. Mein aufrichtiges Bedauern, George St. John.«

Mrs. Kennedy blieb still. Mr. Kennedy kabelte, daß er am Sonntag, den 18. Februar 1935 im zwölf Uhr fünfzehn im Internat eintreffen werde. Jack beklagte unterdessen in einer Nachricht an seine Schwester Kathleen die Absage ihres geplanten Wochenendes in New York und unterrichtete sie von den Ereignissen. Kathleens telegrafische Antwort ließ nicht lange auf sich warten:

LIEBE STAATSFEINDE NR. EINS UND ZWEI ALL UNSERE GEBETE SIND VEREINT MIT EUCH UND DEN ANDEREN ELF MUCKS STOP SCHADE DASS WIR NICHT ZUR BEERDIGUNG DORT SEIN KÖNNEN, WENN DIE ALTEN EINTREFFEN.

Dieses Telegramm wurde natürlich abgefangen und St. John vorgelegt. Es erzürnte den geplagten Rektor aufs neue. »Mr. Kennedy und Jack und ich saßen zusammen in meinem Arbeitszimmer, und ich wiederholte, was vorgefallen war«, erinnerte sich St. John Jahre später. »Nun, wir reduzierten Jacks Arroganz und sein kindisches Benehmen auf beträchtliche Trübsal. Und wir sagten genau, was wir dachten, hielten nichts zurück, und Mr. Kennedy unterstützte die Schule rückhaltlos.«

Mit der Zeit erkannte St. John, daß die Konfrontation eine tiefergehende Veränderung bewirkt hatte als erwartet: Hatte sie eigentlich den Zweck verfolgt, Jack den Ernst seiner Lage vor Augen zu führen, so bewirkte sie außerdem, daß Mr. Kennedy gezwungen war, seinen Sohn zu sehen, wie er wirklich war. »Psychologisch war ich enorm interessiert«, sagte St. John. »Ich konnte mir nicht erklären, wie zwei Jungen aus derselben Familie so verschieden sein konnten.« Daß Mr. Kennedy es auch nicht verstehen konnte, war der tiefere Kern des Problems.

»Jacks Vater hielt sich nicht zurück. Er sprach sehr, sehr nachdrücklich«, schrieb St. John, und er fügte hinzu, daß er Mr. Kennedy für seine Unterstützung immer dankbar sein werde. St. John war jedoch ein zu genauer Beobachter und ein zu guter Erzieher, um nicht hinter Kennedys Fassade rechtschaffener Entrüstung zu blicken. »Mr. Kennedy«, bemerkte er, »hatte auch mit irischem Witz gesprochen. Im Umgang mit Jack benötigte man neben dem erforderlichen Ernst auch ein wenig Witz; Jack selbst war nicht gern zu ernst; er hatte immer einen köstlichen Sinn für Humor. Schon in jungen Jahren, als er zu uns kam, war sein Lächeln so – nun, in jeder Schule hätte man ihm allein dieses Lächelns wegen manches nachgesehen. Er wirkte sehr sympathisch.«

Während Jacks Mutter sich mit ihrem Vater im Bostoner Hotel Bellevue aufhielt, saß Jack mit seinen beiden Vätern – seinem »Internatsvater« und seinem leiblichen Vater – im Arbeitszimmer des ersteren. Dem Vorsitzenden der SEC und seinem Sohn wurde klargemacht, daß Jack augenblicklich der Schule verwiesen würde, wenn es zu einer Wiederholung seines Fehlverhaltens oder irgendwelcher weiteren Mucker-ähnlichen Vergehen kommen sollte. Mr. Kennedy beeilte sich, seiner Tochter Kathleen in ihrem Klosterinternat eine entsprechende Warnung zugehen zu lassen: »Ich weiß, Du möchtest alles für Jack tun, was Du kannst«, schrieb er, »aber ich muß Dir sagen, daß eine der ernsten Schwierigkeiten, in die er sich gebracht hat, die Charakterisierung seiner selbst und dieser Gruppe mit dem gräßlichen Namen Mucker als Staatsfeinde gewesen ist. Ich glaube wirklich nicht, daß irgend etwas daran chic oder modisch ist, und ich hoffe, es wird nicht zum Anlaß genommen, ihn der Schule zu verweisen. Darum rate ich Dir dringend, all dieses Gerede in Briefen und Telegrammen einzustellen.«

Ganz so ernst, wie es den Anschein hatte, war es Joe Kennedy mit seiner Verurteilung von Jacks Muckerbande aber wohl doch nicht. Daß seine Frau niemals im Internat erschienen war, lag nicht nur an ihrer mangelnden mütterlichen Wärme, sondern auch an ihrer Schüchternheit gegenüber der angelsächsisch-protestantischen Atmosphäre, die eine Eliteschule wie diese umgab. Joe Kennedy hatte sich vielleicht aus ähnlichen Gründen von ihr ferngehalten. Nun von Jacks würdigem republikanischem Rektor zusammengestaucht zu werden, war sicherlich nicht nach seinem Geschmack. Als das Telefon läutete und St. John in einer dringenden Angelegenheit hinausgerufen wurde, konnte Mr. Kennedy nicht umhin, sich zu Jack zu beugen und ihm ins Ohr zu flüstern: »Mein Gott, mein Junge, du hast wirklich nichts von der Direktheit deines Vaters oder seinem Ruf geerbt, Kraftausdrücke zu benutzen. Wenn dieser verrückte Muckers Club meiner gewesen wäre, kannst du dich darauf verlassen, daß er nicht mit einem *M* angefangen hätte!«

Vater und Sohn

Joseph Kennedy war selbst ein schlechter Schüler gewesen, hatte in der Bostoner Lateinschule ein Jahr wiederholen müssen, und obwohl er als Baseballspieler und Spielführer seiner Schulmannschaft Preise gewonnen hatte, war er eher unbeliebt gewesen, sogar gefürchtet. Als Student war er von allen Absolventenklubs der Harvard-Universität abgewiesen worden – wie er später vom Cohasset und Country Club, dem Country Club in Brookline und dem Everglades Club in Palm Beach abgelehnt wurde.

Sogar Rose Kennedy erkannte bei all ihrem Versagen, Jack eine wirkliche Mutter zu sein, daß der Beinahe-Hinauswurf im Februar 1935 nach der »albernen Mucker-Episode« ein »Wendepunkt in Jacks Leben« war. »Ich bin überzeugt, daß ihm diese Konfrontation mit dem Rektor und seinem Vater schrecklich war«, spekulierte sie aus der Ferne. Aber sogar sie spürte, daß die Erfahrung »tief in sein Bewußtsein drang. Es läßt sich nicht ermessen, welchen Einfluß diese peinliche Notwendigkeit, die Dinge beim Namen zu nennen, auf ihn hatte – ganz zu schweigen von der Standpauke seines Vaters in Anwesenheit des Rektors ... Jedenfalls hatte sein Verhalten von da an mehr Richtung.«

Die schwierige und ungeschützte Reise, die jeder Heranwachsende durchmachen muß, um eine persönliche Identität zu finden und die Grenzen zu erproben, die ihm gesetzt sind, hatte zum entscheidenden Zusammenstoß geführt. Nun merkte Rose, daß daraus eine kritische Annäherung zwischen Vater und Sohn entstanden war. Auf einmal erschien Jack seinem Vater sehr lieb und sehr gefährdet, nicht nur im Hinblick auf seine körperliche Gesundheit, sondern auch auf seine Verbindung von Brillanz und Wildheit, die zu weit gefährlicheren Entwicklungen als dem Muckers' Club führen mochte. »Ich fürchte, daß ein Junge mit Jacks Einfällen, wenn er zuviel Zeit zur Verfügung hat, einen viel ernsteren als einen körperlichen Zusammenbruch erleiden könnte«, vertraute Mr. Kennedy dem Chefarzt der Mayo Clinic Dr. O'Leary an.

Auch Jacks Freund Lem Billings spürte, daß es ein wichtiger Augenblick in der Beziehung zwischen Vater und Sohn war, obwohl er bemüht war, einen Großteil der Schuld auf den Rektor abzuwälzen. »Wenn ich über den damaligen Rektor George St. John nachdenke«, sagte er dreißig Jahre später, »dann muß ich sagen, daß ihm die Eigenschaften zur Führung eines Jungeninternats fehlten. Gewiß hatte er die Fähigkeit, Geld aufzutreiben und die Eltern zu beeindrucken, aber er hatte absolut kein Verständnis für Jungen in ihren wichtigen Entwicklungsjahren. Er betrachtete die Art und Weise, wie Jack und ich uns benahmen, sehr ernst und ablehnend ... Mr. Kennedy, ein weiser Mann, sah sofort, daß der Rektor zuviel Aufhebens von Kleinigkeiten machte. Obwohl er in keiner Weise mit Jacks unreifem Verhalten einverstanden war, zeigte er nach Jacks Schulabgang nie wieder ein Interesse an dem Internat.«

Aber Billings sah die Dinge zu einseitig. Wie starr und traditionsgebunden St. John auch sein mochte, er hatte das Herz am rechten Fleck. In einem kritischen Augenblick im Leben des Heranwachsenden hatte der Rektor Vater und Sohn zusammengeführt und ein neues, wenngleich schwieriges Bündnis zustandegebracht, das bis zu Jacks Tod Bestand haben sollte. Wie im Vorgriff auf die vielen anderen Herzen, die er für sich einnehmen würde, hatte Jack endlich das seines Vaters erobert.

Der Bericht des Psychologen

»Ist er während des laufenden Schuljahres wegen mangelhafter schulischer Leistung oder Fehlverhaltens bestraft oder getadelt worden?«

Großmütig schrieb George St. John ein »Nein« in Jacks Aufnahmeantrag für die Universität, und ein wahrhaft väterliches »Ja« auf die Frage, ob er bereit sei, sich für den »moralischen Charakter dieses Bewerbers« zu verbürgen.

Eine andere Frage war, ob Jack im Juni die Aufnahmeprüfung für das College bestehen würde. Und sollte er nach Princeton gehen, wohin die Mehrzahl seiner Freunde – Rip Horton, Lem Billings, Bud Wynne und andere strebten? »Mein Wunsch, nach Princeton zu kommen, beruht auf einer Anzahl von Gründen«, schrieb Jack im März 1935 in seine Bewerbung. »Ich glaube, daß Princeton mir einen besseren Hintergrund und eine bessere Ausbildung geben kann als jede andere Universität, und eine wahrhaft liberale Erziehung. Seit ich in die Schule eintrat, habe ich den Ehrgeiz gehabt, in Princeton zu studieren und hoffe aufrichtig, daß ich mein Ziel erreichen kann. Auch glaube ich, daß die Umgebung in Princeton nicht ihresgleichen hat und eine gute Wirkung auf mich haben wird. Ein ›Princeton-Man‹ zu sein, ist in der Tat ein beneidenswertes Ziel.«

Ohne Princetons Wissen hatte Jack sich mit einer beinahe identischen Erklärung seiner Gründe in Harvard beworben. Wenn er Princeton bevorzugte, geschah es nicht wegen der dortigen »wahrhaft liberalen Erziehung« oder der wohltätigen Umgebung, sondern einfach, weil Rip, Lem, Bud und andere seiner Freunde dort studieren wollten. Nachdem er zwei Jahre frei vom Schatten seines Bruders gewesen war, der nach seinem Jahr in England Harvard gewählt hatte, gab es für Jack jedoch noch einen Grund.

Jacks »Problem« mit seinem älteren Bruder ging tiefer als die meisten Leute wußten. Es gibt einen faszinierenden Einblick in die Psychologie des siebzehnjährigen Jack in der Form eines Gutachtens, das auf

St. Johns Empfehlung nach dem Mucker-Skandal von Dr. Prescott Lecky, einem Psychologen an der Columbia-Universität, angefertigt worden war. Dr. Leckys Analyse folgerte, daß Jack zweifellos ein sehr fähiger junger Mann sei, »aber psychologisch gesehen in einer Falle« stecke. »Er hat in seiner Familie den Ruf eines gedankenlosen, nachlässigen und untüchtigen Jungen erworben und identifiziert sich mit dieser Rolle. Jede Kritik, die er erhält, bestätigt nur das Gefühl in ihm, daß er sich richtig verhalten hat; diese Definition ist die beste Verteidigung, die er finden konnte.«

Lecky war fasziniert. »Wie willst du im Leben etwas aus dir machen, wenn du gedankenlos und schlampig sein mußt, um deiner Rolle gerecht zu werden?« fragte er Jack.

Jack schien verblüfft. Als Dr. Lecky auf die großen Nachteile hinwies, die ihm daraus im Geschäftsleben erwachsen würden, sagte er: »Ja, das ist wohl richtig.« »Er sieht sich selbst als einen selbstsicheren, intelligenten und unerschrockenen jungen Mann, hat aber nie die Schwierigkeit erkannt, in die er bei Aufrechterhaltung dieses Selbstbildnisses geraten wird, es sei denn, er opfert die Verteidigungsposition, die er im Laufe der Jahre aufgebaut hat und auf die er offensichtlich stolz ist. Er mache sich keine Sorgen wegen seiner Schlampigkeit, sagt er, und sei nie in seinem Leben ordentlich gewesen; aber es ist offensichtlich, daß er sich früher oder später Sorgen machen muß, wenn er nicht das Selbstbildnis aufgeben will, an dem ihm am meisten liegt.«

Dr. Lecky suchte zu ergründen, wie Jack dazu gekommen war, die Rolle des schlampigen Genies anzunehmen, und warum er so zäh an ihr festhielt. »Ein Großteil seiner Schwierigkeit erwächst aus dem Vergleich mit einem älteren Bruder«, notierte der Psychologe. »Er bemerkte: ›Mein Bruder ist der Tüchtige in der Familie, und ich bin derjenige, der nichts zustande bringt. Wenn mein Bruder nicht so tüchtig wäre, würde es mir leichter fallen, tüchtig zu sein. Er ist darin einfach viel besser.‹«

Daraus folgerte Dr. Lecky: »Jack weicht dem Vergleich offenbar aus und zieht sich sozusagen aus dem Rennen zurück, um sich selbst zu überzeugen, daß er sich nicht darum bemühe. Er sieht sich nicht als einen Linken, einen Aussteiger aus Überzeugung, und ich persönlich zweifle nicht daran, daß er ziemlich leicht von der Widersprüchlichkeit in seinem Denken und der Notwendigkeit überzeugt werden kann, seinen Gesichtspunkt zu revidieren.«

Aber wer sollte die Überzeugungsarbeit leisten? Ungeachtet der Versöhnung mit seinem Vater, war Jack beim Lehrkörper des Internats beinahe Persona non grata und nur eben geduldet, da sich bald zeigte, daß er aus seiner Haut nicht herauskonnte und wohl auch nicht wollte. Er und Lem verfaßten sogar ein gemeinsames Gesuch um Aufnahme in die französische Fremdenlegion (der Brief wurde von St. John abgefangen, der ihnen versprach, ihren Speisezettel zu ändern und ihnen eine Kostprobe vom Feldküchenfraß der Fremdenlegion zu geben, wenn sie es wirklich wünschten).

Es gehörte zur Tradition, daß das Schuljahrbuch unter den 112 Schulabgängern eine Umfrage veranstaltete, um »den Bestaussehenden, den besten Tänzer, den Geistreichsten etc. zu wählen«, berichtete Rip Horton. Jack wollte die Gelegenheit nutzen, um dem Schulestablishment eins auszuwischen, und verkündete, er wolle sich um den Titel »Größte Aussicht auf Erfolg« bewerben, was ein Hohn auf seine Vergangenheit im Internat war.

Daraus entwickelte sich Jacks erster vorpolitischer Wahlfeldzug. Der Vorsitzende des Schülerrats, jenes Gremiums, das den Plan der Mucker, beim Frühjahrstanz Anstoß zu erregen, verpfiffen hatte, war ein hoher Favorit auf den Titel, aber Jack war unerschrocken. In geschickten Manövern hinter den Kulissen wurden Stimmen gekauft und getauscht, und es gelang Jack, den Lehrkörper und St. John zu brüskieren. »Trotz der Meinung, die der Rektor mit Recht von uns haben mochte«, erinnerte sich Ex-Mucker Paul Chase, »waren wir als Gruppe ziemlich populär unter unseren Altersgenossen und hatten auch einen gewissen Einfluß auf sie.« Darauf baute Jack. Er überredete seine Kumpane, für ihn Propaganda zu machen und Stimmen zu werben. »Wir waren sehr eifrig und bereitwillig. Wenn wir bei einem Mitschüler Erfolg hatten, spannten wir ihn ein, drei andere zu bearbeiten, und so weiter.«

Manche Schüler lehnten Jacks Methoden ab, andere störte, daß er so wenig arbeitete und es doch fertigbrachte, mit Noten davonzukommen, die zum Bestehen der Examen ausreichten; und schließlich gereichte ihm in einer konservativen Eliteschule von Republikanersöhnen zum Nachteil, daß sein Großvater Schankwirt gewesen war und daß sein Vater für einen Präsidenten arbeitete, der unter Republikanern als ein doppelzüngiger und diktatorischer Sozialist verschrien war, ein Mann, der angeblich gegen das freie Unternehmertum in Amerika Krieg führte. Aber Jacks Clownerien und Possen, seine ständigen Zurechtweisungen und Bestrafungen durch Lehrer wie J. J. Maher, und das geschickte Taktieren seiner Anhänger im Vorfeld der Abstimmung, zogen zuletzt die Mehrheit des Absolventenjahrgangs auf seine Seite. »Das Ergebnis«, erzählte Chase, »war ein Sieg, den viele damals nicht erwartet hatten. Mir selbst kam das Ergebnis nicht so überraschend oder unverdient vor, denn schon 1935 besaß Jack, obwohl er ein nur mittelmäßiger Schüler war, ungeheuer viel Charme und eine Menge Energie und Ehrgeiz.«

Jack Kennedy gewann seinen Titel mit einem Vorsprung von siebenunddreißig Stimmen gegenüber dem nächsten Mitbewerber – die größe Mehrheit in der Abstimmung der Schulabgänger. Wenngleich zu seinen Gunsten manipuliert, zeigte die Abstimmung doch, daß Jack entgegen den Erwartungen des Lehrkörpers bei seinen Mitschülern recht beliebt war. »Alle kannten ihn, viele mochten ihn, und seine Fähigkeiten wurden anerkannt. Der Lehrkörper hätte nicht so gestimmt«, sagte Mr. Hemenway, Jacks Englischlehrer. »Was wieder einmal beweist, daß das Urteil von Zeitgenossen viel genauer ist als das der Älteren.«

»Was Jack in der Schule – und wohl auch später in der Öffentlichkeit – am meisten geholfen hat«, erinnert sich Bob Lindsay, »war seine Fähigkeit, im Handumdrehen jedermanns Freundschaft und Bewunderung zu gewinnen. An alles, was er mochte, ging er gleich energisch und enthusiastisch heran. Er war freundlich und geradeheraus.« Ed Meredith war der gleichen Meinung. »Schon in seinen Jugendjahren war seine Energie auffallend – ebenso wie seine offensichtliche Schwäche für die Attraktiveren unter den Backfischen, die damals Palm Beach bevölkerten!« Ein weiterer ehemaliger Schüler resümierte: »Jack hatte immer Führungseigenschaften und hätte die Spitze erreicht, ganz gleich, in welche Schule er gegangen wäre.«

Das letzte Schuljahr im Internat näherte sich seinem Ende. Jack hatte sich im April das Knie aufgeschürft, und die Wunde hatte sich entzündet. Als sie wochenlang nicht verheilen wollte, entstanden neue Zweifel an seinem Immunsystem. Doch als schließlich das Ende der Schulzeit in Sicht kam, begann Jack sich anzustrengen und überraschte damit sogar seine Klassenkameraden. Der Schüler, der seine Bücher so ungern aufgeschlagen hatte, erreichte im Abschlußexamen 75 Punkte in Englisch, 74 in Naturwissenschaften und 77 in Englischer Geschichte. Und in der Aufnahmeprüfung der Harvard-Universität schaffte er im Juni 1935 jeweils 85 in Englisch und Geschichte, seinen Lieblingsfächern, die er studieren wollte. Für einen Schüler, der oft krank gewesen war und sich im Unterricht meistens durch chronisches Desinteresse ausgezeichnet hatte, sicherlich keine geringe Leistung. Sein Englischlehrer Courtenay Hemenway schrieb später:

Er verwirklichte sein hohes Potential in Geschichte, wo er unter dem brillanten Unterrichtsstil und dem großen Detailwissen seines Lehrers Russell Ayres aufblühte. Er schätzte Ayres' unkonventionelle Methode und seine natürliche

Ausdrucksweise. Tatsächlich begann vielleicht hier Jacks gründliches und vielseitiges Verständnis von Politik. Jack wußte auch seine Erfahrungen mit dem vielleicht besten Englischseminar zu schätzen, das eine weiterführende Schule zu bieten hatte: Douglas Shepardson, Harold Tinker, Dudley Fitts, Carey Briggs, Darrah Kelley, Allen Smart und William Freeman, die er zu verschiedenen Zeiten alle als Lehrer hatte. Er besaß eine rasche Auffassungsgabe und schrieb immer flüssig und ausdrucksvoll ... Stanley Pratts Rhetorikunterricht war für ihn ein Genuß ... Er war in seinen Leistungen nicht so beständig wie sein Bruder Joe, aber immer wieder gab es ein Aufblitzen von Begabung.

J. J. Mahers abschließende Beurteilung sah etwas anders aus. Maher konzentrierte sich auf Jacks negative Eigenschaften, nicht auf seine Tugenden:

> Ich möchte die Verantwortung für Jacks chronische Unordnung in seiner Stube und an seiner Person auf mich nehmen, da er zwei Jahre bei mir gelebt hat. Aber in der Frage der Sauberkeit muß ich mich trotz einer echten Anstrengung von seiten Jacks zum Mißerfolg bekennen.
> Ich betrachte die Frage der Ordnung oder ihres Fehlens bei Jack als durchaus sinnbildlich – abgesehen von ihrem Wert an sich –, denn er ist in beinahe all seinen Organisationsvorhaben nachlässig und unordentlich. Jack lernt in der letzten Minute, erscheint verspätet zu Verabredungen, hat wenig Sinn für materielle Werte und kann seine Sachen meistens nicht finden.

Immerhin erkannte Maher an, daß Jack in letzter Zeit »etwas von der Einstellung verloren hat, daß jeder Lehrer ein Feind sei, den es bei jeder Gelegenheit zu überlisten gelte«.

Wardell St. John, der stellvertretende Rektor, war in seinem letzten Brief an Jacks Eltern geradezu prophetisch. Er hatte Mr. Kennedy seinerzeit geraten, Jack vom Canterbury-Internat nach Choate zu bringen, und trotz der späteren Enttäuschungen war er nicht ohne Stolz auf seinen flügge gewordenen Schützling. »Jack«, schrieb er, »hat das Zeug zu einem großen Menschenführer, und irgendwie habe ich das Gefühl, daß er eben dies sein wird.«

Im Juni 1935 schleifte der gerade achtzehn gewordene Jack Kennedy seinen Kabinenkoffer zum wartenden Rolls-Royce und nahm Abschied von dem »Loch«, das vier Jahre lang sein Gefängnis, sein pubertäres Schlachtfeld, die Stätte seines Heranwachsens gewesen war. Es war endlich Zeit, aufs College zu gehen.

TEIL IV

FRESHMAN

Der Kapitänsball

Am 23. Juli 1935 erfuhr Jack, daß er von Harvard angenommen worden war. »Geschafft bei Gott, was ist mit Dir?« telegrafierte er Lem Billings. Doch sobald er hörte, daß Billings von Princeton angenommen worden war, machte Jack sich mit Eifer daran, seinen Vater umzustimmen und auch nach Princeton zu gehen.

Jacks Vater hatte allerdings andere Vorstellungen. Nach nur einem Jahr im Amt war er als Vorsitzender der SEC zurückgetreten. Er habe, so gab er an, mindestens 100 000 Dollar verloren, weil es ihm in dieser Position nicht erlaubt sei, Börsengeschäfte zu tätigen. Überdies mißfiel ihm die Richtung, die Roosevelts Administration eingeschlagen hatte, besonders im Licht der jüngsten Ermittlungen eines Senatsausschusses gegen US-Eisenbahngesellschaften. Er habe Roosevelts Auftrag angenommen, erklärte er, um mitzuhelfen, die Börse als eine Einrichtung des freien Kapitalmarktes in einem Zeitalter des Sozialismus und beängstigender Arbeitslosigkeit zu retten; das aber bedeute nicht, daß er an staatliche Kontrollen oder eine Aufblähung der Bundesregierung und ihrer Ministerien glaube.

Tatsächlich wollte Kennedy eine bessere Position. Bemüht, keine Unterstützung zu verlieren, die er im nächsten Jahr benötigen könnte, wenn er sich zur Wiederwahl stellte, hatte Roosevelt ihm andere Posten in der Verwaltung angeboten, wie etwa den Vorsitz eines Ausschusses, der Roosevelts historisches Programm staatlicher Bauvorhaben beaufsichtigte. Kennedy hatte sie alle abgelehnt. Er wollte Finanzminister werden und konnte trotz seines zwielichtigen Rufes als Börsenspekulant nicht verstehen, warum Roosevelt ihm den Posten nun, nachdem er die Börse reformiert hatte, vorenthielt.

Nachdem er vor der Presse erklärt hatte, er sei »fertig mit der Politik«, packte Kennedy seine Koffer, um in Europa Urlaub zu machen. Alle Einwände Jacks beiseiteschiebend, bestand er nicht nur darauf, daß er ihn begleite und ein Jahr bei Laski an der London School of Economics studiere, sondern schleppte auf Geheiß seiner Frau auch seine Tochter Kathleen mit, um sie in einer streng katholischen Klosterschule in Frankreich unterzubringen, wie Honey Fitz sie selbst einst in Blumenthal in Holland eingekerkert hatte.

Jack war halb aufgeregt, halb verärgert. »Schick sofort grauen Hut«, drahtete er im September an Billings in Pittsburgh. »Abreise 10:45 Mittwochvormittag.«

Die Reise nach England – Jacks erste Auslandsreise – fing nicht allzu gut an. Bald schrieb er aus seiner Kabine an Bord der S. S. *Normandie*:

> Lieber Lemmer,
> dies ist der vierte Tag auf See, und es wird ziemlich verdammt rauh. Bisher war alles ziemlich angenehm, und ich hab jeden Tag eine Stunde im Gymnastikraum mit Boxen verbracht. Das Essen hier ist sehr pickelbeladen, und mein Gesicht veranlaßt den Alten zu allerlei Bemerkungen, und es wird verdammt peinlich. Er jagte mir einen richtigen Schrecken ein, als er sagte, nachdem ich mir zu einer Nachspeise verholfen hatte, aus der die potentiellen Pickel nur so sickerten, mein Gesicht sehe allmählich wie Deins aus.«

Jack behauptete auch, eine »keimende Freundschaft« mit einem »höchst unattraktiven Mädchen mit Sommersprossen und Pickeln« in Gang gebracht zu haben. »Wir vergleichen Notizen über Dein Gesicht.« Hinter solchen Aufziehereien verbargen sich freilich Langeweile und Neid auf seine Schulkameraden zu Hause, die um diese Zeit ihr Studium in Princeton begannen. »Es sind nicht viele junge Leute an Bord«, lamentierte er, »außer einem französischen Kerl, der ziemlich nett ist, und einem tollen Mädchen.« Gleichwohl hatte er ein »sehr seltsames Erlebnis«, wie er Billings bekannte. »An Bord ist auch ein fetter Franzose, der ein Homo ist. Er hat mich mehr als einmal in seine Kabine gelockt und versucht, mit mir zu schlafen«, neckte er Billings. »Heute abend ist der Kapitänsball, und da gibt es kostenlos Champagner, soviel du willst. Wie geht alles? Ich denke mir, daß Ihr es Euch gutgehen laßt... Schreib mir ins Hotel Claridge. Mein nächster Brief über meine ausländischen Erfahrungen wird aus London an Rip gehen – grüß ihn von mir.« Er unterzeichnete mit »Desiribles«, ersuchte Billings, die anderen Freunde zu grüßen und bemerkte in einem letzten Nachsatz: »Mein Französisch treibt diese Leute in den Wahnsinn – *comme on ce va.*«

»Lieber Unansehnlicher«, schrieb Jack eine Woche nach seinem Eintreffen in London. »Bekam Deinen aufregenden Brief. Hab einiges erlebt, seit ich Dir zuletzt schrieb«, kritzelte er auf einen Briefbogen des Claridge-Hotels. »Wir sollten Sonntagnacht um drei in Plymouth von Bord gehen, kamen aber in einen Sturm und wurden in einen französischen Hafen geweht, nachdem wir die ganze Nacht aufgeblieben waren.« Sie wurden dann zur Fähre nach Dover gebracht, wo sie »entdeckten, daß der Kanal so stürmisch war wie noch nie... Wir saßen draußen, und bald fingen alle an zu würgen. Ich sang einer Frau in unserer Gesellschaft etwas vor, nämlich ›The Man on the flying trapeze‹, und als ich zu der Stelle kam, wo der Refrain mit Ooohhh beginnt, übergab sich eine Frau hinter mir mit ›O Gott, das ist das Letzte‹ – Du kannst Dir vorstellen, wie ich aussah, von Kopf bis Fuß mit heißer Kotze bedeckt.«

Es gab weitere Bemerkungen über Pickel, Jacks Weigerung zu glauben, daß der Teint seines Freundes besser geworden sei, und Spott über seine Schwester Kathleen, die eine Stelle am Kinn hatte.

Vergraben inmitten der spätpubertären Besessenheit von Pickeln, Kotze, Sex und verwandten Themen war die erstaunliche Nachricht, daß Jack vielleicht doch nicht die London School of Economics unter Laski besuchen würde, sondern daß er im Begriff sei, nach Amerika zurückzukehren und in Princeton sein Studium zu beginnen.

Die London School of Economics

Im März dieses Jahres hatte Hitler verkündet, daß er dem Vertrag von Versailles zum Trotz die allgemeine Wehrpflicht wiedereinführen werde. Deutsche Truppen hatten das nach den Bestimmungen desselben Vertrages seit 1919 entmilitarisierte Rheinland wieder besetzt und waren im Saarland eingerückt (das nach einer Volksabstimmung kurz zuvor an Deutschland zurückgegeben worden war). Italien hatte seine Rüstung verstärkt und brüstete sich damit, eine Million Mann unter Waffen zu haben. Im Juli hatte Großbritannien nach einem Beschluß, die Stärke seiner Luftwaffe zu verdreifachen, sich einverstanden erklärt, die Flottenquoten aufzuheben. Das europäische Wettrüsten wurde offiziell. Am 30. September wurden Zehntausende von italienischen Soldaten nach Afrika eingeschifft, um Mussolinis Invasion Äthiopiens einzuleiten. Die Friedensaussichten schienen düsterer, als Mr. Kennedy erwartet hatte. Jack hingegen war außer sich vor Freude: »Komme definitiv nach Princeton, da Lage in London sehr gespannt aussieht, und weiß, daß Dad mich lassen wird, also sollte es sehr lustig werden. Mein Teint ist noch ziemlich zweifelhaft, aber auf dem Weg der Besserung.«

Bevor die Reisevorbereitungen getroffen werden konnten, wurde Jack jedoch wieder krank. Aufgeregte Telegramme gingen nach Boston und zur Mayo Clinic, um Rat einzuholen. Am 10. Oktober 1935 drahtete Dr. William Murphy an Jacks Vater im Hotel Claridge:

DIAGNOSE JACKS KRANKHEIT FEBRUAR 1934 AGRANULOZYTOSE, ATYPISCH. RATE DRINGEND INJEKTION LEBEREXTRAKT ALLE ACHT STUNDEN BIS BESSERUNG EINTRITT. WENN GEWÜNSCHT SCHLAGE VOR KONSULTATION LORD DAWSON VON PENN ODER SIR THOMAS HORDER.

Als er in London im Krankenhaus lag, schien Jacks Zustand zuerst ernst, nahm aber bald eine unerwartete Wendung zum Besseren. »Seit meinem letzten Brief geht's mir besser«, schrieb er Mitte Oktober an Billings,

und ich verwirre wieder mal die Ärzte. Ich bin ein ›höchst erstaunlicher Fall‹. Sie stellen allerlei Seltsames mit mir an, wovon nicht das Geringste eine riesige Nadel ist, die sie mir zwischen die Backen hinaufstoßen. Heute war es äußerst peinlich, als ein Arzt hereinkam, kurz nachdem ich mit einer Erektion aufgewacht war, die auf das kalte Wetter zurückzuführen war. Er wollte einen Finger unter mein Eingelegtes stecken und mich husten machen, sah aber schnell von seinem Vorhaben ab, als er die Decke zurückschlug und »J.J.Maher« erblickte, der vor Leben bebte. Da drei Schwestern um das Bett standen, war ich eine Weile ratlos.

Jack schlug wieder den selbstironischen, oft grausam witzigen Ton an, den er sich zu eigen gemacht hatte, als sei er entschlossen, sein Leben als eine Reihe von donquichottischen Abenteuern zu sehen. »Wir werden ihn trotz unseres Murrens vermissen«, hatte St.John bekannt, als Jack das Internat verlassen hatte, und es war nicht schwer zu verstehen, warum.

Während er sich in London erholte, faßte Jack paradoxerweise den Entschluß, es mit der London School of Economics zu versuchen. Er hatte an London Gefallen gefunden. »Ich habe einen sehr guten Stubenkameraden, einen Amerikaner, ungefähr 25, der wirklich prima ist«, schrieb er Billings. »Wir mieten ein Haus mit einem Dienstmädchen, und es hört sich sehr gemütlich an. Es soll nur einen Steinwurf vom Buckingham-Palast entfernt sein, also werd ich binnen kurzem Steine auf den König schleudern. Es gibt hier eine sagenhaft gutaussehende Blondine, die Dad zu kennen scheint, ungefähr 24, die geschieden ist. Sie studiert hier und besucht mich jeden Tag. Über Weihnachten will sie mit mir nach St.Moritz, aber ich hab sie noch nicht aufs Kreuz gelegt«, räumte er ein. »Die Schwestern hier sind sehr sexy, und die Nachtschwester versucht ständig, Faxen mit mir zu machen, also muß ich immer auf der Hut sein.« Das gesellschaftliche Leben in London forderte den frühreifen Playboy in ihm heraus, obwohl er vorgab, von den Mädchen, die er an der LSE kennenlernte, unbeeindruckt zu sein. »Vorgestern abend nahm ich an einem ›Freshmentreffen‹ teil. Es war die seltsamste Angelegenheit, die ich je gesehen habe. Es wimmelte von Kanaken, die pickelgesichtige englische Schulmädchen in den Armen hielten. Niemand schien sich was dabei zu denken. Aber Dein altes Baltimore-Blut hätte es in Wallung gebracht. Immerhin lernte ich ein paar Amerikaner und einige Engländer kennen, die keine schlechten Kerle sind«, berichtete Jack. »Mein intimster Kumpel wurde Hyman Purloff, ein phantastischer Yid [Jude]. Dies hier wär bestimmt nichts für Dich«, zog er Billings auf. Nichtsdestoweniger habe er »einen Vetter von Dir in diesem Krankenhaus getroffen, Prinz Surloff, der der nächste Zar werden soll, oder so'n Zeug. Er war in Oxford und kannte ›Charlie‹ Stanwood. Der Prinz erklärte, daß der alte Charlie sicherlich ein Fürst unter den Menschen sei, und ich stimmte ihm von Herzen zu. Ich hab jede Menge Earls und Lords kennengelernt und bin dabei, selbst ziemlich royalistisch zu werden.«

Von der britischen Aristokratie ging Jack über zum Baltimorer Adel. »Nach Deiner Beschreibung, und nachdem ich es mit meiner Nachtschwester durchgesprochen habe«, schrieb Jack, »hast Du Syph. Das wird Dir 'ne Lehre sein und Dich daran hindern, jedes Mädchen zu vernaschen, das Dir übern Weg läuft. Die Nachtschwester meinte auch, es würd bestimmt Deinen Stil verkrampfen, wenigstens, sagte sie, ›bis ihm die Vorhaut nachgewachsen ist, die sie ihm abschaben müssen‹. Offensichtlich wirst Du in den nächsten 4 oder 5 Jahren alle Hände voll zu tun haben, Dich um Dein Vitalorgan zu kümmern.«

Trotz des beißenden Tons, in dem er Billings schrieb, war Jack ein treuer Freund, und Billings' derzeitige Geldschwierigkeiten blieben nicht unangesprochen. »Deine finanziellen Sorgen haben mich auch beunruhigt, da Princeton ohne Dein von Syph entstelltes Gesicht nicht so lustig wär«, schrieb er und erbot sich, Billings 500 Dollar zu leihen. »Ich werd sie nicht brauchen, und Du kannst sie nach dem Studium zurückzahlen. Dann würdest Du nicht von diesem alten Wichser Onkel Ike borgen müssen. Laß mich wissen, ob Du's brauchst, weil ich's nicht brauchen werde. Wie geht's Olive? Laß mich wissen, was sie macht, und bums sie nicht. Daddy sagt, ich kann nach Haus, wann ich will«, verkündete er schließlich, »aber ich hab beschlossen zu bleiben, weil ich mir denk, daß es ziemlich stupide wär, jetzt nach Haus zu fahren.«

Das Leben in London begann ihm offensichtlich zu gefallen, obwohl er es für möglich hielt, daß er in den Weihnachtsferien in die Staaten zurückkehren würde. Er bat Billings, sich für den kommenden Sommer freizuhalten.

Dies war der letzte Brief, den Jack seinem Freund aus London schrieb. Die Volkswirtschaftslehre an der London School of Economics sagte ihm nicht so zu wie seinem Bruder. Er hatte kein Verlangen, zu Laskis oder sonst jemandes Füßen zu sitzen. Darum telegrafierte er Billings nach Princeton, um ihn zu benachrichtigen, daß er doch in die Staaten zurückkehren werde. Billings war überglücklich. »Nichts könnte sich besser anhören beeil Dich«, kabelte er am 17. Oktober zurück.

»Sie schienen nicht zu wissen, was es war«, sagte Billings später über Jacks mysteriöse Krankheit in England. Der Besuch der London School of Economics wurde jedenfalls aufgegeben. »Falls er wieder krank werden sollte, konnte er das geradesogut hier erledigen, also verließ er London und kam nach Haus.«

Princeton-Man

»Ein Bursche namens John Fitzgerald Kennedy, der im Juni von der Choate School abgegangen ist, beantragt jetzt wieder die Aufnahme in Princeton«, schrieb Dekan Heermance am 22. Oktober 1935 seinem Kollegen in Harvard. »Er ist seit einiger Zeit auf unserer Liste gewesen, scheint sich dann aber für Harvard entschieden zu haben und beschloß schließlich, die Universität London zu besuchen. Diese Woche kehrt er aus England zurück und hat um unsere nochmalige Überlegung gebeten. Würde es Ihnen etwas ausmachen, mir die Noten zu schicken, die er im Juni 1935 im Aufnahmeexamen bekommen hat?«

Angesichts der entschiedenen Bevorzugung Harvards durch seinen Vater war Jacks Beharren auf Princeton, wie sein Freund Hugh Wynne später meinte, »ein bemerkenswerter Akt der Unabhängigkeit«. Getreu seinem Wort, hatte Mr. Kennedy sein New Yorker Büro angewiesen, Harvard zu verständigen. So schickte die Universität Jacks Resultate nach New Jersey, noch bevor Dekan Heermance von Princeton schrieb. »Der Zulassungsausschuß erteilt keine Auskünfte über spezielle Noten, die von einem zugelassenen Kandidaten erzielt wurden, nennt aber die Fälle, in denen die Zulassungsprüfung mit Auszeichnung (80–89) oder höchster Auszeichnung (90–100) bestanden wurde. Ich freue mich, Ihnen sagen zu können, daß Mr. Kennedy die Aufnahmeprüfung in Englisch und englischer Geschichte mit Auszeichnung bestanden hat.«

Jack war drin. Er hatte dieses Ergebnis bereits vorweggenommen und Billings gedrahtet: »Eintreffe Princeton Donnerstag [24. Oktober] nachmittags. Hoffe, Du kannst Zimmer arrangieren – Ken.« Alle Studentenwohnungen auf dem Campus waren jedoch längst vergeben. Billings schlug daher vor, daß Jack sein und Rip Hortons Zweimann-»Suite« im fünften Stock der South Reunion Hall mit ihnen teile. Dieses Studentenwohnheim war 1870 erbaut worden und enthielt die billigsten Wohnungen im College – »drei enge Zimmer ohne Bad oder Dusche, mit einer gemeinsamen Heizung, einem schmalen Kleiderschrank und ohne elektrische Anschlüsse außer einer in jedem Zimmer von der Decke hängenden Glühbirne«, schrieb ein Journalist kurz vor dem Abriß des Gebäudes in den 60er Jahren.

Jack war hochzufrieden. Die Exmucker zwängten ein weiteres Feldbett in Billings' 2.50 m × 3.70 m große Schlafkammer. Das nächste Bad war ein Stockwerk tiefer, das übernächste befand sich im Keller. Ihr Wohnzimmer war jedoch geräumiger – 3.50 m × 4.30 m –, mit »einer großartigen Aussicht« auf die benachbarte Nassau Hall, das ursprüngliche Collegegebäude von Princeton, auf dessen efeubewachsenen Wänden sich ein weißer durchbrochener Dachaufsatz mit Glockenturm erhob.

Als Joseph Kennedy zu Besuch kam, war er weniger erfreut. »Ich erinnere mich an den Tag, als Mr. Kennedy seinen ersten Besuch bei uns machte«, berichtete Billings. »Er stieg die vierundsechzig Steinstufen herauf und meinte, es müsse doch eine andere Unterkunft für seinen Sohn geben.« Rip Hortons Erinnerung entsprach dem. »Botschafter Kennedy fuhr in einem langen Cadillac mit Chauffeur vor, und wir waren im fünften Stock. Nachdem er bis zum zweiten Stock gestiegen war – er hatte einen schweren Wintermantel an, weil er ein Footballspiel besuchen wollte –, das war der Grund seines Besuches in Princeton –, war er so erschöpft, daß er auf die Feuerleiter hinaustrat und den Mantel seinem Chauffeur Dave hinunterwarf.«

Joe Kennedys Besorgnis galt nicht nur Jacks Behausung. Er hatte Jacks Rückkehr in die Vereinigten Staaten begrüßt, weil er meinte, die schwache Gesundheit seines Sohnes ließe sich hier besser überwachen, und obwohl Jack sich nie beklagte, war sein Zustand alarmierend. Bud Wynne berichtete, daß Jack eine »gelblichbraune Hautfarbe bekam, beinahe als ob er sonnenbaden gewesen wär«. Mr. Kennedy nahm deshalb die Gelegenheit seines Besuches wahr, um mit dem Universitätsarzt Dr. Raycroft zu sprechen. Am 11. November, zwei Wochen nach Jacks verspätetem Start in Princeton, schrieb der Vater ihm: »Wir haben beschlossen, einstweilen bis zum Erntedankfest abzuwarten, um zu sehen, wie Du zurechtkommst. Wenn bis dahin keine wirkliche Besserung eingetreten sein sollte, werden wir zwei darüber sprechen, ob es nicht am besten für Dich wäre, ein Jahr auszusetzen und Dich in bessere Verfassung zu bringen. Schließlich ist Dein Glück die einzige Erwägung, die mich in der ganzen Angelegenheit beschäftigt, und ich möchte nicht, daß Du ein Jahr Deines Collegelebens (das einem Jungen normalerweise viel Spaß macht), wegen Deiner Gesundheit verlierst. Ein Jahr ist wichtig, aber es ist nicht so wichtig, wenn es für den Rest Deines Lebens ein Mal hinterläßt.«

In einem Brief an US-Botschafter Bingham in London bekannte Joseph Kennedy, daß »Jack weit davon entfernt ist, ein gesunder Junge zu sein, und mir große Sorgen bereitet. Darum wird meine Zeit in den nächsten sechs Monaten dem Versuch gewidmet sein, ihm zur Wiederherstellung seiner Gesundheit zu verhelfen, und es wird mir wenig oder keine Zeit für Geschäft und Politik bleiben.« Das war eine horrende Übertreibung, die verhüllen sollte, daß Roosevelt ihm noch immer kein neues Angebot gemacht hatte.

Jack seinerseits dachte nicht daran aufzugeben. Er war endlich an der Universität seiner Wahl und mit seinen Freunden vereint. »Wir drei steckten als Freshmen* ziemlich viel zusammen«, erinnerte sich Rip Horton. An Wochenenden fuhren sie nach New York, eineinhalb Stunden Bahnfahrt entfernt, um nächtliche Unterhaltung zu suchen. Das Studium wurde vorerst kleingeschrieben, selbst in den Fächern, die Jacks Stärke waren. Seine ersten Resultate waren entsprechend. Auf einer Notenskala von 1–6, mit 6 als schlechtester Note, bekam er eine 3 in »militärischer Wissenschaft« (einem zweijährigen Kurs mit einem Lehrgang Feldartillerie als anspruchsvollstem Element), eine 4 in Geschichte, eine 5 in Englisch und eine 7 in Mathematik. »Ich wußte nicht mal, daß die Skala bis 7 reichte!« wunderte sich sein Freund Bud Wynne.

Einen Meter achtzig groß, bei einem Gewicht von nur 60 Kilo, und unfähig zu jeglicher sportlicher Betätigung außer leichtem Boxen, war Jack glücklich, wieder mit seinen alten Schulfreunden vereint zu sein, ansonsten aber noch weniger zielbewußt als im Internat. In seinem Antragsformular vom März hatte er »Bankwesen« als den Beruf angegeben, den er nach seiner Graduierung zu ergreifen wünschte, aber seine Leistungen als Erstsemester ließen Zweifel daran aufkommen, ob er das Examen überhaupt schaffen würde. Ende November wurde das Wetter kalt und regnerisch, und das kleine Kaminfeuer im Wohnzimmer der South Reunion Hall verschaffte kargen Komfort.

---

* Studenten im ersten Semester. A.d.Ü.

Überdies wuchs Jacks Enttäuschung über Princeton. James Madison und Woodrow Wilson hatten das College besucht; Einstein und Thomas Mann sollten später dort lehren. Aber der kleine Campus in einer winzigen, ländlichen Stadt New Jerseys sorgte für eine Abgeschlossenheit, die jene der Choate School beinahe noch übertraf, und die Atmosphäre war noch bedrückender protestantisch. Das Universitätsgelände starrte von presbyterianischen Gotteshäusern. Die riesige presbyterianische theologische Fakultät, als »das Seminar« bekannt und Zielscheibe von Jacks respektlosem Humor, nahm eine ganze Seite der Universität ein. Von der winzigen jüdischen Quote von zehn Studenten wagten nur zwei, sich offen zu ihrer Religion zu bekennen. Und obwohl Jack außerhalb der Universität mit seinem Freund Rip Horton die Messe besuchte, war es wenig wahrscheinlich, daß er als römisch-katholischer Bostoner Ire jemals in einen der gesellschaftlich begehrenswerten Klubs aufgenommen würde, wie sein Freund Bud Wynne später einräumte.

Princetons Provinzialismus war eine Desillusion für Jack. Obwohl er die Feststellung auf Lem Billings' persönliche Bitte später aus seiner biographischen Beschreibung der Präsidentschaft Jack Kennedys zurückzog, hatte der Historiker Arthur Schlesinger von Jacks Familie erfahren, daß »Princeton ihn nicht sonderlich beeindruckt« hatte. Das war zweifellos richtig. »Ich glaube, die Country-Club-Atmosphäre von Princeton enttäuschte ihn ein wenig«, erinnerte sich Jacks bester Freund aus seiner Zeit in Harvard. Bud Wynne meinte, Jack sei aus einer mehr oder weniger bewußten »Rebellion gegen die Wünsche und Erwartungen des Vaters« nach Princeton gegangen, verkannte wahrscheinlich aber die starke Anziehungskraft, die Princeton durch die Anwesenheit seiner engsten Schulfreunde auf ihn ausübte. Abgesehen von ihnen, scheint Princeton ihm jedoch wenig geboten zu haben, und vieles erinnerte ihn unangenehm an das Internat.

Noch gewann der sonst so gesellige Jack neue Freunde im College. »Er blieb ungefähr zwei Monate in Princeton, kränkelte aber die ganze Zeit, die er dort war«, erinnerte sich Billings. »Er ... fühlte sich nicht wohl. Er ging in seine Vorlesungen und Seminare, aber er fühlte sich einfach nicht besonders.«

Anfang Dezember war das Menetekel an der Wand. Zusammen mit seinen Stubenkameraden posierte Jack für eine typisch unbekümmerte Weihnachtsfotografie, mit einem Text, der auf Fred Astaires letztem Schlager »Top Hat« beruhte:

Wir setzen den Zylinder auf,
Binden uns die weiße Schleife um,
Bürsten den Frack aus,
um Euch Frohe Weihnachten zu wünschen.

Bekleidet nur mit langen weißen Unterhosen, schwenkte Rip Horton
einen Zylinder, kämpfte Billings mit einer riesigen weißen Schleife, und
bürstete Jack die Rockschöße seines Fracks. Humorvoll und respektlos
wie sie war, sollte die Aufnahme zeigen, wieviel Spaß die jungen Studenten in Princeton hatten. Aber noch ehe das Foto verschickt werden
konnte, wurde Jack krank ins Peter Bent Brigham Hospital in Boston
eingeliefert, um von Dr. Murphy untersucht zu werden.

Das Mitgefühl der Freunde nahm anfangs sarkastische Form an. »Sag
uns, wann wir zur Beerdigung kommen sollen«, kabelten sie am 10. Dezember. »Rat mal, welche Diagnose Mrs. Warren [die Putzfrau] gestellt
hat. Sie möchte wissen, wo Du rumgef... hast. Das fragen sich übrigens
alle.«

Die Ärzte in Boston kamen einer Lösung des Rätsels von Jacks
schlechter Gesundheit nicht näher als Mrs. Warren. Sie empfahlen, einen
Spezialisten aus Richmond beizuziehen, Dr. Warren T. Vaughan. Am
12. Dezember 1935 kündigte Dr. Vaughan seine Ankunft aus Virginia
für den nächsten Morgen an und bemerkte, daß »die Untersuchung drei
oder vier Tage in Anspruch nehmen« könne.

Der Universitätsarzt Dr. Raycroft war nicht geneigt, das Ergebnis
abzuwarten. Am 13. Dezember schrieb er an Dr. Gauss, den Dekan des
Colleges:

Sie sind wahrscheinlich vertraut mit dem interessanten Fall John Fitzgerald
Kennedy, [Jahrgang] 39. Wir haben mit seinen Ärzten in Verbindung gestanden, seit er zu uns kam, und es scheint jetzt ratsam, daß er die Universität
verläßt, um sich den Untersuchungen und Behandlungen zu unterziehen, die
sein Zustand erforderlich macht, damit er bis zum nächsten Herbst wiederhergestellt ist und einen neuen Anfang machen kann. Als Datum seines Ausschei-
dens sollte der 12. Dezember festgesetzt werden.

Das war das Ende von Jacks tapferem Bemühen, nicht aufzugeben. Er
sollte jedoch nicht mehr nach Princeton zurückkehren. Er war ganze
sechs Wochen dort gewesen – genug, um ihn von dem Wunsch zu heilen,
»ein Princeton-Man« sein zu wollen.

Leukämie

Jacks plötzliche Abreise aus Princeton ließ später das Gerücht entstehen, daß er heimlich geheiratet hatte und so gezwungen gewesen war, sich vom Studium zurückzuziehen – eine Unbesonnenheit, die dann von seinem einflußreichen Vater vertuscht worden war, dem es gelang, die standesamtliche Eintragung löschen zu lassen. »Ja, er heiratete in Princeton«, behauptete ein Kommilitone. »Sein Vater ließ diese Eheschließung annullieren, aber Leute, die mit den Kennedys gut bekannt waren, wußten davon. Es war eine so kurzlebige Affäre, gefolgt von der Annullierung, daß er nie mehr davon sprach.« Nach einer anderen Version hatte Jack ein englisches Mädchen von schlechtem Ruf geheiratet, eine Prostituierte, und wurde von der London School of Economics nach Haus zurückgeholt, als sein Vater entdeckte, was geschehen war.

Beide Geschichten sind jedoch sehr unwahrscheinlich. In London war es Joseph Kennedy, der eine »sagenhafte« vierundzwanzigjährige Geliebte hatte, nicht Jack; und in Princeton hielt Jack nur sechs Wochen aus; es war in der Tat die Erkrankung, die sein Studium dort beendete.

Nach seiner Untersuchung durch Dr. Vaughan fuhr Jack nach Palm Beach. »Lieber Los Moine«, kritzelte er, um sich zu entschuldigen, daß es ihm nicht gelungen war, Billings in den Nachtzug nach Florida zu schmuggeln. »Schreibe dies ›en route‹, wenn Du verstehst, was ich meine, obwohl ich's nicht annehme. Tat mein möglichstes, um zu warten. Blieb bis 7:45 bei Olive und telefonierte mit J. P. [seinem Vater]. Hatte für Freitagnacht ein Schlafwagenabteil reserviert, und nachdem ich Dad angerufen und zwanzig Minuten mit ihm gestritten hatte, sprach ich mit Mutter, die erklärte, es sei unnötig, ein Abteil zu nehmen, weil es 30 Dollar zusätzlich koste. Das ruinierte natürlich alles, weil ich Dich anders nicht hätte hinunterschmuggeln können. Tat mein Bestes, wie Olive bezeugen wird, und mein Bestes ist ›so gut wie das meiste und besser als manches‹, um einen Lieblingsausdruck unseres früheren Rektors, Dr. St. John, zu zitieren.«

Entschuldigungen wurden rasch von den üblichen Schweinigeleien abgelöst: »Schaute gerade in South Carolina aus dem Fenster und sah einen kleinen schwarzen Jungen beim Scheißen, vor den bewundernden Blicken von zehn oder zwölf seiner Freundinnen. Das ist eine Zeile, die Du gerne borgen kannst.« Er hoffte, Billings würde mit dem Bus nach Florida kommen; und wenn das nicht ginge, mit Wynne und Merrick mit dem Wagen kommen. (Billings blieb in Princeton.)

Vater und Sohn waren jetzt beide in einem Zustand der Ungewißheit. Obwohl Joseph Kennedy eine Kiste Whiskey ins Weiße Haus schicken ließ, wurde ihm von Roosevelt kein neuer Posten angeboten, der ihn interessiert hätte, und bald darauf schloß er Beraterverträge mit RCA, Paramount und dem Pressemagnaten William Randolph Hearst. Die Zeiten, da er für die Ausarbeitung von Sanierungskonzepten eine halbe Million Dollar bekommen hatte, waren jedoch vorbei, und er mußte sich mit bescheideneren Honoraren begnügen – 150 000 Dollar von RCA und 50 000 von Paramount. Das waren noch immer beträchtliche Summen in einer Zeit, da Hunderttausende von Amerikanern an Unterernährung starben und Millionen noch immer arbeitslos waren.

Nach Weihnachten kehrte Jack nach Boston zurück und unterzog sich im Peter Bent Brigham Hospital in Boston einer weiteren Serie von Untersuchungen. Inzwischen mußte er sich daran gewöhnt haben, doch blieben die intimen Besichtigungen und Prüfungen seines Körpers für den Achtzehnjährigen »die gräßlichste Erfahrung meiner ganzen sturmdurchtosten Karriere. Heut früh kamen sie mit einem gigantischen Gummischlauch herein«, schrieb er an Billings in Princeton.

> Alter Hut, sagte ich und wälzte mich herum, weil ich dachte, sie würden ihn mir in den Arsch stopfen. Statt dessen packten sie mich und stießen mir den Schlauch die Nase hinauf. Ich wußte nicht, ob sie dachten, mein Gesicht sei mein Arsch oder was, aber jedenfalls schoben sie ihn mir die Nase hinauf und hinunter in den Magen. Dann gossen sie Alkohol in den Schlauch, und ich wurde inzwischen verrückt, weil ich das Zeug nicht schmecken konnte und Du weißt, wie gut mir ein kräftiger Schluck tut. Sie machten es, um meine Azidose zu prüfen. Bald merkte ich, wie mir das Zeug zu Kopf stieg. Ich hatte diesen Schlauch zwei Stunden lang in der Nase, und sie haben ihn gerade erst herausgenommen, und nun habe ich einen dicken Kopf und einen Ständer, denn als sie fertig waren, kam eine schöne Krankenschwester herein und rieb mir den ganzen Körper ab.
> Warf einen Blick auf mein Krankenblatt und entdeckte, daß ich nicht Syph habe, weil sie den Wassermanntest gemacht haben. Wenn ich mir vorstelle, was für eine Aufregung das gegeben hätte!

Syphilis war nicht seine einzige Sorge. »Mein Blutbild ergab heute morgen 3 500 [weiße Blutkörperchen]. Als ich kam, waren es 6 000. Bei 1 500 stirbt man. Sie nennen mich den ›Noch-2 000-Kennedy‹... Heute abend werd ich mich mit Dana Maher abgeben und erwarte große Dinge.« Zwischen den Untersuchungen im Krankenhaus hatte er »für fünfzig Cents die Stunde in einem schmierigen kleinen Tanzlokal« in Boston den Rumba gelernt. »Dana hat eine Menge Geschichten verbrei-

tet, daß ich, Zitat ›schlampig im Küssen‹ sei, weil ich sie am Silvester-
abend zufällig auf die Wange geküßt hatte«, schrieb Jack. Er ignorierte
die mysteriöse, sogar lebensbedrohende Natur seiner Krankheit und
brüstete sich damit, daß er »der beliebteste Bursche« in Danas Reich sei
und »es einfach im Sturm genommen habe«.

»Ich weiß nicht, warum Du und Rip bei den Mädchen so unbeliebt
seid«, spottete Jack in einem anderen Brief. »Ihr seht nicht eigentlich
häßlich aus. Ich nehm an, es ist einfach etwas an Euch, was die Mädchen
schon auf den ersten Blick abschreckt. Heute morgen bin ich auf die
Lösung gekommen... Es ist wirklich zu dumm. Du bist einfach nicht
dafür gemacht, ein Frauenheld zu sein. Sogar Mr. Niehans hat ein Mädchen und Ike England auch. Offen gesagt, mein Sohn, ich bin ratlos.
Schick mir sofort meinen Gürtel, Du Wichser. Grüße, Ken.«

Jacks Briefe ergossen sich aus dem Peter Bent Brigham Hospital,
ungezügelt, witzig, prahlerisch, aber niemals entmutigt – außer wenn er
glaubte, ihm könne anderswo etwas entgehen. »Erhielt mit Deinem
langweiligen Brief«, schrieb er am 27. Januar 1936, »einen von Hankers
Wankers, dem Entzücken der Debbies, der mir erzählt, ›in Palm Beach
treffen täglich Millionen von schönen jungen Mädchen ein‹, so daß ich
das Fleisch hier oben ziemlich satt hab, wenn Du weißt, was ich mein.«

Wenn Jack sich Hoffnungen gemacht hatte, wieder nach Florida aus-
zureißen, um den weiblichen Zustrom dort zu nutzen, so wurden sie bald
von den Ärzten zunichte gemacht. »Sie haben noch nichts rausge-
bracht«, meldete Jack, »außer daß ich *Leukämie + Agranulozytose* hab.
Warf gestern einen Blick auf mein Krankenblatt und konnte sehen, daß
sie geistig schon für einen Sarg Maß genommen haben. Iß und trink und
mach Dich über Olive her, denn morgen oder nächste Woche sind wir bei
meiner Beerdigung. Vielleicht wird das Rockefeller Institute meinen Fall
aufnehmen.«

Jack weigerte sich einfach, die tödliche Diagnose ernstzunehmen.
»Einblendung!« fügte er seinem Brief hinzu. »Samstagabend hab ich mit
Hansen das heißeste Petting bisher gehabt. Sie ist ziemlich gut, also hoffe
ich auf Größeres und Besseres. Außerdem kriegte ich letzte Nacht ähnliches von J. Also, ich mach Dir Ehre. Muß zugeben, daß ich Bunny Day
aufgeben mußte«, bekannte er, nachdem er zuvor geprahlt hatte, er
werde bald ihr »Gestell besteigen«.

Die Wochen der Untersuchungen, Tests und Konsultationen schlepp-
ten sich hin. Jack lebte für die Wochenenden, wenn im Krankenhaus
keine Untersuchungen und Tests durchgeführt wurden und er sich seiner
Vorliebe für Tanzvergnügen, Mädchen und Abenteuer hingeben und sich

in seiner Popularität sonnen konnte. Neue »Eroberungen« zu machen –
ob sexueller oder einfacher charismatischer Art –, waren für ihn Gelegenheiten, seinen beeindruckenden Charme zu erproben. Unter Druck
zeigte er sich von seiner besten Seite, und zwischen den Zeilen seiner
zotigen, klatschhaften, vorsätzlich lästerlichen Briefe konnte Billings
ohne große Mühe unausgesprochene Zartheit herauslesen – eine Ver-
wundbarkeit, die sein Freund ungern zeigte, kindlich und gewinnend,
immer gekleidet in den humoristischen, epigrammatischen Stil eines
Macho und Frauenhelden. Jack war verliebt in Olive Cawley und erbat
Billings' Hilfe. »Ich komme zu Dir um Rat in der Cawley-Situation – soll
ich sie nach dieser vorsätzlichen Mißachtung fragen? [Olive hatte Jacks
letzten Brief nicht beantwortet.] Es ist Dein Stubenkamerad, der Dich
darum bittet, und er bittet Dich auch, sein Schreibpapier in Ruhe zu
lassen. Dieses Schreibpapier war ein Geschenk von einer meiner Verehre-
rinnen, einer Frau, die sogar die Luft verehrt, die ich atme«, schrieb er
von Billings' Mutter. »Die unglücklicherweise aber einen Sohn mit
schlechtem Mundgeruch hat.«

Die Scherze waren alle Teil von Jacks Weigerung, sich selbst, das Leben
oder den Tod ernst zu nehmen; doch verbarg sich hinter dem lockeren
Ton eine gewisse Intensität, die sehr ernst war. Rip Horton berichtete:

> Jack gefiel alles, was er tat – denn er tat nur, was ihm gefiel. Schon damals hatte
> er vielerlei Interessen. Ihm gefiel Sport, ihm gefielen Balgereien, ihm gefiel es,
> schlampig rumzulaufen, ihm gefiel Golf, ihm gefielen Mädchen. Aber er hielt
> nie an einer Sache fest, verschrieb sich niemals ganz einer Sache oder einem
> Ziel. Er kam gern zu mir nach New York. Dann gingen wir aus, in Nachtklubs,
> und ich erinnere mich, daß wir einmal gingen, um Helen Morgan singen zu
> hören. Jack war da, und Jack Sheinkle und Smokey Joe Wilde... Wir waren
> alle ziemlich gut betucht... Das gefiel Jack – ausgehen. Er scheute keine
> Anstrengung, vierundzwanzig Stunden am Tag – wenn's ums Vergnügen ging.

»Hier gibt's noch was zu bedenken, Lem«, schrieb Jack Ende Januar
1936, als er gebeten wurde, zu einer Party beizutragen, die Jack Sheinkle
organisierte. Jack betrachtete sich, wie Olive Cawley hervorhob, immer
als Führer der Gruppe, mochten die Diskussionen auch demokratisch
verlaufen.

> Steuert jeder $ 10.00 dazu bei oder was? Es macht mir nichts aus, $ 10.00 für
> eine Party von Rip, Dir und Schink auszugeben, aber ich werd kein Geld für
> alle möglichen Kerle beisteuern, die reinkommen und trinken, denn das macht
> dich zum Trottel, egal wie du's ansiehst. Dies ist kein Enteignungsprogramm,
> LeMoyne – ich bin durchaus bereit, mich zu beteiligen, weil Schink immer ein
> lustiger Kerl gewesen ist, aber ich will wissen, wie die Sache organisiert ist.

Wenn die Straßen verschneit sind oder was, werd ich wahrscheinlich fliegen müssen, was mich $ 25.00 kosten wird. Außerdem geh ich Freitagabend aus, werd also viel aufwenden müssen und will nicht auch noch $ 10.00 für 'ne Menge Kerls vergeuden, an denen Du plötzlich Gefallen gefunden hast, also überleg's Dir, weil wir uns damit 'ne gute Flasche Champagner oder 'ne Nummer kaufen können. LeMoyne, Du mußt mit diesem philantropischen Zeug aufhören, bis Du's Dir leisten kannst. Ich hab bisher überhaupt noch nichts mit dieser Party zu tun gehabt und werd nicht mal was trinken, also schreib ich Dir, weil du der geistige Vater davon bist. Hab Shink geschrieben und gesagt, daß ich was beisteuern werd, also bitte sag ihm nichts davon, aber ich wollte Dir doch sagen, was ich denke. Nun reg Dich nicht auf und murmel nicht: ›Gott, wenn ich an seiner Stelle wär, würd ich mich nicht so anstellen.‹ Vergiß nicht, Du wolltest nicht mal 'ne Rechnung über einen Dollar bezahlen, als ich Dich darum bat, also fang gar nicht erst an, Dir wie ein Heiliger vorzukommen. Aber genug davon. Ich kann Dich immer noch anschnauzen, wenn ich Dich seh. Ich wollte Dir bloß Gelegenheit geben, Dir ein paar Argumente auszudenken, weil Du in einer Debatte darüber, was für ein nichtsnutziger Wichser Du bist, gewöhnlich soviel langsamer bist als ich. Werd Montag wieder hier sein müssen, aber laß uns bei der Verabredung Sonntagabend bleiben. Wir könnten bis zehn mit dem Toboggan und dann auf O. W. rodeln. Möchte wirklich wissen, Lemmer, ob Von Elm sie gevögelt hat oder nicht. Sie bekam es ziemlich mit der Angst, als ich es ihr gab, also glaub ich nicht, daß sie was versuchen würde. Aber ich konnte keine Jungfernhaut fühlen, und sie ist ziemlich sexy. Ehrlich gesagt, der alte Cro-Magnon steht vor einem Rätsel. Trotz meines ›hohen Körperbaues, ebenmäßigen Gesichts und meiner erstaunlich großen Schädelkapazität‹. Sie wollen mir wieder dieses Rohr in den Arsch stecken wie in der Mayo Clinic. Ich kann nur sagen, es ist reine Schikane ... Schreib sofort. Ken.

In einem Postscriptum fügte er hinzu: »Vergiß das Anschnauzen. Du bist prima.«

Es mußte Billings sehr schwerfallen, Jack in seinen Quälereien im Krankenhaus nicht zu bedauern, obwohl Jack nichts so »Langweiliges« wie Mitleid wollte, sondern nur Hilfe bei der Suche nach Vergnügungen. Doch ließ er es bei all seiner nie erlahmenden Energie auf diesem Gebiet nie an Loyalität gegen seine Freunde fehlen. »Jack war ein Typ, der an einer Freundschaft festhielt«, bemerkte Rip Horton später. »Damit mein ich, für ihn konnte ein Freund nichts Unrechtes tun. Er stand extrem treu zu seinen Freunden, und einige nutzten das aus.«

Während Jacks Haltung gegenüber Frauen unbekümmert und betont gegen jede Bindung war, hielt er seinen erwählten Busenfreunden rührend und beinahe brüderlich die Treue. Die Diktion seiner Briefe mochte hastig und sprunghaft sein, Zeichensetzung und Rechtschreibung fehlerhaft und seine Themen vulgär, aber die Briefe, die er an seine vertrauten

Freunde schrieb, strahlten eine fesselnde Lebendigkeit aus und die Entschlossenheit, sich seine eigenen Gedanken zu machen und seinen eigenen Weg zu gehen, die seiner Mutter schon an dem kleinen Jungen
aufgefallen war. Und er schrieb in einem Stil, der ganz der seine war:
ungehemmt, zuversichtlich, scharf und witzig, eine Antithese zum Stil
seines Vaters.

Ungeachtet seiner nicht diagnostizierbaren Krankheiten und seines
stets zu Streichen aufgelegten Ungestüms behielt Jack in seinem Freundeskreis bestimmenden Einfluß. Zwar hatte er Princeton ohne ein Zeichen von akademischem Ehrgeiz und im Schutz einer medizinischen
Nebelwolke verlassen, aber er war nicht nur ein Playboy. Wie Dr. Lecky,
der Psychologe der Columbia-Universität, bemerkt hatte, besaß er
großes Zutrauen in seine eigenen Fähigkeiten, und diese hohe Selbstein-
schätzung übertrug er auch auf seine Freunde. Als Billings das Zwischenexamen verpatzte, war Jack enttäuscht. »Lieber auf den Arsch Gefalle-
ner«, belehrte er Billings am 13. Februar aus dem Peter Bent Brigham
Hospital, »es geschieht Dir recht, daß Du den Arschtritt bekommen hast,
denn wie es scheint, hast Du überhaupt nicht gearbeitet, sondern Deine
ganze Zeit in Sandys Zimmer verbracht.«

Offensichtlich hatte Jack von seinem früheren Stubenkameraden Besseres erwartet. Auch fühlte er sich durch die Fortschritte seines Bruders
in Harvard nicht länger bedroht. Zwischen den beiden Brüdern bahnte
sich sogar eine Annäherung an, und an Wochenenden besuchte Jack Joe
jr. des öfteren in seinen Räumen in Cambridge. Joe hatte aus Palm Beach
einen Alligator mitgebracht, der, wie Jack seinem Freund Billings
schrieb, »am Verhungern« sein müsse, weil »es ihm gestern abend lediglich gelang, in meine Fingerspitze zu beißen, statt wie früher meinen
ganzen Arm zu packen«. In der Zeitung hatte er auch von Joes jüngster
Liebesaffäre gelesen. »Hast Du in Winchells Kolumne das über Joe
gelesen? Ich zitiere: ›Bostoner Romanze – J. P. Kennedy jr., der Sohn des
Wall Street-Moguls, und Helen Buck aus dem [exklusiven] Bostoner
Back Bay-Set, halten einander warm‹: Liebesspiel der Goldfische, hätte
ich geschrieben«, höhnte Jack, der es eilig hatte, zum nächsten Tanzvergnügen auf seinem Terminkalender zu kommen. »Du planst mit Ripper«, befahl er. »Vielleicht flieg ich, werd aber noch Bescheid geben.
Mein Schwanz ›Immermehr‹ hat in letzter Zeit Zicken gemacht, und ich
beobachte ihn aufmerksam... Übrigens – B. D. besuchte mich heute im
Krankenhaus, und ich hab's mit ihr in der Badewanne gemacht. Mach
Deine Arbeit, damit wir Sonntagabend ausgehen können... Vergiß
nicht, Deinen Goldschmuck Mussolini zu schicken.«

Damit verabschiedete er sich. Außer ihrer Fehldiagnose Leukämie waren die Ärzte auch diesmal ohne Befund geblieben. In der letzten Februarwoche 1936, nach beinahe zwei Monaten immer neuer Tests und Untersuchungen, war Jack wieder an den Stränden Floridas, »schon gebräunt« und, nach Haarwäsche, Maniküre und Gesichtspflege, »zum Zuschlagen bereit«.

Der Wilde Westen

»Ich hoffe, du planst keine allzu geschäftige Saison«, bemerkte Joseph Kennedy sarkastisch zu seinem Sohn in Palm Beach.

Genau das aber war der Fall, denn Jack hatte eine Anzahl Freunde eingeladen. »Der Mädchen sind wenige und viel Zeit dazwischen«, klagte er Billings. »Aber apropos dazwischen, ich erwarte, daß es bald klappen wird.«

Als Jack ein paar Tage später erfuhr, daß Billings aufgrund seiner schlechten akademischen Leistungen sein Stipendium in Princeton eingebüßt hatte, war er bestürzt. »Zu verdammt blöd, daß Du Dein Stipendium verloren hast«, bemitleidete er ihn, »aber hier ist mein Rat. Du bist ein verdammter Dummkopf gewesen – hast Geld ausgegeben, das Du nicht hattest, Wochenenden freigenommen, statt zu arbeiten, und insgesamt rumgetrödelt und Zeit vergeudet.« Aber Jack gab auch zu, daß er zum Teil mitschuldig war:

Viel davon war mein Fehler, aber das hilft Dir nicht weiter. Du mußt Dich jetzt zusammenreißen, denn Du hast in den letzten zwei Jahren aus allem und jedem einen Reinfall gemacht und Dinge versprochen, die Du nicht im mindesten einhalten konntest. Mit Football angefangen – Du hast alles verpfuscht, was Du anpacken wolltest. Wenn Du es in den kleinen Dingen nicht schaffst, hast Du keine Chance. Mir scheint jetzt das Beste für Dich, wenn Du die ganzen Semesterferien in Princeton bleibst und arbeitest. So schrecklich ist es nicht, andere machen's auch, und wenn's schrecklich ist, Pech! Du mußt es tun. Wenn Du jetzt Ferien machst, verkaufst Du Dein Erstgeburtsrecht für 'ne Suppe, und das ist nicht witzig gemeint. Solltest Du Dich aber doch für Ferien entscheiden, kannst Du hierher kommen, da wir viel Platz haben. Wie auch immer, Du bist ein furchtbarer Esel gewesen, und wenn Du die Dinge jetzt nicht änderst, hast Du keine Chance. Wenn Du jetzt gut arbeitest, kriegst Du vielleicht das Stipendium wieder.

Da Jack selbst vor gerade einem Jahr fast des Internats verwiesen worden war, weil er seine Zeit mit Unsinn und Herumalbern vergeudet hatte, statt zu lernen, klang diese Ermahnung etwas seltsam, doch war sie in so aufrichtiger Sorge geschrieben, daß Billings sie sich sehr zu Herzen nahm und tatsächlich auch bald das Stipendium zurückgewann.

»Also, nachdem mir Deine Probleme schlaflose Stunden bereitet haben«, hakte Jack Mitte März 1936 in einem Brief an Billings nach, »erreicht mich die Nachricht, daß Du letzten Samstagabend betrunken im Stork Club warst. Wie Du Dich vergnügen kannst, während Rom brennt, entzieht sich meiner Einsicht.« Aber er hatte inzwischen auch eigene Neuigkeiten mitzuteilen. »Ließ mir gestern abend die Handschrift deuten. Außerordentlicher Verstand + Charakter – also laß Dir von Deinem alten Stubenkameraden sagen, daß Du der nichtsnutzigste Wichser bist, der ihm je über den Weg gelaufen ist.«

Als er von Palm Beach genug hatte, flog Jack Mitte April nach New York zurück. In seinem Gepäck brachte er »die Teile Deiner ›Garderobe‹ (Ha ha) mit, die Du bei mir gelassen hattest«, schrieb er Billings, der mit dem Wagen vorausgefahren war. »Komme ungefähr um sechs in N. Y. an. Wir treffen uns im Tearoom des Plaza. Gib Olive Nachricht, daß sie mich dort erwartet. Alle Vorbereitungen überlasse ich Dir.« Er unterschrieb mit »Don John«.

Das Leben auf großem Fuß in New York währte indessen nicht lange. Billings mußte nach Princeton zurück, und Ende April war »Don John« auf Empfehlung Arthur Krocks, des Washingtoner Bürochefs der *New York Times,* mit dem sein Vater gut bekannt war, unterwegs nach Benson, Arizona. Krock, der Joe Kennedy – sicherlich nicht umsonst – publizistisch unterstützte, hatte die Reise empfohlen, um Jacks Gesundheit wiederherzustellen.

Nicht einmal Fort Worth konnte ihn auf das einfache Leben unter den Hereford-Rindern der Jay Six-Ranch vorbereiten, das für den jungen Mann, der in Villenvierteln aufgewachsen und dessen weitester Ausflug von Palm Beach der Weg an den Strand gewesen war, einen begreiflichen Schock mit sich brachte. »Meine neueste Krankheit sind Läuse, die wie der Teufel jucken und mich auf den Gedanken bringen, daß Arizona eine verdammt ungemütliche Gegend ist«, schrieb er Billings, »so daß ich vielleicht bald zu einer weiteren ansehnlichen Party zurück sein werde.« Er erklärte sich auch bereit, die Hälfte des Bußgeldes von fünfundzwanzig Dollar zu bezahlen, das sie wegen zu schnellen Fahrens entrichten mußten. Jemand hatte Jacks Vater von dem Vorfall erzählt. »Wenn ich weiter mit Dir verkehr, Billings«, scherzte Jack, »werd ich enterbt.«

In Arizona gesellte sich bald Smokey Wilde zu Jack, ein Schulfreund und Exmucker aus dem Internat, dessen Gesundheit gleichfalls zu wün-

schen übrig ließ. Das hinderte ihn allerdings nicht daran, zusammen mit
Jack Unfug anzustellen, wie dieser in seiner Berichterstattung an Billings
meldete.

Es fällt auf, daß Jack in seinen Briefen nicht ein einziges Mal seine
Mutter erwähnt; sie hatte inzwischen jeden Kontakt mit Jacks Leben
und seinen Freundschaften verloren – so sehr, daß sie in ihren Erinnerungen einen Brief von Eunice zitierte, dem sie entnahm, daß Jack »draußen
im Westen eine wunderschöne Zeit verbrachte. Smokey ist jetzt dort bei
ihm.« Dies, erläuterte Rose, sei ein Hinweis auf »Jacks damaligen Hund,
eine Art Schäferhund«!

Anfang Mai 1936 schilderte Jack in einem »Reisen in ein mexikani-
sches Hurenhaus« betitelten Brief dem Freund seine letzte Eskapade.
»Bekam in einem mexikanischen Bordell für 65 Cents einen abgelutscht
und eine Nummer, fühlte mich also sehr sauber und in guter Form«,
berichtete er. »Smokey und ich machten uns gestern auf, gingen über die
Grenze + kamen in eine beschissene mexikanische Stadt. Traf dort ein
Mädchen, das wirklich das Beste ist, was ich je gesehen habe, spricht
aber kein Englisch. Schreib ihr heute abend, um eine Verabredung mit ihr
zu treffen, weil sie letztes Mal nicht mit mir ausgehen wollte, und es ist
wirklich Liebe auf den ersten Blick. In diesen Städten haben sie die hüb-
schesten Mädchen. Jedenfalls landeten Smokey + ich in diesem miesen
Puff, und es heißt, daß in fünf Jahren nur ein Kunde *ohne* die saftigste
Ladung Tripper davongekommen ist. Smokey sieht schon ziemlich blaß
aus, und sogar ich denk gelegentlich daran; Ihr seht also, Jungs, daß Euer
Zimmergenosse in der echten Tradition des Südens weitermacht und das
Motto ›hol's dir immer am ungesündesten Ort‹ hochhält.«

In einem an »Shink« gerichteten Nachsatz warnte Jack, daß keine
Entschuldigungen für ein Nichterscheinen in Hyannis Port im bevorstehenden Sommer akzeptiert würden. »Es wär wirklich eine Quelle des
Mißvergnügens für mich, wenn Du Dich nicht wie letztes Jahr zu Son-
nenbädern + Cocktailparties auf den Kennedy-Morgen einfinden würdest«, schrieb er, und unterzeichnete mit »Dein vertrippter Zimmergenosse«. Darauf fügte er noch hinzu: »Nächste Woche meine Abenteuer
in Hollywood.« Denn sein Vater hatte ihn gerade telegrafisch nach Los
Angeles eingeladen, wo er den Beratervertrag mit Paramount abgeschlossen hatte. Die beiden wollten dort Jacks neunzehnten Geburtstag
feiern. »Also starten Smokey und ich am Freitag, um ein paar aufs Kreuz
zu legen, was sehr interessant werden sollte.«

Während er fröhlich ein paar »gute Nummern in L. A.« erwartete,
sorgte sich Don John gleichwohl um seinen »Immermehr«. »Haute mich

für 'ne Spritze auf die Couch, nachdem ich gelesen hatte, daß Irving
Curtin an der gleichen Sache, die ich habe, eingegangen ist«, schrieb er
zerknirscht an Billings.»Im Wartezimmer las ich von 8000 Fällen von
Syph unter den Jungs in Baltimore, also bleibst Du besser da weg, wenn
Du die Zahl nicht auf 8001 bringen willst – Ich weiß nicht, warum ich
jedesmal, wenn ich gebumst hab, irgendeinen verdammten Artikel über
all die Leute lesen muß, die es kriegen.«

Bei der Gelegenheit kolportierte Jack gleich die neueste Nachricht aus
Benson, Arizona,»daß es hier ungefähr 8000 erholungssuchende Tuber-
kulosekranke gibt, und heute morgen wachte ich mit einem trockenen
Husten auf, der, wie Smokey versichert, TB im fortgeschrittenen Stadium ist. Das fehlte mir noch, wenn ich mir bei diesem Kuraufenthalt
außer einer ordentlichen Ladung Tripper noch TB holen würde«, schloß
er, und unterzeichnete mit»der Mann aus Arizona«.

Ungeachtet seiner Sorge um verschiedene Geschlechtskrankheiten
besserte sich Jacks Gesundheitszustand zusehends. Während er und
Smokey Wilde beim Bau eines neuen Bürogebäudes der Jay Six-Ranch
halfen, machte er neue Pläne.»Diese Idee, zu arbeiten«, schrieb er zu
Billings' letzten Plänen, in den Sommerferien bezahlte Arbeit anzunehmen,»hört sich gut an, aber Du solltest versuchen, im College zu
arbeiten«, riet er ihm.»In vier Jahren wirst Du besser wissen, was läuft.
Komm auf jeden Fall nach Palm Beach«, befahl er,»weil wir 'ne Menge
Spaß haben werden, und Deine Arbeit kann warten. Soviel für meinen
guten Einfluß, aber zum Teufel damit. Sieh zu, daß Du's schaffst, denn es
wird in diesem Sommer das einzige sein, was ich auf eigene Faust tun
kann, und Du wirst im September wahrscheinlich arbeiten oder in einem
Football-Trainingslager sein.«

Los Angeles erwies sich als genauso aufregend, wie er es sich erträumt
hatte.»Diese Hollywoodreise war *das* Ding«, schrieb er hinterher,»und
ich werd Dir alles darüber erzählen, wenn ich zurückkomme. Verlor alles
wieder, was die Ranch bewirkt hatte & gab 150 aus, fühl mich also
ziemlich scheußlich. Smokey reist morgen ab, dann wird's wahrscheinlich ruhiger. Wie es jetzt aussieht, werde ich um den 24. Juni zurück sein.
Du mußt auch da sein + sag Shink Bescheid.« Er hatte vorübergehend
das Interesse an Olive Cawley verloren, die, wie er erklärte,»meinet-
wegen ein Schiff nehmen kann, weil ich in Hollywood diese Statistin
kennengelernt habe, die das am besten aussehende Ding ist, das mir je
unter die Augen gekommen ist. Werd Dir ihr Bild zeigen, wenn ich
zurückkomm.« Er prahlte auch, daß er mit Constance Bennett Tennis
gespielt habe, dem Filmstar, der Gloria Swansons Ex-Ehemann geheira-

tet hatte. »Ich machte vier Doppelfehler hintereinander und machte damit meine soziale Karriere hier draußen perfekt«, scherzte er und unterschrieb, nachdem er Billings die »Blitznachricht« gegeben hatte, daß er mit Olive Cawley definitiv fertig sei, mit: »Das Entzücken der Statistin.«

In seinem nächsten Brief an Billings schrieb er: »Wenn Du sehen könntest, was für 'ne Schönheit mein Körper durch die frische Luft, das Reiten und die Mexikanerinnen geworden ist, würdest Du, wenn Du von meinem Körper sprichst, Adjektive wie ›unattraktiv‹ dort hineinschieben, wo sie hingehören.« Seine Reitkünste waren jedoch alles andere als vollkommen, mußte er zugeben, als er Billings seine neueste »schlechte Nachricht« mitteilte: »Es sieht so aus, als sollte es keine kleinen Schlingel mit dem Namen LeMoyne Kennedy geben, denn gestern bekam ich einen Tritt in meine edlen Teile, der mich für ein paar selige Minuten hinstreckte. Ich hab nicht mehr diesen freien + leichten Schritt und bin infolgedessen ein wenig besorgt«, schrieb er, um so mehr als »ich seit 3 Wochen nichts von Dir gehört habe, außer ein paar schlüpfrigen Postkarten... Bitte laß mich wissen, was Du vorhast + wann Du's vorhast... Hab einige Pläne, die Deinen Senkel heben werden.«

Pläne bedeuteten unweigerlich Ausgehen oder sexuelle Abenteuer oder beides. Der Heimflug war über Chicago gebucht, wo er ein paar Tage mit Rip Horton und Butch Schriber verbringen und Joe jr. treffen wollte, der bei Schribers Vetter Tom war. Aber so sehr Jack sich auf ein Wiedersehen mit seinen alten Freunden freute, die Monate der »Erholung« in Florida und Arizona bedeuteten das Ende seiner Jugendjahre. Das Landleben hatte ihn keineswegs von seinem narzißtischen Ego geheilt, aber es hatte ihm klargemacht, daß es an der Zeit war, etwas mit seinem Leben anzufangen.

»Zum Teufel mit diesen Frauen und laß uns ein paar andere besorgen«, schrieb Jack im Juni an Billings, der über den neuesten Klatsch ihres Kreises berichtet hatte. Er erwartete von seinem Freund, daß er die Vorbereitungen für eine Hausparty treffe, die nach seiner Rückkehr steigen sollte, aber in einem verräterischen Satz deckte er seine Karten auf: »Wir können die Sache immer noch in letzter Minute ändern, also tu, was Du willst«, schrieb er. Dann strich er das »Du« durch und schrieb »wir« darüber, aber auch das strich er wieder durch und schrieb »ich«. Er hatte der Sekretärin seines Vaters geschrieben, daß sie ihm Eintrittskarten für »Boy Meets Girl« für den Abend seiner Rückkehr nach New York reservieren solle. »Vielleicht könnten wir später noch ins Orpheum gehen«, fügte er hinzu. »Laß mich per Luftpost wissen, ob diese Pläne mit Deinen zusammenpassen + das sollten sie besser«, fügte er gebieterisch hinzu.

Arizona, Mexiko, Hollywood und Los Angeles hatten dem nun Zwanzigjährigen nicht nur bessere Gesundheit gebracht, sondern endlich auch die Distanz, die jeder junge Mensch braucht, um zu einer reiferen Perspektive zu finden. »Jack hat ausgezeichnete geistige Fähigkeiten«, hatte George St. John ein Jahr zuvor in seine Beurteilung geschrieben, als Jack sich in Princeton beworben hatte. Er hatte aber auch erwähnt, daß es Jack an »tieferem Interesse an seinen Studien und dem reifen Gesichtspunkt« fehle, »der ihm selbst abverlangt, stets sein Bestes zu geben. Man kann sich darauf verlassen, daß er genug tun wird, um ein Examen zu bestehen. Wir haben uns sehr darum bemüht, Jacks Interesse an der Arbeit soweit zu entwickeln, daß es ihm an der Universität Resultate ermöglichen wird, die seiner natürlichen Intelligenz, Popularität und angenehmen Wesensart würdiger sind.«

Paradoxerweise hatten die Monate der »Rekonvaleszenz«, das heißt des ziellosen Playboydaseins ohne Schule oder Universität, Jacks eigenes Interesse an seinem Fortkommen stärker entwickelt, als jeder Unterricht es vermocht hätte. »Der Haile Selassie war ein Witz«, kommentierte er Mussolinis Eroberung Äthiopiens, die Italien »endlich sein Kolonialreich« gegeben hatte. »Reise morgen in einem Glorienschein von hier ab«, schrieb Jack am 19. Juni in seiner letzten Botschaft aus Arizona. Er hatte sich vorgenommen, am 24. Juni in New York einzutreffen, »um all meine Eier in den Korb eines glücklichen Mädchens zu tun«, was auf Jane Rovenskys Hausparty geschehen sollte. »Sieh zu, daß Du Deine Arbeit schaffst, damit wir gleich hinfahren können«, kritzelte er und unterzeichnete mit dem Hinweis auf seine Sonnenbräune als »Dein Nigger, Jack«.

Übersprudelnd von Selbstvertrauen und strotzend von Gesundheit, hatte Jack genug vom sonnigen Süden und dem Wilden Westen. Er war bereit, nach Osten zu gehen – nach Harvard.

Der Sommer 1936

Jack hatte geplant, den Sommer 1936 mit Segeln, Strand, Tennisspielen und Tanzvergnügen auf Cape Cod zu verbringen, bevor er das Studium in Harvard aufnehmen würde. In einem Brief vom 6. Juli 1936 wandte er sich an den Zulassungsausschuß der Universität.

Gentlemen, ich schreibe Ihnen im Hinblick auf meinen Studienbeginn im Herbst dieses Jahres. Ich reichte vergangenes Jahr eine Bewerbung ein, die angenommen wurde. Meine Pläne änderten sich, und ich beschloß, für ein Jahr ins Ausland an die London School of Economics zu gehen. Nach einem Monat war ich aus Krankheitsgründen gezwungen, in die Vereinigten Staaten zurückzukehren. Ich beschloß dann, nach Princeton zu gehen, hauptsächlich wegen seiner Nähe zu New York, wo die meine Krankheit behandelnden Ärzte sich befanden. Die Arbeit holte ich nach und bestand vier von fünf Kursen...

Anfang Dezember verließ ich Princeton, wieder aus Krankheitsgründen, um nach Süden zu gehen, nachdem ich mehr als zwei Monate im Peter Bent Brigham Hospital in Boston bei Dr. William P. Murphy verbracht hatte. Im Anschluß an meinen Aufenthalt in Florida ging ich nach Arizona und kehrte vor einer Woche von dort zurück. Nach einem Besuch bei meinem Arzt, der sagte, er glaube, es gebe keinerlei Bedenken gegen eine Wiederaufnahme meines Studiums, faßte ich den Entschluß, Harvard meinen Aufnahmeantrag zuzuleiten. Sollten weitere Informationen erwünscht sein, bin ich gerne bereit, sie nachzureichen oder nach Boston zu kommen, um mit Ihnen darüber zu sprechen.

Mit vorzüglicher Hochachtung

John F. Kennedy

Bis auf die Gründe, warum er in Princeton studieren wollte, war nichts davon unwahr. Um sicher zu gehen, schickte Jack jedoch einen ähnlichen Brief nach Princeton, ohne Harvard zu erwähnen. Aber der zuständige Dekan von Harvard antwortete innerhalb von drei Tagen und dankte Jack für seine »ganz und gar zufriedenstellende« Darstellung der »Dinge, die Sie beschäftigt haben, seit Sie in Harvard zugelassen wurden«. Das Semester würde in der letzten Septemberwoche beginnen. Wieder war Jack aufgenommen, und mit einem Seufzer der Erleichterung wandte er sich den Vergnügungen am Nantucket Sound zu.

Seine wachsende Reife wurde von einigen Außenseitern bemerkt, obwohl das Leben unter den Kennedys ziemlich unverändert blieb. Die Geschwister, Rosemary, 17, Kathleen, 16, Eunice, 15, Pat, 12, Bobby, 10, Jean, 8 und sogar Teddy, 4, blickten zu Jack nicht in der Weise auf, wie zu ihrem halb bewunderten, halb gefürchteten ältesten Bruder, dem »verantwortungsvollen« Joe jr., sondern sahen ihn als einen begabten Individualisten, der gutmütig genug war, sich mit ihnen abzugeben, besonders mit Rosemary. Eunice erzählte später, auf welch unauffällige Weise Jack dafür sorgte, daß die behinderte Rosemary bei Parties nicht ausgeschlossen wurde. »Jack brachte sie zum Tanz in den Klub, tanzte und scherzte mit ihr und sorgte dafür, daß ein paar von seinen engen Freunden ihn ablösten, so daß sie sich einbezogen fühlte. Um Mitternacht brachte er sie nach Haus und kam dann zurück.«

Nichtsdestoweniger wäre niemand, der Jack im Sommer oder Herbst
1936 sah, auf den Gedanken gekommen, dem schmalbrüstigen, ausgelassenen und geselligen jungen Mann eine politische Zukunft voraus-
zusagen. Wie Bud Wynne sich erinnerte, wurde ein großer Teil des
Sommers am Cape Cod mit privaten Segelregatten verbracht. »Sein
Bruder, Joe jr., hatte ein Kielboot, einen Star, während Jack eine der beiden Wianno-Jollen der Familie hatte, die beide nur ein Schwert besaßen.
Sein Vater war sehr wettbewerbsorientiert und beschäftigte einen Schwe-
den, der sich um die Boote der Familien zu kümmern hatte; ob auf
Anweisung des Vaters oder um ihm zu gefallen, es lief das Gerücht um,
daß der Schwede die Segelfläche unerlaubt vergrößert hatte.« Zusam-
men segelten die Jungen in Joes Boot von Edgartown [auf Martha's
Vineyard] nach Nantucket und zurück nach Hyannis Port.

Obwohl er ein häufiger Besucher im Haus der Kennedys in Bronxville
war, hatte Wynne Jacks Mutter noch nie gesehen; als er Mrs. Kennedy
endlich in Hyannis Port kennenlernte, hielt er sie zuerst für eine von
Jacks Schwestern, so zierlich war sie. Cam Newberry aber – ein Studien-
kollege Joe jrs., der auch mit Jack befreundet war und den ersten Farb-
film von der Familie aufnahm – erinnerte sich: »Auf diesem Filmstreifen
waren zwei oder drei sehr gute Aufnahmen von ihr, die sich als Stand-
fotos verwenden ließen. Ich hielt sie damals für eine ziemlich alte Frau,
obwohl sie noch in den Vierzigern war. Soweit ich es beurteilen konnte,
hatte sie überhaupt keine Verbindung zu Joseph Kennedy. Sie existierte
nicht. Und zu ihren Kindern? Nun, sie wirkte in ihrer Gegenwart immer
etwas geistesabwesend... Man konnte nie sicher sein, wo ihre Gedanken waren.«

Jacks Freunde waren beeindruckt von der Art, wie die Kennedy-
Kinder es schafften, trotz der schlechten Ehe ihrer Eltern ein warmes und
lebendiges Familienleben aufrechtzuerhalten. Nicht nur ermutigten und
unterstützten sie ihre zurückgebliebene Schwester Rosemary, sondern
sie taten auch ihr möglichstes, um ihrer »verrückten« Mutter mit Verständnis und Nachsicht zu begegnen. Kathleen hatte sie sogar überredet,
im Frühjahr 1936 eine Europareise mit ihr zu machen, die sie unter
anderem nach Sowjetrußland führte und Rose eine Perspektive von
Europa gab, die über französische Modeschöpfer und katholische Priester hinausging.

Kathleen hatte in ihrer Persönlichkeit viel Ähnlichkeit mit Jack. Obschon weit davon entfernt, eine Schönheit zu sein, hatte sie eine gute
Figur und ein lebhaftes, überschäumendes Temperament, das junge und
alte Männer bezauberte. Man behauptet, daß alle Freunde, die Jack

jemals hatte, irgendwann einmal in Kathleen verliebt waren – was angesichts ihrer reizvollen Mischung aus jungfräulicher, katholischer Prüderie und weltgewandter, munterer Energie leicht zu verstehen war. Wie Joe jr. sollte auch sie für die gescheiterte Ehe und die manischen Erwartungen ihrer Eltern zuletzt mit dem Leben bezahlen; einstweilen aber glich sie die innere Erstarrung ihrer Mutter dadurch aus, daß sie das Gegenteil war: frisch, offen, intelligent, humorvoll und beliebt. Tatsächlich übernahm sie damit beinahe die gleiche Rolle, die Rose vor dem Ersten Weltkrieg für ihren Vater gespielt hatte, die einer »Ersatzfrau«.

Ohne Zugang zu Roses frostiger, emotional vertrockneter Welt lebte Joseph Kennedy in zunehmendem Maße durch diese Kinder – vielleicht um Rose zu beweisen, daß er trotz ihres zerstörten Bildes von ihm noch immer die Treue und Zuneigung seiner Kinder gewinnen und bewahren konnte, während ihr dies trotz ihrer Besessenheit von Knöpfen und Körperpflege nicht gelang.

Kathleens Freundinnen hatten das Problem, Mr. Kennedys Annäherungsversuchen auszuweichen. »Einige von Kathleens Freundinnen nahmen nur ungern an den Filmvorführungen im Keller des Kennedy-Hauses teil«, schrieb Kathleens Biograph nach ausführlichen Gesprächen mit den Betroffenen. »Mr. Kennedy pflegte sie einzuladen, sich neben sie zu setzen, und dann zwickte er sie während der Vorstellung« – eine etwas anrüchige Ironie angesichts des Umstandes, daß Mrs. Kennedy darauf bestand, alle Filme vor der Aufführung auf mögliche Anstößigkeiten überprüfen zu lassen. Mr. Kennedy »küßte alle weiblichen Gäste, die über Nacht blieben – einschließlich der Freundinnen seiner Söhne – auf die Lippen«, schrieb Kathleens Biograph, und in seiner Suite im Waldorf Astoria in New York empörte er Kathleens beste Freundin, Charlotte McDonnell, als er sie mit einem Trick, der den US-Filmzensor Will Hays in Verlegenheit gebracht hätte, verleitete, zu ihm in sein Schlafzimmer zu kommen. Jack und Kathleen lachten über den kläglichen Streich ihres Vaters, Charlotte aber fand ihn weniger lustig und behauptete später, sie »würde ihr Elternhaus verlassen haben«, hätte ihr Vater einer von ihren Freundinnen solch einen Streich gespielt.

Es war zweifellos etwas Eigenartiges an dem Mann, der seine New Yorker Mätressen und Dirnen nach Hyannis Port brachte, wenn Rose fort war, seine Töchter aber von Privatdetektiven überwachen ließ. Dennoch blieb er bei all seiner Widersprüchlichkeit eine machtvolle Gestalt im Leben seiner Kinder. Er sparte nicht mit Kritik, wenn ihm etwas an ihnen mißfiel, war aber stolz auf sie und entschlossen, seinen Teil dazu beizutragen, daß sie es im Leben zu etwas brachten – um so mehr, als sein eigener politischer Ehrgeiz nach seiner kurzen Amtszeit unter Roosevelt enttäuscht worden war. Dies versuchte er jetzt mit Arthur Krocks Hilfe zu ändern.

Krocks Einfluß bei der *New York Times* war von entscheidender Bedeutung gewesen, die vielen Einwände gegen Joseph Kennedys Ernennung zum Vorsitzenden der SEC zu überwinden. Im Sommer 1936 kam Krock ihm wieder mit einem Vorschlag zu Hilfe, die Gunst des Präsidenten zu gewinnen, diesmal durch die Herausgabe eines Propagandabandes für Roosevelts Wiederwahl im Vorfeld der Präsidentschaftswahlen von 1936. Da Kennedy seine Gedanken nicht fesselnd genug zu Papier bringen konnte, bezahlte er Krock dafür. Und Krock schrieb nicht nur den ganzen Text innerhalb von Tagen, sondern er dachte sich auch den werbewirksamen Titel *I'm for Roosevelt* aus, was vielleicht noch wichtiger war.

Im Bewußtsein, daß man ihn beschuldigen würde, nach einem hohen Regierungsamt zu schielen, indem er ein derart schmeichlerisches Elaborat herausgab, ließ Kennedy sich von Krock ein Dementi ins Vorwort schreiben, das folgenden Wortlaut hatte: »Ich habe keinen politischen Ehrgeiz für mich selbst oder für meine Kinder und bringe diese Gedanken über unseren Präsidenten nur zu Papier, weil ich als Vater in Sorge um die Zukunft meiner Familie bin und als Bürger verhindern möchte, daß die Tatsachen über die Lebensphilosophie des Präsidenten nicht von den Nebelschwaden unwürdiger Emotion verhüllt werden.«

Das war so verlogen, daß es schon lächerlich wirkte. Im Grunde wollte er, was er schon immer gewollt hatte: Macht. Einstweilen blieb ihm genug Zeit, um sich seinen Kindern zu widmen, und unter diesen galt seine besondere Aufmerksamkeit dem Ältesten, Joe jr. Nichtsdestoweniger zeigte er sich erfreut über Jacks deutlich besseren Gesundheitszustand – am Ende des Sommers wog er 67 Kilo –, und als Jack nach Harvard schrieb und um die Erlaubnis nachsuchte, sein auf vier Jahre angesetztes Studienpensum in drei Jahren abzuschließen, war sein Vater überrascht. »Wenn möglich«, schrieb er vertraulich an den zuständigen Dekan, bevor er für einen Monat nach Europa abreiste, »wäre es mir sehr angenehm, wenn einer Ihrer Assistenten mit Jack sprechen würde, um danach zu entscheiden, ob diese drei Jahre-Idee unterstützt werden sollte. Jack hat einen guten Kopf für die Dinge, die ihn interessieren, ist aber nachlässig und ohne Fleiß in den Fächern, die ihn nicht interessieren. Das ist natürlich ein schlimmer Fehler, aber ich sehe in seinem Ansuchen eine Geste, die mich sehr erfreut, weil sie der Beginn eines erwachenden Ehrgeizes zu sein scheint.«

Jedenfalls lag Jack daran, nicht hinter seinen Altersgenossen zurück-
zubleiben. Und seinem älteren Bruder erwies er jetzt rührende Loyalität.
Charles Wilson, ein Schulfreund aus dem Internat, erzählte von einem
Vorfall: »Als ich ihn in jenem Sommer in Hyannis Port besuchte, fuhr
Jack uns mit dem Motorboot hinaus, um eine Segelregatta zu beobach-
ten, an der neben Joe Kennedy jr. auch unser Klassenkamerad Herb
Merrick teilnahm. Als Herb sich anschickte, Joe zu überholen, gab Jack
Gas und kreuzte mit unserem Boot vor Herb, um ihn zu verlangsamen.«

Viel später, nach Joes beinahe selbstmörderischem Tod, schrieb Jack:
»Obwohl ein Blick in Joes Zeugnisse zeigt, daß er große Erfolge hatte,
fielen sie ihm nicht in den Schoß.« Joe jrs. Leistungen schrieb Jack nicht
einem besonderen Talent zu, sondern der Willenskraft und einer »außer-
gewöhnlichen Beharrlichkeit. Ich kann mich nicht daran erinnern, daß er
jemals in einem Sessel gelegen und sich entspannt hätte«, berichtete Jack.
»Selbst wenn er sich ruhig hielt, hatte man immer das Gefühl einer
gewaltsam gebändigten Bewegung... Ich denke, ich kannte Joe so gut
wie kaum ein anderer, und doch frage ich mich manchmal, ob ich ihn
jemals wirklich kannte. Er hielt immer einen gewissen Abstand zu den
Dingen um ihn – eine unsichtbare Wand von Reserviertheit, die zu
durchdringen nur wenigen Menschen gelang. Damit will ich nicht sagen,
daß Joe in seiner Haltung schwerfällig und finster gewesen wäre. Weit
davon entfernt – ich kenne niemanden, mit dem ich lieber einen Abend
verbracht oder Golf gespielt oder irgend etwas getan hätte...«

Das war indessen sehr wohlwollend ausgedrückt. Wie Cam Newberry
sich erinnerte, war Joe eher nüchtern und plump, und wenige Leute
hatten lange Vergnügen an seiner Gesellschaft. »Er war ganz anders als
Jack. Er hatte nicht seinen Charme. Joe war ein viel, viel ernsterer,
schwerblütiger Typ. Unglücklicherweise mehr wie sein Vater, denke
ich...« Und ein anderer von Jacks Freunden in Harvard meinte später,
daß die meisten Leute am Ende eine Abneigung gegen Joe jr. faßten »und
genug Gründe fanden, die ihre Gefühle bestätigten. Er hatte einen bös-
artigen Zug. Er konnte andere aufziehen, bis er sie verletzte. Er konnte
nicht aufhören.« »Joe war ein großer Stichler«, sagte ein anderer von
Jacks Freunden. »Wenn er etwas sagte, wußtest du nie, woran du warst,
denn er sagte es mit einem Lächeln. Du wußtest nie, ob er es sarkastisch
meinte, oder ob er bloß die Worte sagte.«

Joe jr. konnte nicht nur boshaft sein, er war auch ein schlechter Verlierer.
Sogar sein jüngster Bruder, Teddy, erinnerte sich, wie er von Joe jr.
einmal in einem Wutanfall ins Meer geworfen wurde, als sie eine Regatta
verloren hatten. »Auf dem Heimweg vom Bootssteg sagte er mir, ich

solle über das, was am Nachmittag geschehen war, den Mund halten«,
erzählte der Zwölfjährige. Er protestierte damit gegen Eunices verherr-
lichende Darstellung ihres Bruders als »wundervoll und stark und ruhig«.
»Joe hatte den Fehler, daß er bei einer Regatta sehr schnell wütend
wurde«, sagte Teddy. Joe war auch nicht die Leuchte unter den Studenten
Harvards, als die spätere Mythen ihn darstellten. Es gelang ihm genausowenig wie Jahre zuvor seinem Vater, in einen der exklusiven Absolventenklubs Harvards aufgenommen zu werden, und er mußte sich mit dem Pi
Eta-Club zufriedengeben. »Es war besser als nichts«, meinte einer von
Jacks Stubenkameraden, »aber es erzeugte einen Groll in ihm.«

Jack hingegen, der im September 1936 das Studium in Harvard aufnahm, sagte niemals ein abfälliges Wort über seinen älteren Bruder; er
zwang sogar den Biographen des Präsidentschaftswahlkampfes, sein
Manuskript zu ändern, in dem er mit dem Ausspruch zitiert war, er habe
Joe jr. für »einen Tyrannen« gehalten. Er wußte, daß sein Bruder den
höchsten Preis für den grandiosen Ehrgeiz seines Vaters bezahlt hatte.
Der Preis, den er selbst bezahlt hatte, war eine andere Sache.

Harvard-Playboy

Jacks Absicht, seine auf vier Jahre festgesetzte Regelstudienzeit in drei
Jahren zu bewältigen, hielt dem rauhen Wind der Wirklichkeit nicht
lange stand. Durch seinen Bruder kannte er in Harvard mehr Studenten
als in Princeton, und sobald er ein Zimmer zugewiesen bekommen hatte,
machte er rasch weitere Bekanntschaften. Am 13. Oktober 1936 erlaubte ihm sein akademischer Berater, die Kurse Staatsverwaltung 1 und
Französisch E fallenzulassen, so daß die angerechneten Kurse während
des ersten Studienjahres auf Englisch, Volkswirtschaft, Geschichte und
Französisch F begrenzt blieben. Von diesen mußte er im Zwischenexamen zweieinhalb bestehen.

Jacks neue Freunde sahen wenig Anzeichen akademischen Ehrgeizes.
Nachdem ihm im vergangenen Jahr die Möglichkeit, Sport zu treiben,
verwehrt geblieben war, wollte Jack jetzt nicht mehr auf der Tribüne
sitzen, sondern mitspielen. Sobald er sich in der Weld Hall eingerichtet
hatte – einem Studentenwohnheim, das noch älter und häßlicher war als
die South Reunion Hall in Princeton –, fand er sich mit mehr als hundert
anderen Studienanfängern zum herbstlichen Football-Probetraining am
Charles River ein.

»Er war bemitleidenswert, weil er so dünn war«, erinnerte sich Jimmy Rousmanière, der in Harvard einer von Jacks engsten Freunden wurde. »Ich sage bemitleidenswert, weil er so leicht war. Man konnte seine Rippen zählen!«

»Wenn es auf Gewicht ankam, hatte er ein ziemliches Handicap«, berichtete ein anderer neuer Freund, Torbert Macdonald. Er hatte Jack schon im Sommer zufällig am Cape Cod getroffen und hatte ihn nur als »einen ungelenken, nicht besonders einnehmenden Typ« in Erinnerung gehabt, »für den ich mich nicht sehr interessierte«. Jacks Eifer, sich im Football unter einer »ziemlich großen Zahl von wohlbekannten Spielern, die Kapitäne ihrer jeweiligen Schulmannschaften gewesen waren«, zu bewähren, beeindruckte Macdonald hingegen –, besonders als er etwas abfällig die Luft aus Jacks Überheblichkeit herausgelassen hatte und dieser darauf mit ungewöhnlich schlagfertigem Humor reagierte. »Wir sahen einander an; ich wußte, daß er mir was vormachte, und er wußte offenbar, daß ich ihm was vormachte«, berichtete Macdonald in Erinnerung an eine faustdicke Schwindelei vor den versammelten studentischen Footballnarren. »Daraus entstand unsere Freundschaft.« Wie Jacks Freundschaft mit Billings, sollte sie bis zum Tode andauern.

Auch Macdonald war beeindruckt von Jacks Loyalität seinem älteren Bruder gegenüber. »Joe war körperlich kräftiger und stabiler, und sehr offen, was Jack zu der Zeit nicht war. Aber es gab keine Rivalität... Sie kamen sehr gut miteinander aus und sahen einander praktisch jeden Tag.« Kam es jedoch zu Meinungsverschiedenheiten zwischen den Brüdern, war Jack durchaus imstande, sich zu behaupten. Macdonald erinnerte sich lebhaft an einen Anlaß, als er vermittelnd einzugreifen suchte. »Kümmer dich um deine eigenen Angelegenheiten!« fuhr Jack ihn an. »Halt dich da raus! Ich red mit Joe, nicht mit dir!«

Joes Tutor, John Kenneth Galbraith, berichtete, Joe sei »schlank und gutaussehend« gewesen, »mit einem dichten Haarschopf und von ernstem, etwas humorlosem Wesen. Er interessierte sich sehr für Politik, leitete seine Gedanken unweigerlich mit den Worten ›Vater sagt‹ ein«, während Jack »auch gutaussehend war, aber im Gegensatz zu Joe sehr gesellig, zu Vergnügungen aller Art neigend, mit Hingabe dem gesellschaftlichen Leben und wechselnden Frauen zugewandt. Man kultivierte solche Studenten nicht.«

Jack wiederum kultivierte solche Tutoren nicht. Wiederhergestellt zu vergleichsweise guter Gesundheit, wollte er mit vollen Zügen das Studentenleben genießen, und dazu gehörte für ihn auch der freiwillige

Drang zum Hals- und Beinbruch im American Football. Mit der Zeit erkannten alle seine Freunde, daß er nicht nur Humor hatte und zu Vergnügungen aufgelegt war, sondern auch Talent zum Schreiben besaß. Sie nahmen an, daß er einmal die Journalistenlaufbahn einschlagen und ein bekannter Leitartikler wie James Reston von der *New York Times* werden würde. Was solche Freunde nicht so leicht sehen konnten, weil sie dem vergnügungssüchtigen jungen Mann so nahe standen, war, daß Jacks Weigerung, ein »bloßer« Journalist zu sein, seine Entschlossenheit widerspiegelte, ein Handelnder zu werden, nicht nur ein Beobachter und Kommentator. Wie er in der Krankheit frei von Selbstmitleid war, so verlangte er Aktion, wenn er gesund war, nicht Aufschub; Spaß, nicht Frustration; Gesellschaft, nicht einsames Nachdenken. Im Laufe der Zeit sollte dieser Drang ihn, so krank und ungeeignet er auch sein mochte, in den Krieg und die Politik treiben; einstweilen aber erfreute Jack diejenigen, die mit ihm Football spielten, durch seinen Witz und den anscheinend verrückten Ehrgeiz, als End in die Mannschaft der Erstsemester zu kommen.

»Bin in der Mannschaft!« schrieb Jack am 29. September triumphierend an Billings. »Gott weiß, für wie lange, also werd ich einstweilen nicht runterkommen. Hier oben ist es ziemlich gut & ich glaub, es wird mir gefallen. Schmucky-Boy ist hier oben, ebenso wie Bruder A. S. Lerner und Onkel Joe Quattrone und Vetter Alan Baldwin, so daß wir unheimlich viel Spaß haben.«

In diesem kurzen Spätsommer guter Gesundheit sah Jack sich selbst als einen Mann der Tat, der den Wettbewerbsgeist und die rauhen Späße auf dem Footballfeld und im Duschraum genoß. Wie im Internat konnte dieser Kameradschaftsgeist als rauhbeinige Unterhaltung genossen, aber auch gebraucht werden, um »gegen das System anzugehen« und dem ernsthaften und eingebildeten akademischen Lehrbetrieb eine lange Nase zu machen. »Hier oben läuft alles sehr gut«, meldete er Billings Mitte Oktober, »obwohl ich zur 2. Mannschaft degradiert worden bin, mit der Chance, vielleicht wieder in die 1. aufzusteigen. Es ist eine ziemlich gute Mannschaft, obwohl Exeter uns 14:7 geschlagen hat... Ich mag als Spieler nicht allzuviel wert sein, schein mich aber zu verbessern – war mit fünf anderen unten am Cape – EM [Eddie Moore] besorgte uns durch einen anderen Kerl ein paar Mädchen – vier von uns hatten Verabredungen, und einer schaffte es dreimal, ein anderer auch dreimal (das Mädchen eine Jungfrau!) + ich selbst zweimal – sie waren alle von der Footballmannschaft + ich glaub, die Trainer hörten davon, denn wir mußten uns einiges anhören.«

Dies war es, was Galbraith und andere Universitätsdozenten davon abhielt, sich mit jungen Leuten von Jacks Schlag abzugeben. »Der Typ, der die Jungfrau hatte, bekam gerade einen sehr unangenehmen Brief«, fuhr Jack fort, »wie sehr sie ihn liebe etc. + weil er keinen Pariser benutzte, ist er in Sorge. Einer ist zum Arzt gegangen, um nachsehen zu lassen, ob er 'ne Dosis abgekriegt hat + ich fühl mich auch nicht allzu sicher. Trotzdem fahren wir nächste Woche zu einer Wiederholungsvorstellung hin, glaub ich.«

Jacks Gesundheit schien einstweilen stabil. »Wiege jetzt 140 – 10 Pfund zugenommen, bin also sehr gesund – Kann Dich hier unterbringen – Soll ich Dir eine Verabredung besorgen? Du kannst auch eine für mich besorgen, wenn Ihr gegen Dartmouth und wir in New Haven gegen Yale spielen + ich in NY übernachten werde... Grüße an den Ripper & die Jungs – der Name der Drogerie, wo ich meine Pariser kaufe, ist Billings & Stower – Grüße, Kennedorus.«

Die Footballmannschaft bekam einen neuen Trainer, Dick Harlow. Wie J.J. Maher vor ihm, sah er in Jack Kennedy den Ursprung allen Unfugs und degradierte ihn zu Jacks Kummer noch einmal. »Diese beschissene Football-Situation ist jetzt ganz außer Kontrolle geraten«, lamentierte Jack bald in einem Brief an Billings, »weil die Trainer von unserer kleinen Party erfahren haben + ich bin nun der ›Playboy‹. Alle Trainer bis auf den Chef sind ungeeignete Ältere + geraten ganz außer Kontrolle, so daß es jetzt aussieht, als müßte ich in nächster Zeit reichlich wichsen, um mich ruhig zu halten, weil sie nur ungefähr 30 Spieler wollen und ich in die 3. Mannschaft abgeschoben bin.«

Glücklicherweise markierte das Spiel Harvard gegen Yale zwei Wochen später das Ende der Footballsaison, was Jack in die Lage versetzte, das Training an diesem Abend ungestraft ausfallen zu lassen und in New York einer Party mit Billings, Merrick, Wynne und Horton beizuwohnen. Ed Sullivan zufolge war eine von Jacks Exfreundinnen schwanger. »Als nächstes werden sie sagen, daß Jack Kennedy ein Bündel vom Himmel erwartet. Bitte behaltet das alles für Euch, und ich wünschte jetzt, ich hätte meins auch für mich behalten, wenn Ihr wißt, was ich mein. Dann hätte ich weniger Sorgen.«

Gleichwohl mußte er zugeben, daß es ihm in Harvard gefiel. »In Beantwortung Deiner Frage, ich mag Harvard wirklich ziemlich gern und war nicht lang genug in Princeton, um mir 'ne Meinung zu bilden. Natürlich vermisse ich all die Freunde, aber hier ist es viel billiger«, scherzte er, »wenn Du verstehst, was ich mein – Wirst Du Anfang November in N.Y. sein? Wir sollten unsere gesellschaftliche Karriere

starten + ich denke, Olive sollte ein paar gute Models kennen. Sie
nehmen einen hier viel schärfer ran als in Princeton. Es gibt auch reichlich Scheißkerle!«

Wenige Tage später wurde Roosevelt triumphal wiedergewählt. Joseph Kennedy hatte im Sommer dieses Jahres nicht nur sein Buch *I'm for
Roosevelt* auf den Markt geworfen, sondern am 5. Oktober auf eigene
Kosten eine im ganzen Land ausgestrahlte Radioansprache gehalten, in
der er die Amerikaner aufgefordert hatte, den Präsidenten für weitere
vier Jahre im Amt zu bestätigen.

Renaissance

Während seiner gesamten Studienzeit in Harvard blieb Jack in Verbindung mit den alten Freunden in Princeton. »Du bist wirklich ein großfor-
matiger Wichser, meinen Hut zu behalten«, beklagte er sich nach der
letzten Party in Boston bei Billings, »denn ich kann meinen anderen nicht
finden und bin infolgedessen hutlos. Bitte schicke ihn, wie ich Dir Deinen
schicke – ich weiß nicht, was Du Dir dabei gedacht hast, mit ihm
loszugehen. Harvard hat mich nicht geizig gemacht, aber Du nimmst
eine gewisse sorglose kommunistische Einstellung an + eine Teilt-euren-
Reichtum-Einstellung, die für uns, die reich sind, ziemlich beunruhigend
ist«, neckte er den Freund. »Also muß ich jetzt hart durchgreifen... Ich
hab noch keine Verabredung, also weiß ich nicht, wie ich zu einer
kommen werde, da Cawley schon was vorhat – drahte mir, wenn Dir
was einfällt oder wenn Du mir eine Verabredung mit Hartwell besorgen
kannst – Werde nach dem Spiel den Zug nehmen + in N. Y um 8:00
ankommen. Wir können uns treffen, wo Du willst und wann Du willst.
Gib mir Nachricht – das letzte Spiel hat angefangen«, kritzelte er von der
Reservebank und unterschrieb mit: »Löwenherz Kennedy, Frauen-
schänder.«

Jacks Fähigkeiten auf romantischem Gebiet trug ihm zwar an der
Universität keine Lorbeeren ein, verlieh aber seiner Arbeit – wenn er sich
der Mühe unterzog, sie zu tun – einen individuellen Charme und sogar
Einsichten. Im Kurs Französisch F wurde zum Beispiel verlangt, eine
zehnseitige Arbeit über das Leben und die Zeit Franz I. von Frankreich zu
schreiben, halb auf Französisch, halb auf Englisch.

Gegenstand der Arbeit war ein Monarch ganz nach Jacks Sinn, ein
Renaissancefürst, dessen Lebensspanne den Übergang vom Mittelalter

zur Neuzeit umschloß. ›*Un homme de talente extraordinaire il est la personification de cet age*‹, begann Jack, mit zahlreichen Rechtschreibfehlern (die ihm auch im Englischen immer noch unterliefen). Ein jüngerer Sohn des Herzogs von Orléans, hatte Franz zunächst nur entfernte Ansprüche auf den Thron Frankreichs. Wie Jack bemerkte, beeinflußte eine Serie mehr oder minder zufälliger Todesfälle sein Geschick. Unterstützt von einer ihm treu ergebenen Mutter, deren größtes Verlangen es J. F. Kennedy zufolge war, ihren Sohn als Nachfolger Ludwig XII. gekrönt zu sehen, machte er sich auf seinen hindernisreichen Weg zum Thron.

Dieser Weg war es, der Jack Kennedy ebenso faszinierte wie Franzens legendärer Geschlechtstrieb, der seiner Mutter und Königsmacherin mehr Sorgen bereitete als alles andere, so Jack. »Ludwigs XII. erste Frau starb kinderlos«, und »der alternde König heiratete in einer letzten Anstrengung, einen Erben von eigenem Fleisch und Blut zu bekommen, Mary Tudor, eine attraktive junge englische Prinzessin.« Das »größte Problem war jetzt«, argumentierte Jack,

Franz daran zu hindern, daß er mit der jungen Königin ein Verhältnis anfing und das Vorhaben des alternden Königs, einen Thronerben zu zeugen, verwirklichte, indem er ihn vertrat. Franz hielt sich jedoch zurück, der König starb bald nach der Eheschließung kinderlos, und Mary reiste zurück nach England. Der König, der jetzt als Franz I. den Thron bestieg, stand damals in seinem zwanzigsten Lebensjahr. Ehrgeizig, verwöhnt, von ungezügelter Vitalität und einer Kraft, die ihn zu enormen physischen Leistungen befähigte, war er der Stolz und die Verkörperung seines Zeitalters. Sein lebhaftes Interesse am Leben nahm viele Formen an, die Jagd, der Krieg, die Frauen.

Sich deutlich für dieses Thema erwärmend, fuhr Jack fort:

Frauen waren eines der beherrschenden Interessen in seinem Leben, und er hatte viele Liebschaften. Im Gegensatz zu seinem Zeitgenossen jenseits des Kanals, Heinrich VIII., heiratete er nicht aus Gründen des Herzens oder der Leidenschaft, sondern aus Gründen des Staates und versäumte so [als großer Liebender] in die Geschichtsbücher einzugehen. Seine Ehen, entschieden politisch, nahmen wenig von seiner Zeit in Anspruch. Er beschäftigte seine erste Frau Claude, Tochter Ludwigs XII., indem er sie Kinder produzieren ließ, von denen die meisten starben, während er seine »amours guerreuses« mit Frauen wie Le Foix fortsetzte. Er wußte jedoch, welcher Platz Frauen zukam, und bis auf seine Mutter und seine Schwester errangen sie niemals eine Position von großem Einfluß, wenigstens nicht bis in seine späteren Jahre.

Es ist offensichtlich, daß in diesem Porträt viel vom jungen Jack Kennedy steckt. Was ihn neben der sexuellen Bravour dieses französischen Königs faszinierte, war die Art und Weise, wie Franz sich schon in jungen Jahren vorgestellt hatte, an der Spitze eines mächtigen Heeres Italien zu erobern, und wie er, zum König gekrönt, Europa mit der Erfüllung seines Traumes überraschte. Wie Franz dann als Eroberer die italienische Renaissance studiert und in Frankreich eingeführt hatte, erschien Jack Kennedy bedeutsam, ebenso wie der Eindruck, den seine »kühne und herrscherliche Haltung, der Fürst in ihm« auf die Italiener machte. Kraft des in Bologna geschlossenen Konkordats mit Papst Leo, hatte Franz I. sich selbst zum »unbestrittenen und absoluten Herrscher des mächtigsten Landes in Europa« gemacht. »Kaum auf dem Thron, hatte er in kurzer Zeit den Zenit seines Ruhmes erreicht«, schrieb Jack, doch bei all seiner Förderung der Renaissance in Frankreich war »Franz I. Herrschaft über das Land etwas oberflächlich, er versuchte die Früchte zu ernten, ohne die Wurzeln zu nähren.«

Diese Oberflächlichkeit, meinte Jack, sollte sich für Franz als verhängnisvoll erweisen, hatte er doch übersehen, daß Oberitalien zumindest nominell immer noch Teil des Heiligen Römischen Reiches Deutscher Nation war. »Mit dem Tode Ferdinands von Spanien fand Franz einen neuen Rivalen«, verzeichnete Jack, »die ›methodische Maschine‹« Karls V. von Habsburg, der »in seiner Persönlichkeit in totalem Gegensatz zu dem auftrumpfenden Franz stand.« Sobald Karl V. Kaiser des Heiligen Römischen Reiches wurde, sah Franz sich von allen Seiten bedrängt, bis er bei der katastrophalen Niederlage in der Schlacht von Pavia von Karl geschlagen und gefangengenommen wurde. Obwohl er nach dem Friedensvertrag von Madrid freigekommen war,

> hatte Franz I. von nun an alle Mühe, sein Königreich intakt zu halten. Er alterte, und die Fehler in seinem Charakter und seiner Erscheinung, die ihm in früheren Jahren als »Jugend« nachgesehen worden waren, wurden nun als moralische Schwächen erkennbar... Wenn sein eigener Körper ihm nicht Frieden geben konnte, dann konnte er wenigstens seine Zerstreuungen suchen, mit Tausenden von Höflingen leben und von einem Château zum nächsten ziehen... Und in dieser Eleganz, dieser Prachtentfaltung, dieser Vermischung der Geschlechter, war Franz selbst ein Orléans bis in die Fingerspitzen. Er war ein Verehrer der Schönheit. Es mochte eine hohle, pompöse Schönheit sein, in der etwas vom Schaugepränge Chambords war, oder es mochte eine überladene, überschwengliche wie Fontainebleau sein. Aber sie entsprang einem Temperament, einer Fähigkeit, sich über die Gewöhnlichkeit der Existenz zu erheben und einen Begriff von Königtum zu verkünden, einen Begriff von herrscherlicher Pracht und Würde. Gequält von Krankheiten, die ein ungestümes Leben verursacht hatte, verfiel Franz und starb schließlich 1547... Ich habe versucht, ein Bild von Franz' I. Charakter und Zeitalter zu geben. Bei

der Betrachtung seiner Karriere scheint es beinahe bedauerlich, daß er nicht in der Schlacht von Pavia fiel, da seine Karriere [danach] ein Abstieg war ... Franz war ein Mann von enormer Vitalität und Lebenslust: er war oberflächlich, aber ein Mann mit Kenntnissen und Verständnis für die neuen Kunstformen seiner Zeit, und er war als solcher die vollkommene Verkörperung der Renaissance ... In den Châteaux hat er Frankreich seinen Stempel aufgedrückt. Er verstand die Arbeit des Architekten – als Auftraggeber und als *connoisseur*. Wir finden den wahren Geist seiner Regierungszeit, wenigstens den besten Teil davon, im Château von Chambord. Es war ein lebendiges Denkmal alles dessen, was in seiner Regierungszeit groß war. Sein Leben war nicht vergeblich. Es diente einem Zweck, nämlich dem, Frankreich aus der Welt des Mittelalters zu reißen.

Professor Gregersen, der Französischdozent, war nicht beeindruckt. Jacks französische Grammatik war willkürlich, seine historisch-biographische Darstellung aus zweiter Hand und in weiten Teilen Francis Hacketts kurz zuvor erschienenem Buch *Francis the First* entnommen. So ließ Gregersen den Essay mit einer D+ durchfallen.

Als Arbeit eines Erstsemesters verdiente der Essay sicherlich keine bessere Bewertung. Aber als ein Spiegel des jungen Mannes sollte dieses Bild eines Renaissancefürsten – unternehmend, oberflächlich, doch fähig, das mittelalterliche Frankreich in die Welt der Neuzeit zu stoßen – eines der wichtigsten Dokumente aus John F. Kennedys Jugend werden. So wenig der Harvardstudent sich an der Spitze eines mächtigen Heeres oder als Schöpfer einer neuen Renaissance in Amerika sehen konnte, es besteht kaum ein Zweifel daran, daß Jack Kennedy in Franz I. einen neuen Helden gefunden hatte, dessen Geburtsort und dessen Chateaux in Frankreich er unbedingt mit eigenen Augen zu sehen wünschte.

Aktion

Verglichen mit Cambridge war Palm Beach zur Weihnachtszeit 1936 eine Einöde. »Hier unten ist es ziemlich ruhig«, berichtete Jack seinem Freund Billings, »und es ist nicht allzu lustig, da es keine Mädchen gibt. War erst einige Male auf irgendwelchen zufälligen Parties, was sehr langweilig ist.« Außerdem hatte der Vater einer seiner Freundinnen, ein Mr. Rovensky, Joe »eine Luxusausgabe von mir« genannt. Die Revanche kam aber prompt, als sein Bruder Jane Rovensky »um eine Verabredung bat und sie nur fröhlich auflachte und sagte: ›Wieso? Natürlich nicht‹, was mir einen Punkt brachte.«

Hatte Mr. Rovensky sich spöttisch über Jack ausgelassen, so sah sich
dieser durch seinen Vater mehr als entschädigt. »Ich bin beeindruckt von
der beinahe vollständigen Kehrtwendung, die Du im vergangenen Jahr
gemacht hast. Du weißt, ich war immer davon überzeugt, daß Du große
Möglichkeiten hast, und mir scheint, daß Du jetzt anfängst, sie zu
nutzen. Bei den älteren Leuten kommst Du sehr gut an«, schrieb
Mr. Kennedy bald nach Jacks Rückkehr nach Harvard, ohne Roses
Warnung zu beachten, daß Jack unterwegs die New Yorker Nachtklubs
frequentiere. »Bekam einen Brief von J. P., der auf meiner Schulter
schnurrt«, schrieb Jack im Februar 1937 an Billings. »Heutzutage liegt
er mir wirklich zu Füßen.«

Für Jack lag die Ironie der lobenden Bemerkungen seines Vaters in dem
Umstand, daß seine Aktivitäten sich mehr denn je vom Studium ab und
dem Bett zuwandten. Er hatte Palm Beach am 2. Januar verlassen und
schrieb Billings am 13. Januar aus Boston, daß er sich für die ruhigen
Weihnachten entschädigt habe. »Wie würde es Dir gefallen, wenn Du
einen Tripper hättest + gleichzeitig Vater würdest? Ich kann es jetzt so
oft und kostenlos kriegen, wie ich will, was ein Schritt in die richtige
Richtung ist«, prahlte er.

Seine mit Tripper und der Schwängerung seiner Mädchen zusammen-
hängenden Ängste wirkten offensichtlich nicht hemmend auf sein Trieb-
leben. Seine ersten Zwischenexamen in Harvard sollten im Laufe der
nächsten Wochen stattfinden. Ende Januar hatte er zwei abgelegt, weitere zwei standen noch bevor. »Heute Examen, also muß ich mein Buch
aufschlagen & sehen, worum es in dem beschissenen Kurs geht«, kritzelte er in großer Eile an Billings. Im Sport hatte er sich jetzt für Boxen
und Schwimmen gemeldet, und das ungestüme Tempo seines Lebens
schien ihm zu gefallen. »Noch immer versessen aufs Boxen, weil der
Trainer mich ›das beste Naturtalent unter den Boxern dieses Jahrgangs‹
genannt hat«, prahlte er. Daß er wirklich ein guter Sportler war, erwies
sich, als er im Rückenschwimmen über hundert Yards den Studenten-
meister von Harvard schlug.

Für einen jungen Mann mit seinen gesundheitlichen Problemen zeigte
Jack in dieser Zeit eine rastlose, beinahe manische Aktivität. Er studierte,
schwamm und boxte mit gleich impulsiver Wildheit, um an den Wochenenden nach New York zu seinen Freunden zu fahren. Seine Briefe an
Billings sind von unnachgiebig drängender Erwartung. »Lieber Le Moan
Plenty«, schrieb er, nachdem Billings sich beklagt hatte, wieviel Zeit er
gegenwärtig mit Bemühungen verbringen müsse, in eine der studentischen Verbindungen von Princeton zu kommen. »Ich dachte, dieser

Klub-Scheiß würde bis zum Wochenende vorbei sein, so daß Du mit diesem Zeug aufhören und Dich in New York zur Stelle melden kannst, freigemacht für die Aktion an diesem Garderobenmädchen.«

»Jack Kennedy hatte keine Achtung vor Frauen, überhaupt keinen Respekt«, berichtete Vic Francis, sein neuer kanadischer Freund aus Harvard. »Er mußte Eroberungen machen, seinem Selbstwertgefühl zuliebe – aber er hatte kein tieferes Empfinden für Frauen und war auch nicht bereit, Rücksichten zu nehmen oder ihnen etwas vorzumachen. So lud er beispielsweise ein Mannequin aus New York ein, zu einem Wochenendball nach Harvard raufzukommen. Er buchte in Cambridge ein Hotelzimmer für sie und bat mich, sie vom Bahnhof abzuholen, da er verhindert sei. Ich tat es, aber als ich dann Joe anrief, um ihn zu fragen, wo zum Teufel Jack stecke, sagte er: ›Oh nein! Nicht schon wieder!‹ Joe mußte sie zum Ball begleiten. Jack ließ sich das ganze Wochenende nicht blicken!«

Bei einer anderen Gelegenheit, erinnerte sich Vic Francis, war Jack in New York eingeladen, mit einer Debütantin aus der besseren Gesellschaft auszureiten. »Er bat mich, ihn zu begleiten – er bestand sogar darauf, obwohl ich kein großer Reiter war und kein Reitzeug hatte. Also gingen wir beide in Hemd und normaler Hose hin. Wir kamen zur Wohnung des Mädchens. Sie war fertig angezogen in Reitstiefeln, Reithosen etc. Sie sagte sofort: ›Wenn ihr zwei in diesem Aufzug ausreiten wollt, geh ich nicht mit!‹

›In Ordnung, Vic, laß uns nicht noch mehr Zeit vergeuden‹, sagte Jack – und lief die Treppe hinunter!«

Zum Teil, meinte Francis, spiegelte dieses Verhalten Jacks Entschlossenheit, sich nicht von Debütantinnen oder anderen Mädchen ausmanövrieren oder in die Enge treiben zu lassen, die mehr am heiratsfähigen Sohn eines Multimillionärs als an Jack Kennedy selbst interessiert waren. Aber es drückte wohl noch mehr Jacks Gleichgültigkeit gegen Frauen aus, wenn es nicht darum ging, sie dazu zu bringen, mit ihm zu schlafen. Im Gegensatz zu seiner Mutter – vielleicht sogar aus Protest gegen ihre katholische Prüderie – liebte er Nacktheit und war versessen auf Sex, wie Vic Francis sagte. Er erinnerte sich in diesem Zusammenhang an ein Treffen mit Olive Cawley, die Jack nach Bronxville eingeladen hatte, zusammen mit »einigen Burschen aus Princeton, die eine gutaussehende Blondine mitbrachten, ein Garderobenmädchen aus dem Stork-Nachtklub«. Sie nahmen das Mädchen mit hinein, »vermutlich, um sie zu bumsen«, dann kamen sie wieder heraus. Olive Cawley gab sich entrüstet. Sie war mit einer anderen Debütantin gekommen. Um das

Garderobenmädchen zu demütigen, fragten sie es, wo sie arbeite, was sie tue, und gaben sich auch als Garderobenmädchen aus. Schließlich brachten sie die Blondine so auf, daß sie einen Aschenbecher nach ihnen warf. Olive und ihre Freundin flohen und riefen Jack, der auch zum Vorschein kam. Vic Francis vergaß nie Jacks Antwort. »Ach, Olive, du bist so ein gottverdammter *Snob*!«

Wenn Jack mit seiner amoralischen Einstellung zum anderen Geschlecht und seiner Gleichgültigkeit gegen Gesellschaft und Konvention manche Mädchen aus der Fassung brachte, so brachte er seine Freunde durch seine wilde Fahrweise außer sich – besonders nachdem er ein neues Ford-Kabriolett erstanden hatte. John Kenneth Galbraith entsann sich später Joe jrs. rechtschaffener Empörung darüber. Joe jr. hatte an der Universität einen Wettring organisiert, um Wetten für oder gegen Präsident Roosevelts Wiederwahl abzuschließen, und seinen Tutor eingeladen, darin zu investieren. »Ich unterstützte den Plan, lehnte es aber ab, mitzuwetten«, erzählte Galbraith. »Er führte sein Vorhaben durch... und verdiente genug Geld daran, um sich einen Wagen zu kaufen. Nach der Wahl fuhren wir damit zusammen nach Wellesley, um mit ein paar Freunden zu Abend zu essen. Er war in düsterer Stimmung. Jack hatte einen oder zwei Tage zuvor, ohne seinen Vater zu fragen, einen neuen Wagen auf Raten gekauft. Warum sollte sein Bruder einen neuen Wagen haben, wenn er ihn nicht selbst verdient hatte?«

Lem Billings war einer von Jacks ersten Fahrgästen.

Jack fuhr ziemlich schnell. Wir fuhren viel auf Cape Cod herum. Man konnte nicht allzu oft aufgeschrieben werden, ohne mit dem Führerschein in Schwierigkeiten zu kommen. Eines Nachts, als wir so dahinfuhren, holte uns eine Verkehrsstreife ein – noch ein Strafzettel hätte Jack seinen Führerschein gekostet. Während der Wagen noch fuhr, tauschten wir die Plätze, was eine sehr schwierige Operation ist. Wenn Sie es jemals versuchen, werden Sie sehen, wie wirklich schwierig es ist. Nachdem wir die Plätze getauscht hatten, merkten wir, daß er eine weiße Jacke anhatte, ich aber eine dunkle. Also ging das Gerangel von neuem los, bis wir auch die Jacken getauscht hatten. Ich weiß nicht, wie wir es schafften, aber wir kamen damit durch, und natürlich bekam ich den Strafzettel!

Vic Francis erinnerte sich ähnlicher Eskapaden.

Ich erinnere mich, wie wir einmal vor einer Zugbrücke warteten. Jack wurde ungeduldig und drückte auf die Hupe. Darauf wurde er von einem Polizisten an den Straßenrand gerufen und mußte sich einen halbstündigen Vortrag anhören. »Warum mußt du uns immer in Schwierigkeiten bringen, Jack?« fragte ich ihn. Genauso war es ein anderes Mal, als wir in New London die

Ruderregatta Yale gegen Harvard besuchten. Ich traf Jack dort. Um zwei Uhr früh fuhren wir los. Jack hatte keine Unterkunft für sein Mädchen, obwohl sie immer wieder danach fragte. Schließlich fand er eine schäbige Pension, im dritten Stock. Dann, als wir weiterfuhren, ging uns das Benzin aus. Wir hielten im Dunkeln an einer unbeleuchteten Tankstelle. Jack stieg aus und fing an, sich selbst zu Benzin zu verhelfen. Ein Fenster ging auf, und der Eigentümer steckte den Kopf heraus – mit einer Schrotflinte! Er drohte Jack, ihn in Stücke zu schießen. Jack schrie zurück, er solle herauskommen und ihn bedienen! »Jack, immer ziehst du mich in solche Sachen rein!« beklagte ich mich.

Unterdessen war an den bevorstehenden Sommer zu denken. »Weißt Du, was Smokey diesen Sommer vorhat oder was Du tun willst? Laß es mich sofort wissen, weil ich mich schnell entscheiden muß«, schrieb Jack im März 1937 an Billings. Er fügte seinem athletischen Repertoire noch weitere Sportarten hinzu, wollte aber nicht, daß dies sein »gesellschaftliches Leben« beeinträchtigte, und beabsichtigte, den Frühjahrsball in Princeton zu besuchen. »Trotz des Umstandes, daß ich mit Rugby und Football beschäftigt sein werde, will ich am 19. runterfahren und mir Princeton ansehen, also bereite alles vor... Besorg mir ein Zimmer abseits von allen anderen und besonders von Deinem Mädchen, weil ich nicht möchte, daß Du wie gewöhnlich mittendrin zu einem Schwatz reinkommst und darüber diskutieren willst, wie wund mein Schwanz ist. Ich werd den Wagen mitbringen + laß mich wissen, ob der Studentenball Freitag- oder Samstagabend ist + wann ich dort sein soll... Das Schwimmen läuft ziemlich gut – Bin in der Lagenstaffel und habe meinen Gegner bisher bei jeder Begegnung geschlagen... Freitag sind wir oben in Dartmouth... Muß jetzt schließen, weil der Trainer gerade mit dem Wagen vorbeigekommen ist, mich abzuholen.«

Im April 1937 schrieb Jack aus dem Studentenwohnheim, daß er »in meinem ganzen Leben noch nie so beschäftigt gewesen« sei und entschuldigte seinen unzusammenhängenden Brief mit der Begründung, dies seien »die wirren Reden eines Mannes, der seit 12 Stunden die ganze Nacht durch geschrieben hat, um eine Arbeit von 30 Seiten fertigzustellen, die morgen früh abgeliefert werden muß, aber es sind auch die wirren Reden eines Mannes, der bei den Universitätsmeisterschaften im Rückenschwimmen Zweiter geworden ist. Drahte sofort«, befahl er Billings, nach wie vor um die Verwirklichung seiner Pläne für den Studentenball in Princeton besorgt.

Harte Arbeit und anstrengender Sport schienen ihm zu bekommen, ebenso wie seine sexuellen Eskapaden, in denen er nach eigenem Bekunden nur insofern noch Amateur sei, als er für sein Vergnügen niemals bezahlen müsse. Die Schwimmannschaft, in der er an Wettkämpfen gegen Exeter, Dartmouth und Yale teilnahm, blieb in diesem Jahr nicht nur ungeschlagen, sondern wurde als die beste Mannschaft betrachtet, die Harvard je hatte. Im Rugby spielte er gegen die Marineakademie Bermuda, die Army & Navy-Mannschaft und gegen Princeton, und im Mai spielte er in der Junioren-Golfmannschaft der Universität gegen Yale. Im Mai wurde er auch für den Studentenrat 1937/38 nominiert, nachdem er bereits zum Vorsitzenden des Studentenball-Ausschusses gewählt worden war.

»Hier oben läuft alles ziemlich gut«, schrieb er seinem Vater, »obwohl ich sehr beschäftigt bin... Gestern abend sah ich mir die Gondoliers D'Oyly Carte-Inszenierung mit Vin Fredley an. Es war viel besser, als ich erwartet hatte, und ich glaube, jemand sollte dem Rektor von Choate sagen, daß die Schulaufführungen bestimmt nicht der richtige Weg sind, um jemanden für Gilbert & Sullivan zu begeistern. Habe auch ziemlich viel Arbeit im Ballausschuß... Wir werden die Schau von der Met bekommen. Auch wird es uns vielleicht gelingen, Gertrude Niesen zu verpflichten... Ich dachte, ich könnte Großpapa dazu bringen, daß er Bill Cunningham + Clerence De Marc verpflichtet, und hab überlegt, ob Du Neal O'Hara bekommen könntest, oder sollte ich Großpapa auch dazu überreden? Es findet morgen in zwei Wochen statt.«

Jacks Studentenball oder Frühjahrstanz erwies sich als der erfolgreichste in der Geschichte Harvards. Er fand am 4. Mai in der Memorial Hall statt und konnte mit vierzig Nummern aufwarten, darunter zwei Jazzorchestern, dem Hollywood-Komödianten Fuzzy Knight und Gertrude Niesen, der legendären Bühnen- und Filmschauspielerin.

So war es kein Wunder, daß Jacks Antrag, im zweiten Studienjahr zusammen mit Torbert Macdonald in ein besseres Wohnheim, das Winthrop House, umzuziehen, von seinem Tutor mit der Bemerkung unterstützt wurde, daß Jack und Torbert »zwei der beliebtesten Sportler sind. Überlegen Sie es sich gut, bevor Sie einen guten Jungen ablehnen«. Er fand Jack »klar im Kopf, normal«, und glaubte, daß er, sobald sich das Studentenleben im zweiten Studienjahr beruhigte, »in seinen Studien wahrscheinlich insgesamt Besseres leisten wird«.

Jacks gewähltes Hauptfach war Politik. »Er beabsichtigt, für die Regierung zu arbeiten«, schrieb sein Tutor auf seine Karteikarte. »Er hat sich bereits im Ausland darauf vorbereitet. Sein Vater ist in diesem Bereich tätig«, fügte er hinzu – denn im Gefolge von Roosevelts Wiederwahl hatte Joseph Kennedy endlich ein Regierungsamt erhalten – als Vorsitzender der U. S. Schiffahrtskommission in Washington.

Der wahre Zweck der Erziehung

»Die lange Kette von Umständen, beginnend 1916, als FDR Unterstaatssekretär der Marine war, und Joe die Schiffswerft in Fore River leitete,
hatte Joe zur ersten und logischen Wahl des Präsidenten gemacht«,
phantasierte Rose Kennedy später, ohne zu erwähnen, daß Joes erste
Begegnung mit Roosevelt damals alles andere als freundlich verlaufen
war. (Außerdem war das Datum falsch.)

Joes neue Position war nicht nach Roses Geschmack. Nach Jahren
gesellschaftlicher Isolation war sie der Meinung, daß sie ein wenig
Rampenlicht verdiente. Sie hatte sich alle Mühe gegeben, ihren Geschmack in Kleidern zu verbessern, ihre Figur schlank zu halten und
sogar ihre »schreckliche« Stimme zu verändern, indem sie Sprechunter-
richt nahm. Kardinal Pacelli, der spätere Papst Pius XII., hatte im Verlauf
eines Amerikaaufenthaltes ihr Haus in Bronxville besucht; ihr Vater war
im Januar 1937 zum offiziellen Wahlmann für Massachussets ernannt
worden, was ihn berechtigte, auf Lebenszeit den Titel »der Ehrenwerte«
zu tragen. Es war an der Zeit, meinte Rose, daß Joe nun für alles, was er
für Roosevelt getan hatte, belohnt werde. »Ich fand, daß Joe Besseres
verdient hatte«, räumte sie später ein. »Etwas wirklich Besonderes.«

Was Rose dabei im Auge hatte, war ein Botschafterposten. Da ihr
bewußt war, daß Joe nicht in das konventionelle Muster des Karriere-
diplomaten paßte, es in den Vereinigten Staaten andererseits nichts
Ungewöhnliches war, daß erfolgreiche Repräsentanten der Wirtschaft
Diplomatenposten erhielten, war sie überzeugt, daß sie ihm zum ersten
Mal in ihrer Ehe helfen könne. »Mr. Kennedy konnte von Glück sagen,
mich zur Frau zu haben«, brüstete sie sich später vor ihrer Sekretärin.
»Ich hatte das College besucht und war gebildet, während die anderen
Mädchen aus Ostboston bloß die Highschool besucht hatten, wenn es
hoch kam. Ich war im Ausland gereist, kannte Sir Thomas Lipton,
sprach französisch und deutsch.« In ihren Memoiren war sie ebenso
aufschlußreich. »Joe sprach keine Fremdsprachen und hatte weder ein
›Ohr‹ noch eine natürliche Begabung für Sprachen. Infolgedessen waren
die Möglichkeiten auf einen einzigen Botschafterposten reduziert...
Wenn Joe an den Wochenenden nach Haus kam, fragte ich ihn: ›Was hat
der Präsident gesagt? Kannst du ihm nicht sagen, was du möchtest?‹
›Nun, ich kann nicht einfach zum Präsidenten der Vereinigten Staaten
hineingehen und sagen, ich möchte Botschafter in England werden‹, rief
Joe aus.« Aber indem sie auf »gute Freunde in der Administration und

vertraute und kenntnisreiche Persönlichkeiten in der Presse, wie Arthur
Krock« einwirkte, wie Rose freimütig erklärte, wurde dem Präsidenten
Kennedys Wunsch nahegelegt.

Zuerst spottete Roosevelt nur über die Anregung. »Nach dem Einsatz
anderer Mittel hinter den Kulissen akzeptierte man aber schließlich, daß
Joe, wenn er in der Schiffahrtskommission seine gewohnte ausgezeichnete Arbeit leistete, als nächsten Schritt den Botschafterposten bekommen würde«, schrieb Rose. Die Reorganisation der amerikanischen
Schiffahrt wurde so zum Sprungbrett zum Prince's Gate, der Residenz
des US-Botschafters am Hof von St. James.

Jack hatte unterdessen in Harvard nur mittelmäßige Ergebnisse erzielt, blieb aber unbeeindruckt. In einem Essay über Jean-Jacques Rousseau für Geschichte hatte er erklärt, daß der »wahre Zweck der Erziehung« nicht das Nachplappern von anderer Leute Wissen sei, »sondern
die Herausbildung von Urteilsvermögen und Charakter«. Von Galbraith
und seinen Kollegen in Harvard als unseriöser Playboy gemieden, verfolgte er nichtsdestoweniger sein Ziel mit ungewöhnlicher Eigenwillig-
keit. So unreif seine Meinungen auch waren, es waren *seine* Meinungen,
nicht die eines Dozenten. »Wir akzeptieren allzu bereitwillig, was wir
lesen, ohne es unserer eigenen Kritik zu unterziehen«, hatte Jack zustim-
mend Rousseau zitiert. »Ich denke, er erreicht seine größten Wahrheiten
in der Diskussion von Eigentum und Erziehung«, meinte Jack und
erläuterte, daß es einem Mann wie Rousseau unmöglich gewesen sei,
sich »dem beschränkten Leben und Glauben der Franzosen anzupassen,
unnatürlich und vorurteilsvoll, wie sie waren... Sein ganzes Leben war
ein Kreuzzug gegen diese Oberflächlichkeit und die Sünden unserer
Zivilisation. Sein Grundsatz war: die Natur ist gut, die Gesellschaft ist
schlecht... Überall ist das Ergebnis des Wissens Heuchelei und Verstel-
lung gewesen... So kam es zu Rousseaus Aufstand gegen die Dogmen
der Religion des 18. Jahrhunderts«, schrieb der junge irisch-katholische
Bostoner. »Unter Ludwig XIV. waren die Verhältnisse in Frankreich ganz
schlecht. Der Hof von Versailles war berühmt für seine Affektiertheit
und Heuchelei. Die Oberklassen verbrachten ihre Zeit in Müßiggang
und Frivolität, während sie die unteren Klassen leiden ließen. Unter
Ludwig XV. änderte sich nichts an den Verhältnissen. Rousseaus Werke
erschienen in einer Zeit, als die Menschen in einer verzweifelten Verfassung waren. Die von Jean-Jacques vorgetragenen radikalen Ideen
kamen dem Empfinden der Massen entgegen. Zweifellos lieferten diese
Ideen Stoff zum Nachdenken. Man könnte sie als die Saat der Revolution betrachten, die 1789 stattfand«, zitierte Jack aus E. S. Bogardius'

History of Social Thought, und fuhr fort, daß Rousseaus Lehren großen Einfluß auf Thomas Jefferson hatten, »wie die Unabhängigkeitserklärung beweist. Souveränität«, zitierte er weiter, »beruht nicht auf einer Regierung oder einem Monarchen, sondern auf der Gemeinschaft des Volkes – dies war vielleicht Rousseaus wichtigster Beitrag zur Soziallehre.«

Wie naiv auch immer, Jack Kennedy begann sich endlich mit politischen Konzepten auseinanderzusetzen, welche die modernen Demokratien in Europa und Amerika geprägt hatten: eine günstige Zeit für den jungen Studenten der Politik, mit eigenen Augen die erhaltenen Baudenkmäler der Renaissance und des Zeitalters der Aufklärung in Europa zu sehen und vielleicht Zeuge der neuen Revolutionen des 20. Jahrhunderts zu werden, die sich in Spanien, Italien und Deutschland vollzogen. Verbrachten auch die Oberklassen des 20. Jahrhunderts ihre Zeit »in Müßiggang und Frivolität« auf Kosten »der Massen«? Worauf beruhte die Anziehungskraft von Männern wie Franco, Mussolini und Hitler?

Jack hatte ursprünglich geplant, den Sommer in Hyannis Port zu verbringen, »weil ich gern Regatten segeln würde«, verriet er Billings. Aber »die Familie möchte es nicht, weil sie meint, es könne bald Krieg geben, und ich sollte Europa sehen... Ich schrieb Smokey und fragte ihn, ob er mit nach Europa wolle. Wenn er nicht will, werde ich die Europareise streichen, wenn er mitkommt, werde ich die Sache mit Dir noch besprechen.«

Verspätet wurde Jack von Wilde unterrichtet, daß er nicht würde mitfahren können, aber inzwischen hatte die Idee, mit seinem Kabriolett eine Sommerreise durch Europa zu machen, in Jack Wurzeln geschlagen. Sein Vater traf eine großzügige Regelung mit Billings' Mutter, wonach er Billings' Überfahrt bezahlen würde; die Hälfte davon sollte Billings später aus einer Erbschaft zurückzahlen, die ihm nach seinem Studienabschluß zufallen würde. So nahm Billings den Platz von Smokey Wilde ein.

»Wir planen unsere Auslandsreise«, schrieb Jack begeistert an seinen Vater in Washington, als das Ende des Semesters näherrückte. »Lem und ich denken, daß es der beste Teil der Reise sein würde, für ungefähr 3 Wochen nach Spanien hineinzukommen, entweder als Zeitungskorrespondenten oder als Angehörige des Roten Kreuzes. Wenn wir hineinkommen können, wird es unseren weiteren Reiseablauf beeinflussen, also hoffe ich, daß Du es hinkriegst.«

Mit diesem rührenden Zeichen von Vertrauen in die Fähigkeit seines Vaters, die Dinge zu »richten«, ging Jacks erstes Studienjahr an der

Harvard-Universität zu Ende, und zusammen mit seinem Gefährten aus Princeton trat er die Reise an, welche die wichtigste Bildungserfahrung seines Lebens zu werden versprach.

In Europa

Die beiden Jungen gingen am 1. Juli 1937 an Bord der S. S. *Washington*. Jack hatte sich für die Reise mit drei Schlafanzügen, sieben Taschentüchern, sechzehn Paar Socken, acht Garnituren Unterwäsche, vierzehn Hemden, vier Hosen und einem Buschhemd versehen – und mit seinem Auto.

Mr. Kennedy hatte weise gehandelt. »Wir hätten unsere Zeit mit dem üblichen Herumalbern und Unsinn machen verbringen können, aber es wurde eine wirkliche Bildungsreise daraus«, berichtete Billings, ohne zu übertreiben. Er selbst hatte in Princeton gerade das zweite Jahr seines Architekturstudiums beendet, Jack hatte gerade Kurse in Französisch und Europäischer Geschichte hinter sich. So gewann die Reise für beide auch den Charakter einer wissenschaftlichen Exkursion mit Feldforschung, und es war die erste und letzte solche Reise in beider Leben. »Ich glaube nicht, daß einer von uns jemals wieder Museen und Burgen und Schlösser und historische Stätten besuchte, wie wir es in dem Jahr taten«, bemerkte Billings wehmütig. »Gott, wir waren beide zwanzig und voller Wißbegier.«

Von seiner Schwester Kathleen mit einem in Leder gebundenen Tagebuch versehen, das den Titel »Meine Auslandsreise« trug und einen Ozeandampfer ähnlich der *Titanic* zeigte, der am Horizont versank, begann Jack seine Reisechronik in typischer Art und Weise: »Sehr glatte Überfahrt. Sah die ersten paar Tage ziemlich langweilig aus, aber Nachforschung brachte ein paar Mädchen ans Licht – hauptsächlich Ann Reed. Hatten Cocktails mit dem Kapitän, der Sir Thomas Lipton und durch ihn Großpapa kannte. Im Mittelpunkt des Interesses standen General Hill und seine ziemlich geheimnisvolle Tochter. Er war Kongreßabgeordneter, sie könnte alles gewesen sein.«

Die beiden Studenten blieben lange auf, um von ferne Irland zu sehen – Jack Kennedys erster Blick auf das Land seiner Vorfahren. Am nächsten Morgen legte die S. S. *Washington* in Le Havre an. Sobald der Wagen ausgeladen war, ging die Fahrt durch die Normandie zum Mont-St.-Michel, dann wieder ostwärts durch die *bocage* der Normandie nach

Rouen, wo Wilhelm der Eroberer seinen Hof gehabt hatte. »Wir fuhren
weiter nach Beauvais«, verzeichnete Jack. »Blieben in einem kleinen
Gasthaus, stießen auf den ersten richtigen französischen Atem.«
Das Gasthaus hieß La Cotelette. »Ich mußte mit sehr wenig Geld
auskommen«, berichtete Billings. »Ich mußte sehr billig leben, und Jack
Kennedy lebte genauso – billiger als jemals sonst in seinem Leben ... Es
war kein Problem für Jack Kennedy, mein bescheidenes Leben zu teilen.
Er tat es ganz vergnügt. Es machte ihm überhaupt nichts aus.« Auch die
Leidenschaft seines Freundes für Kathedralen störte Jack nicht. »Bau-
werke, mit denen ich mich im College beschäftigt hatte. Ich fühlte mich
sehr zu Hause und fand alles sehr aufregend. Jack hatte sich nicht mit
Architektur befaßt, und doch war er genauso interessiert wie ich.«
Für Billings waren die Bauwerke der Vergangenheit architektonische
Schätze; für Jack waren es Marksteine europäischer Geschichte. »Auf
um 12:00«, lautete Jacks Eintragung am 8. Juli. »Schrieb Briefe, aß zu
Mittag, holte nach großen Schwierigkeiten unser Geld und die Medizin
für Billings' ›mal d'estomac‹ – Dann nach Soissons – sahen den Chemin
des Dames, eines der großen Schlachtfelder des letzten Krieges. Sah auch
die zerschossene Kathedrale – Dann nach Reims, wo wir die Kathedrale
besichtigten, und zum Hotel Majesty (1.00 für Doppelzimmer) – Mein
Französisch ein bißchen besser + Billings bekommt allmählich auch
etwas mit. Gingen früh zu Bett – Allgemeiner Eindruck scheint zu sein,
daß es keinen weiteren Krieg geben wird.«
Dem trügerischen Sicherheitsgefühl der Franzosen sollten die beiden
Studenten immer wieder begegnen, als sie auf ihrer Reise die grausigen
Zeugnisse »des Krieges, der allen Kriegen ein Ende machen« sollte, erforschten. »Fuhren hinaus zum französischen Fort Pompernelle, Schauplatz einer der schwersten Schlachten im letzten Krieg«, notierte Jack am
nächsten Tag. »Dann Mittagessen und ein Besuch in den Champagner-
kellereien von Pompernay – Geschaffen in den alten Kalksteinhöhlen der
Gallier – Sehr gut behandelt, ein Gespräch mit dem Direktor bei einer
feinen Flasche Champagner ... Der allgemeine Eindruck scheint auch
hier zu sein, daß, daß in der nahen Zukunft *keinen* Krieg geben wird und
daß Frankreich für Deutschland viel zu gut vorbereitet ist ... Von dort
fuhren wir nach Chateau Thierry und nahmen unterwegs zwei französische Offiziere mit. Kamen um acht in Paris an.«
Nach einer kostspieligen ersten Nacht in Paris zogen die Reisenden in
ein billigeres Hotel um, das Montana am Gare du Nord, wo sie bloße
»achtzig Cents für uns beide«, zahlen mußten, wie Billings sich erinnerte.
»Habe jetzt die Gewohnheit angenommen, den Wagen um die Ecke zu

parken, um den Preis nicht hochzutreiben. Ließ die Scheinwerfer richten und wurde wieder beraubt«, notierte Jack in sein Tagebuch. »Diese Franzosen versuchen's bei jeder Gelegenheit.«

Jack war knauserig und sollte es sein Leben lang bleiben, aber daß er aufs Geld sah, war für Billings hier ein Vorteil. Freilich konnte man nicht erwarten, daß Jack sich in einer Stadt wie Paris mit einer Besichtigung der Kathedrale zufriedengeben würde. »Besuchten Notre Dame, sahen uns dann in Paris um – Abends gingen wir aus ins Moulin Rouge und Café des Artistes und trafen einige der bekannten französischen Künstler«, verzeichnete Jack und fügte hinzu: »Billings wollte früh heimkommen, tat es aber nicht.«

Religion war zwischen den beiden Freunden nie ein Thema gewesen. »Wir diskutierten niemals in irgendeiner Form über Religion«, bemerkte Billings in einem Rückblick auf ihre Schuljahre. »Ich war Protestant, und er war Katholik, aber das spielte für uns keine Rolle. Gleichwohl war Jack mit dem Bewußtsein aufgewachsen, daß er als Amerikaner einer Minderheit angehörte, einer Glaubensgemeinschaft, die von seinen angelsächsisch-protestantischen Freunden und Familien als Götzendiener betrachtet wurde.«

Nun sah Jack Kennedy sich zum ersten Mal in seinem Leben in einem vorherrschend römisch-katholischen Land mit einer lebendigen Geschichte katholischen Märtyrertums. So oberflächlich sein Glaube war, das traditionelle Zeremoniell der Religion hielt er ein, und jeden Sonntag ging er zur Messe, seinen Episkopalenfreund im Schlepptau, und hielt seine Andacht in katholischen Kathedralen, deren erhabene Architektur die Kapellen von Canterbury, Choate, Princeton und Harvard vergleichsweise farblos und nüchtern erscheinen ließ. Am 13. Juli beispielsweise, einen Tag vor dem französischen Nationalfeiertag, stand er »früh auf und ging nach Notre Dame, um Kardinal Pacelli zu hören. Ungeheure Menschenmenge, aber ich hing mich an eine Amtsperson, kam hinein und ergatterte einen guten Platz ganz vorn beim Altar. Eine sehr eindrucksvolle Zeremonie, die 3 Stunden dauerte. Billings mußte hinten im Kirchenschiff warten«, prahlte er. »Die ganze Kathedrale war von einer ungeheuren Menschenmenge umringt«, erinnerte sich Billings dreißig Jahre später. »Natürlich war die Zahl derer, die in die Kirche hinein konnten, sehr begrenzt – ich glaube, man hatte Karten ausgegeben. Jack ging zum Prominenteneingang, der von Präsident Lebrun benutzt wurde – er kam rein, ich wurde aufgehalten. Wie er das machte, weiß ich nicht. Ich war direkt hinter ihm … Später erzählte mir Jack, daß er ungefähr fünf Plätze vom französischen Staatspräsidenten gesessen habe – wenn

Jack irgendwo hinein wollte, gelang es ihm fast immer – ich glaube, es war einfach Frechheit.«

Nach dem feierlichen Gottesdienst speisten er und Billings mit dem Sekretär des amerikanischen Botschafters, Carmel Offie. »Hatten Mittagessen mit C. Offie und fuhren dann hinaus nach Versailles, das sehr eindrucksvoll war. Fand die Stallungen und wurde in aller Öffentlichkeit angebrüllt.« Am Abend lud Jack seine Bekanntschaft von der *Washington*, Ann Reed, in eine Vorstellung von Maurice Chevalier ein »und fühlte mich sehr an den alten Howard erinnert«. Am folgenden Tag, dem 14. Juli, sahen die beiden sich die Menschenmengen auf den Straßen an. Sie trafen Bruce Lerner von Harvard, »der jetzt einen Schnurrbart hat« und aßen mit ein paar Freunden von Lem aus Princeton zu Mittag, »was ziemlich interessant, aber teuer war. Am Nachmittag flüchtiger Besuch im Louvre, den ich schon einmal besucht hatte... Habe eine ganze Menge mitbekommen, obwohl mein Wissen recht vage ist.« Sie trafen auch einen von Jacks Harvard-Kommilitonen, Alex de Pourtalis, dessen Familie ein Haus in St. Jean-de-Luz bei Biarritz besaß und der Jack und Lem einlud, auf dem Weg nach Spanien eine Weile bei ihm zu bleiben.

Die Festlichkeiten anläßlich des Nationalfeiertages hatten Jacks Gedanken nicht nur auf die französische Revolution von 1789 gelenkt, sondern auch auf die ebenso revolutionären Strömungen, die Frankreich eineinhalb Jahrhunderte später bedrohten. »Habe beschlossen, *Inside Europe* von Gunther zu lesen«, trug er am 15. Juli ein.

Unterdessen hatte sich das Tempo ihrer Besichtigungen in Paris beschleunigt. »Stand nach viel Gefluche früh auf und ging hinüber zu Napoleons Grab und durch den Invalidendom, der sehr interessant ist. Dann hinüber zur Ausstellung und mit dem Aufzug den Eiffelturm hinauf, nachdem ich Billings klargemacht hatte, daß es zu Fuß ein hübsch langer Aufstieg sein würde. Am Nachmittag gingen wir zur Conciergerie, wo Marie Antoinette gefangengehalten wurde. Ein großer Gegensatz zu Versailles«, fügte er hinzu, »und eine weitere Erinnerung an die Sterblichkeit großer Herrscher, so prächtig ihre Paläste auch waren. Man hatte ihm erzählt, daß das Schiff, das sie für die Rückreise gebucht hatten, die *President Harding*, »fürchterlich« sei, also buchten sie auf die *Washington* um, bevor sie Paris verließen. »Das wird bedeuten, daß ich für das Football-Trainingslager 2 Tage zu spät zurückkommen werde, aber es sieht jetzt so aus, als würde ich sowieso nicht spielen«, entschied sich Jack. Sie sprachen wieder in der amerikanischen Botschaft vor und wurden dort gewarnt, daß ihnen die Einreise nach Spanien verweigert werden würde. Nichtsdestoweniger blieb Spanien ihr Ziel, als sie auf

ihrer Reise nach Süden Chartres besuchten. »Machten Aufenthalt in
Versailles, um die Trianon-Lustschlösser zu sehen, und sahen Marie
Antoinettes Vorstellung vom ›primitiven Leben‹«, spottete Jack. »Ka-
men gerade in Chartres an – sehr eindrucksvolle Fenster – fuhren am
Abend weiter nach Orleans, wo wir um 10:00 eintrafen.«

Besonders Jack hatte sich darauf gefreut, war dies doch die Heimat
seines Renaissancehelden. »Gingen zur Messe in die Kathedrale«, trug er
am 18. Juli ein,

und sahen uns ein bißchen um. Erstaunlich, wie klein die Stadt ist. Frankreich
ist wirklich eine recht primitive Nation. Fuhren zum Chateau nach Chambord,
das wirklich ein Anblick ist. Ein Jagdschloß, das Platz für 2000 Leute hatte.
Das Dach wie ein Dorf angelegt, erbaut von Franz I. Billings verlor sein
Notizbuch, darauf großes Gestöhne, konnte es aber mit Hilfe eines französischen Mädchens wiederfinden. Trafen ein paar englische Burschen – einer von
ihnen besuchte das Trinity College in Cambridge, namens Ward. Er sagte, wir
sollten »ihm auf der Spur bleiben«, was bei seinem Geruch nicht schwierig
gewesen wäre. Er hielt Roosevelt für den besten »Diktator«. Schwammen in
der Loire, die eine starke Strömung hat, und fuhren dann weiter. Sahen uns das
Chateau in Blois an und übernachteten in Amboise, um uns das Chateau dort
anzusehen... Abends auf einem Volksfest... Allee in Blois eindrucksvoll.

Am nächsten Tag erforschten sie Blois. »Mauern sehr hoch, aber das
Innere schön. Sahen Wand der Verschwörer, wo 1500 gehängt wurden,
und auch die Stelle, wo Charles XIII. sich den Kopf anstieß und starb.
Fuhren weiter nach Chenonceaux, auf dem Wasser gebaut, das auch sehr
eindrucksvoll ist... Fuhren durch nach Angoulême, durch Tours nach
Poitiers, beides verlassene Städte, und verbrachten die Nacht für 10
Francs pro Person.«

Als sie sich Spanien näherten, schien Amerika sehr weit entfernt.
»Hatten unsere gewohnten Schwierigkeiten, die Reiseschecks einzulösen. Europa ist nicht annähernd so touristenbewußt, wie wir erwarteten«, hielt er fest. »Sehr beeindruckt von den kleinen Gehöften, die wir
auf der Fahrt sahen. Amerika begreift nicht, wie glücklich es sich schätzen kann. Diese Leute sind mit sehr wenig zufrieden, und sie haben sehr
wenig, weil es wirklich ein sehr konservatives Land ist, jedenfalls außerhalb von Paris.«

Die Studenten blieben beim Grafen de Pourtalis in St. Jean-de-Luz und
konnten eine Weile ausruhen. »Mit einem französischen Mädchen ausgegangen«, notierte Jack am 22. Juli, beklagte aber, daß »ihre Sitten sehr
streng sind, brauchen eine Anstandsdame bis 21 oder so«. Der Anblick
Gary Coopers in *The Plainsman*, wo er und die Indianer französisch

sprachen, entschädigte nicht nur dafür, sondern war »das Eintrittsgeld
wert«. Bis zum 24. Juli waren die ruhelosen Reisenden der Strände und
des Tennisspiels jedoch überdrüssig und fuhren nach Biarritz, um sich
Karten für den bevorstehenden Stierkampf zu sichern, der am 26. stattfinden sollte.

Wie Billings sich erinnerte, war Jack »sehr erpicht darauf, nach Spanien hineinzukommen, aber es gab absolut keine Möglichkeit, da unsere
Pässe wegen des Bürgerkrieges mit dem Hinweis ›Ungültig für Reisen
nach Spanien‹ gestempelt waren. Nichtsdestoweniger verbrachte Jack
»viel Zeit mit den Flüchtlingen aus Spanien, machte Notizen und schrieb
eine Menge auf... Diejenigen, die wir in St. Jean-de-Luz trafen, waren
wahrscheinlich Angehörige der Mittel- und Oberschicht, die zu Franco
hielten. Wir hörten von diesen Flüchtlingen ein paar ziemlich blutrün-
stige Geschichten über die Untaten der Roten in Spanien. Wir waren sehr
schockiert, aber vielleicht lag es daran, daß sie die einzigen Flüchtlinge
waren, die wir trafen. Von der anderen Partei waren überhaupt keine
Flüchtlinge da.«

Trotzdem blieb Jacks Haltung bemerkenswert offen und eher unpar-
teiisch. Nachdem er Gunther gelesen hatte, bekannte er, daß er mehr zur
Regierung neige, »obwohl St. Jean ein Bollwerk der Aufständischen ist.
England ist gegen Franco, weil es nicht will, daß das Mittelmeer ein
faschistischer Binnensee wird. Fraglich, wieviel Einfluß Deutschland und
Hitler hat, Rußlands Position. Wie weit werden die Länder gehen, um
ihrer Seite zum Sieg zu verhelfen? Welche Regierungsform würde Franco
nehmen? England und Deutschland?« Jack und Billings ließen solche
Fragen offen. Am 25. Juli besuchten sie das Hochamt in der Kirche, »wo
Ludwig XIV. und Marie-Therese heirateten – sehr schön«, und nach dem
Mittagessen fuhren sie »mit Wilson hinunter zur spanischen Grenze...
Sahen die Stadt Irun, die von den Aufständischen bombardiert worden
ist. Geschichte von einem Gefangenen, der, ohne Essen eine Woche im
Gefängnis festgehalten, ein Stück Fleisch kriegte, es aß – und dann den
Leichnam seines Sohnes gezeigt bekam, dem das herausgeschnittene
Stück Fleisch fehlte. Stößt mich ein bißchen von der Regierung ab.
Regierung auch zu zerstritten, um Spanien jemals zu einigen. England
bewegt sich ein wenig auf Franco zu.«

Die von spanischen Flüchtlingen verbreiteten Berichte über Greuel-
taten der Roten gewannen für Jack und Billings an Glaubwürdigkeit, als
die beiden ihrem ersten Stierkampf beiwohnten. »Ich glaube, es waren
spanische Stierkämpfer, aber weil Spanien im Krieg war, wurde der
Stierkampf in der Arena von Biarritz abgehalten. Wir beide waren von

der ganzen Sache ziemlich angeekelt, weil wir die Grausamkeit des
Sports nicht mochten«, erzählte Billings. »Wir fanden, daß der Stier
keine Chance hatte. Natürlich, vielleicht verstanden wir die Feinheiten
nicht. Ich erinnere mich, daß Jack meine Aufmerksamkeit auf eine französische Frau und ihr Kind lenkte, einen kleinen Jungen, der neben uns
saß. Als einem der Pferde der Bauch aufgeschlitzt wurde, daß die Gedärme heraushingen, und es mit nachschleifenden Eingeweiden aus der
Arena geführt wurde, machte die Mutter ein großes Aufhebens davon,
um sicherzugehen, daß ihr Kind diese aufregende Episode sah...«

»Sehr interessant«, vertraute Jack seinem Tagebuch an, »aber sehr
grausam, besonders als der Stier das Pferd aufschlitzte. Glaube jetzt all
die Greuelgeschichten, weil diese Südländer, wie die Franzosen und die
Spanier, bei grausamen Szenen am glücklichsten sind. Für sie war es der
komischste Anblick, als das Pferd mit heraushängenden Gedärmen aus
der Arena lief.«

Nicht einmal Hemingway würde Jack jemals überzeugen können, daß
der Stierkampf ein edler Zeitvertreib sei. Als die beiden jungen Männer
durch Europa reisten, lernte Jack nach und nach nicht nur das politische
Gesicht Europas in einer Zeit des Übergangs kennen, sondern er lernte
auch, wer er selbst war – und wer nicht. »Natürlich verstanden wir
dieses Temperament überhaupt nicht«, erinnerte sich Billings, »und wir
waren davon angewidert.«

Der Juli ging zu Ende, und die beiden Amerikaner waren jetzt begierig,
Mussolinis Italien zu sehen. »Nach viel Aufregung« nahmen sie Ab-
schied von den Pourtalises und fuhren am 27. Juli 1937 nach Marseilles.
»Hielten unterwegs, um uns Lourdes anzusehen«, notierte Jack. »Die
Grotte, wo der heiligen Bernadette die Jungfrau erschien – und jetzt
Schauplatz von Tausenden von kranken Menschen, die Heilung suchen.
Sehr interessant, aber die Dinge schienen eine Umkehrung erfahren zu
haben, da Billings sehr krank wurde, nachdem wir Lourdes verließen«,
bemerkte er mit einem Anflug von Ironie. »Beschlossen in Toulouse zu
übernachten. Billings' Temp. 103.« (39,5 C)

Ein Blick auf den Faschismus

Im August 1937 konnte der zwanzigjährige Jack Kennedy einen ersten
Blick auf den italienischen Faschismus werfen – aus der Nähe. »Habe
weiter im Gunther gelesen«, trug Jack in Toulouse in sein Tagebuch ein.

»Nicht mehr ganz so sicher, daß Franco siegen wird. Zeigt, daß man von Leuten leicht beeinflußt werden kann, wenn man nichts weiß, und wie leicht es einem fällt, zu glauben, was man glauben möchte, wie die Leute in St. Jean. Der wichtige Punkt in der Frage des Sieges ist, wie weit Deutschland, Italien & Rußland in dem Bemühen gehen werden, den Sieg ihrer Seite durchzusetzen, wie aufrichtig das Nichteinmischungskomitee ist + welches das Ergebnis sein wird.«

Am nächsten Tag verließen sie Toulouse und »machten halt in Carcassonne – einer mittelalterlichen Stadt in perfektem Zustand – was man von Billings nicht sagen kann«, schrieb Jack. »Sehr interessant. Trafen nach einer Fahrt von 350 Meilen um neun in Cannes ein und stiegen in einem ziemlich teuren Hotel für 35 fr. ab – Der Bedienungszuschlag ist 15 %, was wirklich Straßenraub ist. Cannes scheint viel lebendiger zu sein als Biarritz. Werden bleiben, bis der ›Invalide‹ gesund ist. Ein ganz anderes Frankreich hier als das verarmte Frankreich, durch das wir fuhren.«

Im Rückblick dachte der »Invalide« Jahre später darüber nach, wie Jack anfing, »den Problemen der Welt mehr Interesse und Gedanken zuzuwenden und seine Ideen aufzuzeichnen, was ihm zwei Jahre zuvor in Choate ganz fern gelegen hätte«. Das eigentlich Bemerkenswerte war für Billings, wie sehr Jack während dieses Reifungsprozesses er selbst blieb. »Was ich hier zu sagen versuche«, sagte Billings, der darum kämpfte, seine Wahrnehmung auszudrücken, »ist, daß im Sommer 1937 eine merkliche Veränderung in Jack Kennedy vorging.« Aber es war eine Veränderung, die keinen Wandel seines Charakters mit sich brachte. Er war derselbe unbezähmbare, jugendliche, sexbesessene Millionärssohn aus Bronxville, zugleich aber ein anderer Jack, denn der Intellekt, den er normalerweise so gut zu verbergen verstand, war endlich engagiert. Harvard begann Wirkung zu zeigen.

In Cannes versuchte Jack im Palm Beach Casino »mit den amerikanischen Mädchen anzubandeln, aber ohne Erfolg«, und sie fuhren weiter nach Monte Carlo, wo man ihnen wegen ihrer Jugend den Zutritt zum Casino verwehrte. Doch gelang es ihnen, »in den Sporting-Club zu kommen. Blieb plus minus Null, nachdem ich ihnen anfangs einen Schrecken eingejagt hatte«, notierte Jack in sein Tagebuch, während er in einem Brief an seinen Vater berichtete, wie er mit seinen »Chips zu 5 fr. neben einer Frau spielte, die 40 Dollar-Chips einsetzte und ganz aufgeregt war, als ich 1.20 Dollar gewann, während sie ungefähr 500 Dollar verlor«. Es war »der eleganteste Nachtclub, den ich je gesehen habe«, erklärte der junge Playboy – und war erleichtert, als er am nächsten Tag nach dem Kirchgang »unsere ersten gutaussehenden ausländischen Mädchen« am Strand sah.

Deren Reize vermochten die Reisenden jedoch nicht aufzuhalten. »Am Nachmittag mit großen Schwierigkeiten über die Grenze nach Italien«, schrieb Jack. Es war der 1. August 1937, Jack Kennedys erster Tag in Mussolinis Reich.

In Harvard hatte er Rousseaus Ermahnungen gepriesen, man solle, was man lese, der »eigenen persönlichen Kritik« unterziehen. Auf seiner Reise hielt er sich daran. In einem späteren Brief an seinen Vater klagte er über »die beinahe vollständige Ignoranz von 95 Prozent der Bevölkerung in den Vereinigten Staaten über die Situation hier. Zum Beispiel sind die meisten Leute in den USA für Franco, und wenn ich auch der Meinung bin, daß es für Spanien vielleicht weit besser sein würde, wenn Franco siegte... war doch am Anfang die Regierung im Recht, moralisch gesehen, da ihr Programm dem des New Deal ähnlich war...« Sogar der Konflikt der spanischen Regierung mit der Kirche schien Jack gerechtfertigt. »Ihre Haltung gegenüber der Kirche war nur eine Reaktion auf den Einfluß der Jesuiten, die zu mächtig geworden waren – die Verbindung von Kirche und Staat war viel zu eng.«

Wolle man die Stichhaltigkeit von Ansichten bewerten, müsse man sich darüber klar sein, daß die Meinungen der Leute von ihren Brieftaschen gemacht werde, schrieb Jack seinem Vater. »Der finanzielle Status der Menschen scheint ihre politischen Meinungen zu formen, und sogar die Zeitungsleute, zumindest die ausländischen, sind wegen der eigentümlichen Position der Presse als Werkzeuge der Partei hier in Europa alle voreingenommen.«

Jack begann Beobachtungsgabe und Urteilsvermögen zu zeigen, die, so Billings, gegenüber der Internatszeit und sogar dem Intermezzo als Student in Princeton einen beträchtlichen Fortschritt darstellte. Obwohl er sich persönlich nicht zum Faschismus hingezogen fühlte, war Jack überrascht von der Atmosphäre, die er nach dem Überschreiten der Grenze in Italien antraf: »Die italienischen Straßen sind viel voller und belebter als diejenigen in Frankreich, und die ganze Rasse scheint anziehender. Der Faschismus scheint ihnen gut zu tun«, notierte er, neugierig, mehr zu sehen. Nach »einigen Schwierigkeiten wegen unserer Hotelrechnung« – einem Berufsrisiko für Reisende in Italien – fuhren sie über Genua nach Mailand, wo sie in einem Hotel abstiegen, dessen Besitzer ein Faschist und Veteran des abessinischen Feldzuges war. »Er sagte, das Land sei leicht zu erobern, aber ungesund. Sehr beeindruckt von der Intelligenz einiger der Kinder in Bobbys Alter [sein Bruder war jetzt elf] und von der Tatsache, daß sie alle organisiert scheinen. Überall Bilder von Mussolini. Wie lang kann er ohne Geld überdauern, und wird er kämpfen, wenn er pleite macht?« fragte Jack in seinem Tagebuch. »Wenn nicht – sehe ich nicht, wie es bis 1945 oder 50 einen Krieg geben kann.«

Auch Billings war von Italien beeindruckt. »Ich muß sagen, nach allem, was wir vorher über Italien gelesen und gedacht hatten, war das Land sauberer und sahen die Leute wohlhabender aus, als wir erwartet hatten... Als ich in Italien war, hatte ich das Gefühl, daß Mussolini viel Gutes für das Land getan hatte – und daß es unter Mussolinis Regierung viel weniger Armut gab und daß das Volk nicht allzu unglücklich war. Natürlich sagten die meisten Italiener später, sie wären unglücklich gewesen, aber zu der Zeit hatten wir den Eindruck, daß Mussolini gute Arbeit für das Volk leistete. Wenigstens war das mein Eindruck.«

Jack war unschlüssig. Frankreich und Italien – und erst recht Spanien, das sie nicht hatten besuchen dürfen – waren Länder seines Glaubens. Aber trotz der schönen Strände und attraktiven Frauen fühlte er sich noch immer wie ein Außenseiter, sprachlich wie politisch. Er sah die angeblichen Vorteile für Spanien und Italien, Diktatoren zu haben, welche die Zerrissenheit der einander bekriegenden Parteien gewaltsam beseitigen und die Gesellschaft einigen konnten. Aber er blieb unempfänglich für die patriotische Gängelung durch den Faschismus. Der bekannte Journalist Joe Alsop schrieb später einmal, bei all seiner Schürzenjägerei und Vergnügungssucht sei dem Charakter des jungen Jack Kennedy etwas Englisches eigen gewesen: eine Neigung zu unaufdringlicher Belesenheit und ausgeglichenem, leidenschaftslosem Urteil. »Er war ein außerordentlicher Mann«, erinnerte sich Alsop später und schien dies eine Mal nicht die rechten Worte finden zu können.

Ich weiß noch immer nicht richtig, was ihn trieb. Er war fürchterlich snobistisch, wissen Sie; aber nicht, was man normalerweise unter snobistisch versteht. Er war schrecklich altmodisch, es war fast, es war beinahe die Art von Snobismus, wie man sie vom englischen Adel kennt. Es war wie ein Snobismus des Stils... Er mochte es, wenn Leute gut aussahen, und haßte Leute, die sich gehenließen. Er war ein Snob, was Mut betraf, und ein Snob, wenn es um Erfahrung ging. Er wollte nicht, daß wir gewöhnlich und konventionell und irgendwie suburban waren, topfblumenartig. Er wollte intensive Erfahrung. Ich weiß wirklich nicht so richtig, wie ich es ausdrücken soll. Für meine Begriffe war er wirklich nicht wie ein Amerikaner. Er war auch kein Ausländer, aber die normale, am Erfolg orientierte amerikanische Lebensanschauung war in Wirklichkeit nicht seine Lebensanschauung... Ich will damit eigentlich sagen, daß es eine Sache des Stils war, des intellektuellen Stils, des Gesichtspunktes, dessen, woran einem am meisten liegt, was man mag und nicht mag. Es genau zu bestimmen ist sehr schwierig, aber es ist das Beste, was ich nach einem langen Leben der Beobachtung von Menschen dazu sagen kann, und ich glaube, es ist nicht ungenau.

War es auch nicht. Der »Stil« hatte sich bereits herausgebildet, als der junge Amerikaner sich mit den großen Themen seiner Zeit auseinander-zusetzen begann, ein wacher, interessierter, wißbegieriger junger Mann, bestrebt, sich eine eigene Meinung zu bilden und weder reichen Ameri-kanern noch parteigebundenen Journalisten nachzuplappern, ohne je seinen distanzierenden, kühlen Sinn für Humor zu verlieren. Selbst die Wunderheilungen von Lourdes und das katholische Italien behandelte er mit höflicher Ironie. Der Dom zu Mailand, schrieb er am 3. August 1937 in sein Tagebuch, sei wunderschön. »Dort das Grabmal eines Kardinals mit zahlreichen Juwelen von Cellini etc. Sein Skelett wird alle 100 Jahre in seinem Glassarg durch die Stadt getragen. Letztes Mal 1910. Dabei zerbrach ein Teil des Glassarges, und sein Schädel wurde schwarz. Sah Abendmahl von Leonardo da Vinci. Billings machte ein Foto von mir auf dem Friedhof, wo es verboten war, hatte aber falsch belichtet. Ich wie-derum nahm ihn im Dom auf, vergaß aber, den Film weiterzudrehen, so daß wir wieder 2 gute für unsere Sammlung haben.« Darauf fuhren sie nach Piacenza, wo Jack Gunthers Buch zuklappte und »zu der Entschei-dung kam, daß Faschismus die Sache für Deutschland und Italien ist, der Kommunismus für Rußland und die Demokratie für Amerika und Eng-land«.

Welche Regierungsform Frankreich haben sollte, verriet Jack nicht. »Fand Gunthers Buch sehr interessant, aber er scheint mehr als einseitig parteiisch für Sozialismus und Kommunismus zu sein und ein erbitterter Feind des Faschismus. Welches sind die Übel des Faschismus im Gegen-satz zum Kommunismus?« fragte er sich. Die Antwort mußte erstmal zurückgestellt werden, denn am nächsten Tag hatten sie »große Schwie-rigkeiten, aus dem Hotel zu entkommen, weil Billings beschuldigt wurde, Madames Handtuch zerrissen und eine Hälfte auf dem Schreib-tisch und die andere in der Toilette gelassen zu haben«, ein Ereignis, das bald »einen großen Menschenauflauf und viel Gefluche auf Italienisch« zur Folge hatte. Schließlich gelang ihnen jedoch ein ehrenhafter Abgang, und unterwegs nach Pisa nahmen sie »einen jungen Deutschen mit, Martin. Ziemlich interessant, weil er gegen den Nationalsozialismus und Hitler war«, verzeichnete Jack – eine unvorhergesehene Komplikation seiner neuen politischen Unterteilung Europas. »Er erzählte uns von vielen Mißhandlungen, die sie zu erleiden hätten ... Erzählte uns, daß die Deutschen die Russen haßten. Sieht so aus, als würde der nächste Krieg aus der Richtung kommen, um so mehr als England und der Rest Europas sich von Rußland zu distanzieren scheinen. Gingen durch den Turm von Pisa und das Baptisterium, das ein Echo wie eine Orgel hat, und fuhren dann weiter in Richtung Rom, bis wir in einer kleinen Stadt 150 Kilometer vor Rom übernachteten.« Sie nahmen einen weiteren jungen Deutschen mit, einen Anhalter namens Krause, der im Wagen schlief, während Jack und Billings in einem Hotel unterkamen. »Es ist erstaunlich, mit wie wenig sie auskommen«, schrieb Jack. »Martin aß ein paar Tomaten und Brot zum Abendessen, was ihn eineinhalb Lire kostete. Beschlossen im Meer zu schwimmen, und es war beinahe unser Ende, weil wir mehr als zwei Stunden brauchten, um den Wagen aus dem Sand zu bringen und die Reifen wieder aufzupumpen. Trafen um fünf Uhr dreißig in Rom ein ... Wo ich ein Telegramm von Dad bekam und erfuhr, daß Mutter und Joe mit Kick [Kathleen] unterwegs nach Europa sind. Setzten Martin und Krause ab und fanden dann ein Hotel. Abends ›schlichen‹ wir ins Kolosseum und fanden es voll von Menschen. Sehr eindrucksvoll im Mondlicht.«

Es war der 5. August. Wie Kinder der Aufklärung, welche die »grand tour« von Europa machten, hatten sie endlich die Ewige Stadt erreicht.

Hitlers Deutschland

»Also, ich glaub, es fiel Jack etwas schwer, an einige der Wunder zu glauben, die uns in Rom gezeigt wurden, zum Beispiel Veronikas Schleier oder die Stufen, über die der abgeschlagene Kopf des heiligen Petrus hinunterrollte«, erinnerte sich Billings. »Ich mein, diese Dinge glaubte er selbst nicht; er versicherte mir nämlich, es sei nicht notwendig, sowas zu glauben, um ein guter Katholik zu sein. In all den Jahren meines Zusammenseins mit Jack Kennedy sprach er kaum über Religion. Ich glaube nicht, daß er ein frommer Katholik wie seine Mutter und seine Schwestern war, aber er war ein guter Katholik. Ich kann mich nicht erinnern, daß Jack Kennedy sonntags einmal nicht zur Kirche gegangen wäre ... Und immer verrichtete er sein Abendgebet auf den Knien. Er ging auch immer zur Beichte, wenn es von ihm erwartet wurde. Aber ich weiß, daß er einfach nicht so in seine Religion eingebunden war wie die Mädchen in seiner Familie.«

Das war eine Gnade, denn Rose Kennedys unnachsichtige Frömmigkeit in Verbindung mit ihrer Besessenheit von Trivialitäten und ihrer Prüderie mußte eine niederdrückende Wirkung auf ihre Töchter haben, die nicht wie Jack darüber hinweggehen konnten. Während Jack, wie sein Vater vor ihm, seine Verachtung für die Lieblosigkeit seiner Mutter mit Gleichgültigkeit und Libertinage ausdrückte, ließen sich seine Schwestern verwirren – eine von ihnen bekreuzigte sich später zur Verwunderung ihres Mannes jedesmal schuldbewußt, bevor sie sich normalem ehelichen Verkehr hingab.

Wie Jack als gläubiger Katholik seinen bisweilen mehr als lockeren Lebenswandel mit der kirchlichen Sittenlehre vereinbarte, blieb sein Geheimnis; seine Ikone mochte Jesus sein, aber sein weltlicher Erlöser war sein eigener ironischer Sinn für Humor, verbunden mit jugendlicher Wißbegierde und Intelligenz. »Wir gingen in jedes bedeutende Museum«, berichtete Billings, »obwohl keiner von uns etwas von Malerei oder Bildhauerei verstand... Wir besichtigten das Vatikanmuseum, und obwohl ich nicht glaube, daß wir von dem, was wir damals sahen, viel verstanden, war keiner von uns gelangweilt. Jack Kennedy war an allem genauso interessiert wie ich. Dies galt tatsächlich für unsere ganze Reise. Wir verbrachten alle Tagesstunden als Touristen, besuchten Museen jeder Art und sahen die Altertümer und Kunstdenkmäler Europas.«

Für Jack hatte diese Reise viele Dimensionen. »Natürlich waren wir im Vatikan gut eingeführt«, erzählte Billings, »weil Kardinal Pacelli mit Mr. und Mrs. Kennedy befreundet war... Auch Graf Galeazzi, der Präsident der Laienvereinigungen der katholischen Kirche, war ein guter Freund der Kennedys. Also hatten wir alle erforderlichen Empfehlungen und wurden sehr gut behandelt.«

Es war jedoch nicht ganz so einfach, wie Billings sich erinnerte. Nichts in Italien war einfach, wie Jack bald herausfand. »Auf um neun«, schrieb er in sein Tagebuch, »aber es war 11 vorbei, bevor wir zu Galeazzi kamen, der nicht da war. Versuchten Cortesi zu sprechen, den Korrespondenten der New York Times. Er war auch nicht da, desgleichen Mr. Philipps, aber Mr. Reed, Botschaftsrat, rettete uns vor völligem Fehlschlag. Sehr attraktiver Bursche. Sahen die Engelsburg von Hadrian, das Pantheon, das Kolosseum, das Forum am Nachmittag – hab entschieden, daß die Italiener die neugierigste Rasse sind, die es gibt – sie müssen bei allem dabei sein – selbst wenn es nur Billings ist, der sich schneuzt. Galeazzi rief später an und murmelte etwas von einer Audienz.«

Die »Audienz« sollte eine Papstaudienz sein.

»Ging früh zu Galeazzi und traf ihn an«, schrieb Jack am 7. August, »und erfuhr, daß uns eine Audienz gewährt werden sollte... Fuhren in Galeazzis Wagen los und hinaus zum Sommerpalast des Papstes. Hatte vorher eine Privataudienz bei Kardinal Pacelli, der nach Mutter und Dad fragte. Er ist wirklich ein großer Mann, obwohl sein Englisch ziemlich schlecht ist. Hinterher hatten wir mit ungefähr 1000 anderen eine Audienz in einem ausgemalten Saal.« Der Papst wurde in einer Sänfte hereingetragen. »Er sah sehr krank aus, hielt aber eine lange Rede. Danach aßen wir zu Mittag und fuhren dann nach Tivoli, um die schönen Wasserspiele zu sehen, die erstaunlich sind. Am ungewöhnlichsten ist diejenige, in der das Wasser durch eine eingebaute Orgel strömt und Musik macht. Dann fuhren wir zurück nach Rom – und aßen bei Galeazzi zu Abend. Er hielt eine große Ansprache über die Vorzüge des Faschismus, und er scheint wirklich seine Pluspunkte zu haben, besonders beim System der Körperschaften, das ein interessanter Schritt vorwärts zu sein scheint.«

Jack war fasziniert. Die Reise erwies sich als weitaus interessanter, als er sich hätte träumen lassen. Nachdem sie im Petersdom der Messe beigewohnt hatten, fuhren die beiden Studenten nach Neapel, wo sie »erfuhren, daß wir Pompeji nur besichtigen könnten, wenn wir uns einschlichen – was wir taten. Darauf fuhren wir zum Vesuv + nahmen unterwegs ein paar deutsche Soldaten mit.«

»Wir lernten sie recht gut kennen, obwohl sie sehr wenig englisch sprachen«, sagte Billings später über die Anhalter. »Sie waren ungefähr eine Woche mit uns zusammen, und wir erfuhren, daß ihre allgemeine Einstellung für Hitler war. Jack war schrecklich wißbegierig über alles, was damals in Europa vor sich ging«, erinnerte sich Billings. »Während wir in Frankreich waren, verbrachte Jack viel Zeit in Gesprächen mit den Franzosen, wie sie über Deutschland dächten, und ob es einen Krieg geben würde, und wenn ja, ob Deutschland wieder in Frankreich einmarschieren könnte« – Fragen, die er nun an die jungen deutschen Soldaten richtete, als sie gemeinsam durch Italien reisten.

Sie nahmen einen italienischen Führer und fuhren hinauf zum Kraterrand des Vesuv. »Der Wagen stotterte und fluchte, aber wir kamen unter großem Aufwand hinauf«, notierte Jack. »Inzwischen war es dunkel, und der Vesuv, der alle paar Minuten kleinere Eruptionen ausstieß, war sehr eindrucksvoll. Machten ein paar Aufnahmen da oben und stiegen dann mit unserem Führer ab, der sich als der Dorf-Dandy erwies. Mußten bis zur Straße laufen, weil unsere Fahrkarte für die Seilbahn verlorengegangen war, und es war ganz aufregend. Fanden spät am Abend noch ein Zimmer; nach viel Händchenhalten mit einem sehr unattraktiven Zimmermädchen bekamen wir ein gutes Zimmer, müde aber glücklich.« Auf Capri fuhren sie mit dem Boot »zur Blauen Grotte, die eine Höhle unter dem Wasser ist, das eine schöne blaue Farbe hat – allerdings nicht schön und blau genug für 50 Lire, die wir schließlich zusammenkratzten«. Wieder in Rom, suchte Jack »Mr. Cortesi auf, den Mann der *N. Y. Times* in Rom. Er war sehr interessant und gab mir ein paar sehr gute Tips«, schrieb Jack in sein Tagebuch.

Schien zu glauben, daß das Nichtinterventionskomitee ein Sicherheitsventil sei, aber tatsächlich nicht viel tauge, weil keines der beteiligten Länder seine Truppen zurückrufen möchte [aus Spanien] – vor allem nicht die Roten, da die meisten ihrer Freiwilligen von allen Ecken und Enden der Welt gekommen sind. Es sei unwahrscheinlich, daß Italien seine Truppen abziehen werde. Sagte auch, daß nur wenige Deutsche in Spanien seien. Hielt einen Krieg für unwahrscheinlich. Wenn nämlich jemand wirklich Krieg gewollt hätte, wäre es ihm ein leichtes gewesen, Vorwände zu finden. Erklärte auch Mussolinis Aussage über den Krieg – das sei bloß die südländische Art zu sagen, was England über den Frieden und die Wiederbewaffnung sage. Meinte, der Faschismus behandle die Arbeiter nicht ungerecht – tatsächlich hätten sie unter ihm viele Vorteile – Sprach sich sehr zugunsten des Korporationssystems aus. Er sagte, hauptsächliche Kriegsgefahr bestehe darin, daß jemand Italien oder Deutschland herausfordern und es darauf ankommen lassen würde – besonders Deutschland, da Italien Äthiopien verdauen müsse. Sprach davon, daß Faschismus durch und durch Sozialismus sei. Sagte, Europa sei heute im Gegensatz zu 1914 zu gut vorbereitet, als daß es Krieg geben könne.

Im späteren Teil seines Tagebuches grübelte Jack über die Frage des Faschismus. »Würde Faschismus in einem Land mit der wirtschaftlichen Verteilung des Wohlstands wie den USA möglich sein? Könnte ein Bündnis von Deutschland und Italien von Dauer sein – oder sind ihre Interessen zu gegensätzlich?« Vor allem, was war die eigentliche Natur des Faschismus? War er, wie Cortesi behauptete, »durch und durch Sozialismus«, oder war er, wie Pacelli meinte, etwas wie eine weltliche Version des autoritären Katholizismus? Oder, wie Gunther behauptete, »vielleicht die krampfhaften letzten Zuckungen der kapitalistischen Ordnung, in welchem Fall der Faschismus bloß das Vorspiel zum Kommunismus wäre«, bemerkte Jack dazu. »Ist das richtig?«

Hier gab es reichlich Gedankennahrung, besonders, als die beiden Touristen »einer phantastischen Massenkundgebung Mussolinis in Rom« beiwohnten, wie Billings berichtete. »Ich kann mich sehr gut daran erinnern. Er war solch ein ungewöhnlicher Redner. Wissen Sie, er redete, dann legte er eine Pause ein und schob das Kinn vor.«

Wenn Jack beeindruckt war, hielt er es nicht in seinem Tagebuch fest. Seine Erlebnisse mit italienischen Frauen fanden hingegen Aufnahme. »Abends ein paar Mädchen ausgeführt, mit denen wir verabredet waren, was sich als Erfolg herausstellte. Sehr schöne Mädchen, obwohl zeitweilig lähmend wirkte, daß wir nicht italienisch sprachen. Billings kannte ein paar italienische Gesellschaftsspielchen, die zu erinnern sich lohnte, und wir gingen müde aber glücklich zu Bett!«

Wie immer war dafür ein Preis zu zahlen. Am nächsten Vormittag bekamen sie eine Führung durch das Vatikanmuseum und fühlten sich nicht »so rege. Schafften es in ungefähr 1 Stunde. Gingen zum Mittagessen und wurden von Billings' Mädchen erwartet, die Fahrgeld brauchte. Das ging eine ganze Weile hin und her, und der Lemmer wurde ein bißchen ärgerlich, wozu er allen Grund hatte.«

Streitigkeiten um Geld waren etwas, was Jack sein Leben lang verabscheute, und dieser Punkt beeinflußte seine Meinung von den Italienern als Volk negativ. Dabei übersah er, daß solches Feilschen für die Italiener wie für die meisten Südländer ein Vergnügen war, eine Form von Unterhaltung und geselligem Umgang. Aber Jack konnte diesem Brauch nichts abgewinnen, und nachdem sie ein paar der großartigen Kirchen Roms angesehen und von »den Stufen, die schon Christus benutzte«, gehört hatten, und »durch die Katakomben gingen und von weiteren Wundern« wie denen des »heiligen Lukas und Petrus' Kopf« hörten, hatte Jack genug vom italienischen Temperament. Am nächsten Morgen, dem 12. August, verließen er und Billings Rom »nach langem Kampf mit dem schielenden Besitzer, der sich als ein ausgemachter Gauner erwies, obwohl er ›ein Italiener und ein Ehrenmann‹ sei«, spottete Jack in seinem Tagebuch. »Verließen Rom inmitten der üblichen fluchenden Kofferträger. Kamen spät in Florenz an und stiegen im besten Hotel der Reise ab.«

Florenz »enttäuschte« Jack, obwohl er »von Michelangelos David sehr beeindruckt war«, und am Nachmittag fuhren sie über den Apennin in Richtung Venedig, wo Jack sich beklagte, den gewinnsüchtigen Italienern ausgeliefert zu sein: »Wieder bekamen wir unser 25 Lire-Zimmer, während die Deutschen ihres für 8 bekamen.« Aber sie waren seit ihrer Abfahrt von Le Havre fünf Wochen unterwegs gewesen und brauchten die Ruhe, die Venedig bot. Am Lidostrand des Hotels Excelsior sahen sie »Barbara Hutton und Al Lerner, allerdings nicht zusammen. Trafen Joe und Elie Hoguet und aßen mit ihnen zu Abend. Sehr beeindruckt von der Piazza San Marco, die wirklich unglaublich ist. Hab allmählich auch genug von Spaghetti«, klagte er, und »fand, daß die Hoguets viel billiger

lebten als wir. Hatten unsere übliche schlechte Nacht mit den Stechmük-
ken, weil unser Netz sie ein- statt auszusperren schien.«

Solches Murren entsprach nicht dem Vergnügen, mit amerikanischen
Bekannten in Venedig zu sein. Nach der Sonntagsmesse machten sie
Gebrauch von Al Lerners Badehütte am Lido und wanderten später
durch die Gassen und Plätze zur American Bar, »und Billings bekam
endlich sein Foto mit den Tauben«. Nach dem Abendessen lauschten sie
»dem Konzert auf dem Platz« und »fuhren mit einer Gondel hinaus, was
ganz romantisch gewesen wäre, wenn Billings es nicht wie gewöhnlich
fertiggebracht hätte, ein fröhliches Trio daraus zu machen.«

In späterer Zeit wurde Billings von manchen als eine tragische Figur
gesehen, der sich zu Jacks Lebzeiten an ihn klammerte und zusammen-
brach, als Jack starb. Aber wie sich zeigen wird, war dies keine zufällige
oder kurzlebige Beziehung. Sie hatten außer dem Umstand, daß sie beide
zweite Söhne waren und zusammen das Internat und ein paar Monate in
Princeton durchlebt hatten, wenig gemeinsam. Gleichwohl brauchte
Jack diesen Freund, der in seiner Loyalität bereit war, mit ihm »durch
dick und dünn« zu gehen; er brauchte einen Gefährten, den er aufziehen
konnte: wegen seines Mundgeruches, seiner Kurzsichtigkeit, seines allgemeinen Pechs, des ungünstigen Eindrucks, den er auf Frauen machte,
und seines Unglücks, arm zu sein – aber einen Freund, der alle Beleidi-
gungen und allen Spott mit Gleichmut hinnahm und ein treuer Freund
blieb. Als Präsident bot Jack seinem Freund Billings jeden Posten an, den
dieser haben wollte, vom Direktor des Friedenskorps bis zum Direktor
des American Tourist Bureau. Billings lehnte all diese Angebote ab, weil
er wußte, daß die Annahme ihre seltsame und doch dauerhafte Freundschaft beeinträchtigen würde.

Die Tage der Gondeln gingen bald zu Ende, als das Wetter umschlug
und Regen einsetzte. Jack wurde wieder unruhig. Er hatte genug von
Italien und Italienern und wollte jetzt Deutschland sehen. Am 16. August
brachen er und Billings mit einer Begleiterin und ihren aus dem Urlaub
zurückkehrenden beiden deutschen Soldaten nach Norden auf. »Lernten
ein lustiges Haus kennen«, schrieb Jack, »und nahmen sie zusätzlich zu
Heinz mit an Bord. Schlechte Fahrbedingungen, und als wir am Brenner
ankamen, war es ziemlich kalt. Die Österreicher beeindruckten uns sehr,
weil sie entschieden anders waren als die Italiener. Übernachteten in
einer Jugendherberge in Innsbruck, was ›her Ladyship‹ viel Mißbehagen
verursachte. Es war nicht allzu gut, weil ungefähr 40 auf ein Klosett
kamen und ein Bad als Verweichlichung betrachtet wird.«

Am nächsten Tag standen sie »früh auf, allerdings nicht freiwillig.

Her Ladyship erklärte, daß ihre Nacht alles andere als angenehm gewesen sei«, mokierte sich Jack, stets erheitert über weibliche Allüren. »Fuhren über die Berge nach Bayern, nachdem wir Johann, der darüber ziemlich bestürzt war, Geld abgeknöpft hatten. Hielten in Garmisch, wo die Olympischen Spiele abgehalten wurden, dann in Oberammergau, wo ich den Christus sah – Anton Lang. Trafen um acht in München ein und gingen ins Hofbräuhaus, was sehr interessant war.«

Hier hatte Hitler einige seiner ersten öffentlichen Versammlungen abgehalten und Saalschlachten geschlagen, und nun war es eine Art Trinkzitadelle der Bewegung. »Jack war absolut überwältigt von Interesse an der Hitlerbewegung«, erinnerte sich Billings. Jack vertraute dem Tagebuch seinen ersten Eindruck an: »Offenbar ist Hitler hier so beliebt wie Mussolini in Italien, obwohl Propaganda seine stärkste Seite zu sein scheint.«

»Im Münchner Hofbräuhaus lernten wir einen schwarzuniformierten SS-Mann kennen«, erinnerte sich Billings. »Sie hatten dort Stockwerke, die der jeweiligen Brieftasche angepaßt waren. Das Erdgeschoß war für die Armen, und oben die besseren Leute, und dort trafen wir einige von diesen schwarzuniformierten Männern. Ich erinnere mich an einen, der Oxford-Englisch sprach. Er war in England zur Schule gegangen. Wir tranken Bier mit ihm, und es war sehr freundlich und lustig. Ich erinnere mich, daß wir wie jeder Tourist ein paar Maßkrüge mitgehen lassen wollten, als wir aufbrachen. Unser deutscher Freund ermutigte uns und sagte uns, wie wir es machen und zu welcher Tür wir hinausgehen sollten, und war sehr hilfsbereit. Als wir aber zu der Tür kamen, die er uns angegeben hatte, kamen sofort die Kellner auf uns zu, die das Spiel offensichtlich schon kannten, und nahmen uns die Maßkrüge ab. Wir blickten zurück. Der Deutsche lachte.«

Jack war wütend. Er hatte für die italienische »Geldschneiderei« hinter der hochtrabenden Rhetorik des Faschismus nichts übrig gehabt. Daß sie an ihrem ersten Abend in München von einem »schwarzuniformierten Nazi« aufs Glatteis geführt worden waren, »machte einen sehr schlechten Eindruck auf uns«, berichtete Billings. »Und wir machten mehrere ähnliche Erfahrungen in Deutschland. Wir hatten in Italien nicht den gleichen Eindruck. Wir fühlten uns unwohl in Deutschland, mit all dem ›Heil Hitler‹-Zeug … Sie waren äußerst arrogant – die ganze Rasse war arrogant – die ganze Atmosphäre in Deutschland war vom Hochmut geprägt, dem Gefühl, daß sie uns überlegen seien und das zeigen wollten. Vielleicht kam da ein Minderwertigkeitskomplex heraus.«

Joe jr. war vom Nationalsozialismus mitgerissen gewesen, hatte seine Politik, die Juden zu »Sündenböcken« zu machen, gebilligt. Dagegen erwachte Jack am nächsten Morgen »nicht allzu munter. Hatte ein Gespräch mit dem Besitzer, der ein überzeugter Anhänger Hitlers ist. Es ist nicht daran zu zweifeln, daß diese Diktatoren wegen ihrer wirksamen Propaganda in ihren Ländern beliebter sind als draußen«, reflektierte er.

Aber die Studenten waren gekommen, Europa kennenzulernen, und ließen sich nicht abschrecken. »Gingen am Nachmittag ins Deutsche Museum, das wahnsinnig interessant ist«, schrieb Jack, »weil es die Arbeitsabläufe im Bergbau zeigt, und die Entwicklung der Fliegerei etc. Eine großartige Sache, zeigt den deutschen Sinn fürs Detail«, schrieb er anerkennend. »Sahen uns zum zweiten Mal *Swing High Swing Low* an und fanden es noch besser als das erste Mal. Wahrscheinlich, weil wir lange keinen Film gesehen haben.« Zu ihrer Freude fanden sie an ihrem Wagen eine Notiz von Alex Pourtalis und einem weiteren Freund aus Harvard, Joe Garrety, mit denen sie den Rest des Abends »in einem Münchener Nachtklub« verbrachten, »der schon etwas anders war«.

Wenn Hitler in Deutschland beliebt war, so folgte daraus nicht, daß Amerikaner es auch waren, schon gar nicht solche vom Schlage Kennedys und Billings', deren Hauptbeschäftigung es jahrelang gewesen war, gegen Reglementierungen und Vorschriften zu rebellieren. Damen von zweifelhaftem Ruf ins Hotelzimmer zu bringen, war streng verboten. »Unter den üblichen Verwünschungen und nachdem man uns erklärt hatte, wir seien keine Gentlemen, verließen wir die Pension Bristol«, schrieb Jack in sein Tagebuch, und nachdem sie sich von Pourtalis im Büro des American Express verabschiedet hatten, brachen sie nach Nürnberg auf. »Machten unterwegs halt und kauften für 8 Dollar einen sehr schönen jungen Dackel als Geschenk für Olive«, vermerkte Jack. Da der Hund eine gewisse Ähnlichkeit mit dem amerikanischen Botschaftssekretär in Paris hatte, tauften sie ihn Offie. »Bekam sofort Heuschnupfen etc., also sieht es aus, daß die Chancen, Offie nach Amerika zu bringen, ungefähr 1:8 stehen«, schrieb Jack. Drei Tage später sollte Hitler zum alljährlichen Reichsparteitag in Nürnberg eine Rede halten, aber die Stimmung der Deutschen, mit denen sie zusammenkamen, war, wie Billings sich erinnerte, »unerträglich. Wir machten dort schlechte Erfahrungen. Sie waren einfach so arrogant und selbstsicher. Das deutsche Volk machte damals eine sehr seltsame Periode durch.« »Brachen wie gewöhnlich auf, bloß hatten wir diesmal die zusätzliche Attraktion, bespuckt zu werden.«

Sie überließen Nürnberg Hitlers begeisterten Anhängern und fuhren westwärts zum Rhein, mußten indes schon in Württemberg Station machen, weil Jack unter Atemnot litt. »Er entdeckte zum ersten Mal in seinem Leben, daß er allergisch gegen Hunde war«, erklärte Billings. »Der Dackel verursachte ihm Asthma. Damit konnte er seiner schon langen Krankengeschichte ein weiteres Leiden hinzufügen. Von da an konnte er bis zu seinem Tode niemals einen Hund bei sich im Zimmer haben.«

Trotzdem brachte Jack es nicht fertig, sich von seinem neuen Reisegefährten zu trennen. Da es sonst nicht Jacks Art war, Zuneigung zu zeigen, hatte seine Vernarrtheit in Offie etwas Rührendes. Offie nahm bald einen bevorzugten Platz in Jacks Tagebuch ein. »Offie ist ein Problem«, räumte er am 20. August ein, »denn wenn er gehen muß – *geht* er.« Zum Kummer der beiden Reisenden mußte Offie auch im umfassenderen Sinne gehen, obwohl Jack den Augenblick der Trennung so lange wie möglich hinauszögerte und sogar versuchte, eine Hündin für Offie zu kaufen, bevor er endlich kapitulierte. »Fuhren nach Köln über Frankfurt«, vermerkte Jack, »wo wir Aufenthalt machten, um nach mehr Dackeln Ausschau zu halten, weil Offie so attraktiv ist. Wir hatten aber kein Glück, also fuhren wir weiter den Rhein hinunter. Sehr schön, weil es auf der ganzen Strecke viele Burgen gibt. Alle Städte sind sehr attraktiv, was zeigt, daß die nordischen Rassen den Südländern sicherlich überlegen scheinen. Die Deutschen sind einfach zu gut – das führt dazu, daß die Leute sich zum Schutz gegen sie zusammenschließen.«

Daß die »deutsche Frage« fünfundzwanzig Jahre später im Mittelpunkt seiner Verhandlungen als US-Präsident mit der Sowjetunion stehen würde, hätte Jack sich damals natürlich nicht im Traum einfallen lassen. Nicht einmal sein Sancho Pansa hätte Jacks außerordentliche Karriere in der Politik voraussagen können, obwohl er Jacks Reifeprozeß verfolgen konnte. »Jack Kennedy wuchs in jedem Jahr seines Lebens«, erinnerte sich Billings in späterer Zeit, »und diese Reise war ein Teil seines Wachstumsprozesses. Wenn Sie 1937 mit ihm nach Europa gefahren wären, und wieder 1939, hätten Sie einen ganz anderen Mann gesehen. Die Reise des Sommers 1937, während der er so wißbegierig und an allem interessiert war, ist nur ein Beispiel. So bestand er darauf, jeden deutschen Anhalter mitzunehmen. Das war auch sehr gut, weil ein hoher Prozentsatz von ihnen Studenten waren und englisch sprechen konnten. Auf diese Weise erfuhren wir sehr viel über Deutschland.«

Jack lernte auch über das andere Geschlecht dazu. In Köln verabschiedete sich das »lustige Haus« von den unruhigen Amerikanern. »Trennten

uns freundschaftlich von der Frau«, notierte Jack verwundert. »Dürfte
das erste Mal gewesen sein. Die [europäischen] Frauen scheinen aufrichtiger zu sein, so seltsam es scheint.«

Dankbar, daß wenigstens dieses Mädchen ohne Vorwürfe oder Tränen
gegangen war, besuchte Jack die Messe im Kölner Dom (»der wirklich
der Höhepunkt gotischer Architektur ist, wirklich der Schönste von
allen, die wir gesehen haben«), worauf sie »weiter nach Utrecht fuhren,
auf einer der neuen Autobahnen, die die besten Straßen der Welt sind. In
Deutschland allerdings wirklich unnötig, weil der Verkehr gering ist,
aber sie würden in den Vereinigten Staaten großartig sein, weil es keine
Geschwindigkeitsbegrenzung gibt. Hielten wieder nach Hunden Ausschau und gingen dann über die Grenze nach Holland, wo alle wie
Juliana + Bernhard aussehen... Machten einen Abstecher nach Doorn
und sahen, wo der Kaiser im Exil lebt, allerdings ist sein Schloß ganz mit
Stacheldraht umgeben.«

In Amsterdam sahen sie sich Rembrandts »Nachtwache« an. Noch
immer entschlossen, eine Partnerin für Offie zu finden, ließ Jack »einen
Test machen, um zu sehen, ob es der Dackel ist, von dem ich den
Heuschnupfen habe. Entschieden, daß es so ist.«

Am nächsten Tag wurde der arme Offie für fünf Gulden verkauft. Die
Reise ging weiter nach Antwerpen, wo Jack ein R-Gespräch mit seiner
Mutter in Paris führte, »was mich trotzdem 60 belgische Francs kostete.
Ich sollte besser französisch lernen«, vertraute er seinem Tagebuch an.
Aber er war froh, die letzte Etappe der Reise nach England erreicht zu
haben. Den Haag fand er »langweilig«, nachdem er die Kunstschätze
Frankreichs, Italiens und Deutschlands gesehen hatte, und am Strand
von Ostende war es zu kalt, um zu schwimmen oder ein Sonnenbad zu
nehmen. So fuhren sie durch nach Calais, »wo wir entdeckten, daß wir
die Kanalfähre verpaßt hatten. Konnten noch den Postdampfer erreichen, der in fünf Minuten ablegen sollte, aber durch ein Mißverständnis
mit Billings wegen der Pässe verpaßten wir auch den um zehn Sekunden,
aber wenigstens bekam Billings Gelegenheit, sich richtig warm zu laufen,
was er dringend nötig hatte.«

Es war klar, daß Jack dem kleinen Offie darin ähnelte, daß er ging,
wenn er das Gefühl hatte, daß er gehen mußte. Er ließ Billings am
Hafenkai in Boulogne zurück und nahm den Postdampfer, »weil ich Joe
& Kick sehen wollte, bevor sie London verließen. Billings blieb mit dem
Wagen zurück. Kam in London mit einem Mr. Naylor an, der Großvater
kannte, und machte mich auf, Kick, Joe & Sootie & Freddie Cosgrove zu
treffen, der bei Kick war. Er gab mir Adresse von Unterkunft.«

London war für Jack ein zweites Zuhause. Am nächsten Tag ging er mit Kathleen einkaufen, nachdem er es abgelehnt hatte, Joe jr. zu einer Andacht ins Haus des heiligen Harold Laski zu begleiten. Billings traf mit dem Wagen ein, und sie gingen das Privatzimmer am Talbot Square 17 ansehen, das Freddie Cosgrove empfohlen hatte. Es »sah sehr gut aus«, notierte Jack, der genug hatte von mißtrauischen Hotelportiers, Conciergen und Pensionswirten. In seinem Tagebuch hatte er bei nicht weniger als zehn der sechsundzwanzig Hotels, Gasthäuser, Pensionen, Jugendherbergen und Heilsarmeeunterkünften, wo sie genächtigt hatten, den Vermerk »Kein Gentleman!« gemacht. Am Talbot Square fühlte er sich frei von lästiger Überwachung und abfälligen Bemerkungen über sein Privatleben.

Es sollte jedoch nicht sein. Am folgenden Tag, dem 27. August, begleitete er Joe jr. und Kathleen mit dem Zug nach Southampton, wo er seine Mutter traf, sich »zu einer reichlichen Dosis von Schokolade und Tomatensaft verhalf« und pflichtschuldig die neueste Garderobe seiner Mutter aus Paris bewunderte. »Als ich wieder in London ankam, sah ich, daß ich den Ausschlag hatte«, notierte er in sein Tagebuch. »Ging nach Haus und war verdammt krank.«

Das Jahr seiner guten Gesundheit war abgelaufen.